O BUDISMO E AS OUTRAS

FRANK USARSKI

O Budismo e as Outras

Encontros e desencontros
entre as grandes religiões mundiais

DIREÇÃO EDITORIAL:
Marcelo C. Araújo

COMISSÃO EDITORIAL:
Avelino Grassi
Márcio Fabri dos Anjos

COORDENAÇÃO EDITORIAL:
Ana Lúcia de Castro Leite

COPIDESQUE:
Bruna Marzullo

REVISÃO:
Leila Cristina Dinis Fernandes

DIAGRAMAÇÃO:
Simone Godoy

CAPA:
Vinício Frezza / Informart

© Ideias & Letras, 2017.
4ª impressão.

Rua Barão de Itapetininga, 274
República - São Paulo /SP
Cep: 01042-000 – (11) 3862-4831
Televendas: 0800 777 6004
vendas@ideiaseletras.com.br
www.ideiaseletras.com.br

Dados Internacionais de Catalogação na Publicação (CIP)
(Câmara Brasileira do Livro, SP, Brasil)

Usarski, Frank
O budismo e as outras: encontros e desencontros entre as grandes religiões mundiais / Frank Usarski. – Aparecida, SP: Editora Ideias & Letras, 2009.
Bibliografia.
ISBN 978-85-7698-053-7
1. Budismo e outras religiões 2. Pluralismo religioso 3. Relações inter-religiosas 4. Religiões - Relacionamento I. Título.

09-11595   CDD-291.172

Índices para catálogo sistemático:
1. Budismo: Pluralismo religioso:
Relações interreligiosas: Religiões 291.172

SUMÁRIO

Prefácio 11
Introdução 17

**1. Constituintes históricas e doutrinárias
do olhar do Budismo para outras religiões** 21
1. O pluralismo interno do Budismo
e seus constituintes unificadores 22
   1.1. Esboço da diferenciação interna do Budismo 22
   1.2. Doutrinas compartilhadas 25
2. Convergências e divergências
entre o Theravāda e o Mahāyāna 33
   2.1. O Budismo Theravāda 34
   2.2. O Budismo Mahāyāna 38
3. O Budismo Tibetano 50
4. O Budismo Ocidental 54

**2. Cenários históricos da relação entre o Budismo
e outras religiões mundiais** 65
1. O horizonte substancial do capítulo 65

2. Cenários da relação entre o Budismo e o Hinduísmo .. 66
   2.1. Considerações preliminares....................... 66
   2.2. A nova religião budista como
       desafio ao Bramanismo 67
   2.3. O Budismo oficialmente reconhecido
       como rival do Bramanismo 75
   2.4. A reação antibudista do Hinduísmo............... 78
   2.5. Tensões entre hindus e budistas
       na Índia contemporânea........................... 81
3. Cenários da relação entre o Budismo e o Judaísmo....... 87
   3.1. Considerações preliminares....................... 87
   3.2. Contatos entre Budistas e Judeus
       na Antiguidade e na Idade Média 89
   3.3. O Intercâmbio entre o Budismo
       e o Judaísmo na Modernidade 94
4. Cenários da relação entre o Budismo e o Cristianismo..... 97
   4.1. Considerações preliminares....................... 97
   4.2. Cenários da relação entre
       o Budismo e o Cristianismo na Índia 98
   4.3. Cenários da relação entre o Budismo
       e o Cristianismo na China.......................103
   4.4. Cenários da relação entre o Budismo
       e o Cristianismo no Japão.......................119
   4.5. Cenários da relação entre o Budismo
       e o Cristianismo no Sri Lanka 136
   4.6. Cenários da relação entre o Budismo
       e o Cristianismo no Ocidente 146

5. Cenários da relação entre o Budismo e o Islã 153
5.1. Considerações preliminares 153
5.2. Cenários históricos da relação
    entre o Budismo e o Islã 155
5.3. Cenários mais recentes da relação
    Budismo x Islã 162

3. O espectro de posturas do Budismo diante de desafios inter-religiosos 165
1. Caracterização e exemplificação de posturas
   inter-religiosas do Budismo 167
   1.1. Problematização 167
   1.2. Estratégias budistas tendentes
        à abertura substancial 172
        1.2.1. A figura retórica de *avyakata* 173
        1.2.2. A estratégia de apelar à razão
               do interlocutor 174
   1.3. Atitudes budistas tendentes à inclusão 178
        1.3.1. Incorporação tácita de elementos alheios .. 179
        1.3.2. Valorização explícita de elementos alheios.. 179
        1.3.3. Reinterpretação de elementos alheios
               conforme a lógica do próprio sistema 183
   1.4. Posturas tendentes ao pluralismo 184
        1.4.1. A abertura do Budismo para o diálogo
               inter-religioso 185
        1.4.2. A busca por pontos extradoutrinários
               de interseção 189
        1.4.3. A postura retórica no espírito de *upāya* ... 190

1.5. Posturas tendentes ao exclusivismo...........201
   1.5.1. Rejeição explícita da posição
       do interlocutor..........................201
   1.5.2. A estratégia da disputa
       religiosa competitiva....................206
   1.5.3. Esforços retóricos com o objetivo
       de menosprezar o "outro"...............211

**4. Divergências substanciais entre o Budismo
e outras religiões mundiais**........................217
  1. Considerações preliminares........................217
  2. Divergências substanciais entre
     Budismo e Hinduísmo.............................219
   2.1. Problematização..............................219
   2.2. A rejeição da autoridade da tradição védica
       e do status superior supostamente "natural"
       dos seus representantes.......................221
   2.3. A crítica do Budismo ao sistema de castas....225
   2.4. A crítica budista ao "essencialismo"
       do Hinduísmo..................................229
   2.5. A crítica budista ao teísmo hindu.............232
   2.6. A crítica budista a práticas hindus...........238
  3. Divergências substanciais entre o Budismo
     e o Cristianismo...................................247
   3.1. Antecipação..................................247
   3.2. O olhar crítico do Budismo a reivindicações
       cristãs da verdade............................247
   3.3. O olhar do Budismo para Jesus Cristo........250

3.4. Posturas budistas diante do conceito
cristão de Deus................................253
3.5. Questões budistas referentes ao problema
cristão da teodiceia 259
3.6. O olhar do Budismo à ética cristã
e ao engajamento cristão no mundo..............261
4. A posição do Budismo diante de conteúdos
específicos do Judaísmo e do Islã...............263
4.1. Contextualização..............................265
4.2. Reflexões budistas sobre o
monoteísmo judaico...........................266
4.3. Supostas convergências pontuais entre o
Budismo e elementos doutrinários
do Judaísmo....................................269
4.4. O olhar do Budismo à diáspora judaica
e à integração comunitária dos judeus........270
4.5. Reflexões budistas sobre
o monoteísmo islâmico........................272
4.6. Reflexões budistas sobre práticas
espirituais do Islã.............................274

Considerações finais 277
Referências Bibliográficas................................281

Prefácio

A diversidade religiosa constitui uma temática ainda em elaboração política e teológica na sociedade e nas academias, não obstante as garantias legais modernas e os estudos das diversas ciências que se dedicaram às religiões, desde o final do século dezenove. Vivemos tempos que, sob a pauta do relativismo, concedem lugar a todas as expressões religiosas, mas que parecem estar produzindo o contrário de seu propósito primeiro: o crescimento dos grupos integristas que negam legitimidade às diferenças. As religiões se encontram nesse cenário que permite conviver liquidez e solidez de todas as ordens de valores. Nesse sentido, o moderno e o antimoderno compõem uma configuração sociocultural que revela dificuldades de construção de consensos mínimos, capazes de permitir a construção de horizontes comuns para a humanidade. As ortodoxias radicais começam a ganhar fôlego como concepção e como movimento que parece esconder, sob o pretexto da razão revisora, posições políticas endógenas e intransigentes. Por sua vez, o relativismo oculta em suas conveniências a sua razão mais verdadeira: o individualismo consumista. Dessa regra não escapa nem mesmo a religião que assume as mais variadas expressões, buscando oferecer soluções de bem-estar para os fiéis, ávidos de prazer.

A programática de Hans Küng de fazer com que as religiões venham a construir consensos entre si, em nome de um consenso ético capaz de agregar a humanidade, constitui, nesse sentido, uma utopia necessária e urgente, porém certamente ainda distante. O exercício do diálogo é uma tarefa de todos e deverá incluir autenticamente as múltiplas diversidades que compõem a sociedade atual. Os caminhos desse diálogo estão por ser construídos, para além dos discursos da democracia formal e do ecumenismo ritual das tradições religiosas. Ele será feito, provavelmente, por vias políticas e por vias metodológicas. Sabemos que as ciências se fragmentam cada vez mais em função de seus objetos e métodos e acabam contribuindo com a perda da visão de conjunto sobre o ser humano e o planeta. Desse movimento não escapam as abordagens relacionadas à religião, tanto no âmbito das ciências da religião quanto da teologia. Em ambos os casos, as especializações podem conformar-se com seus resultados bem-sucedidos e dedicar menos esforço na busca de abordagens que exercitem o diálogo interdisciplinar, tanto em suas demarcações internas, quanto na relação com outras abordagens. A consciência das funções sociais e éticas das ciências passa hoje pela construção de metodologias capazes de estatuir o diálogo como *modus cognoscendi* e, por conseguinte, como *modus operandi* do diálogo efetivo entre as diferenças.

A ciência da religião poderá prestar esse serviço às religiões; fornecer os meios de revelar as diferenças religiosas como legítimas, as suas relações reais e o diálogo entre elas como necessário. A cientificidade do estudo das religiões, para além de toda pretensão de neutralidade, cumpre por si mesma a função ética de desvelar as reais possibilidades dos relacionamentos oficiais e das práticas ecumênicas concretas. Será, certamente, o conhecimento mútuo das religiões a premissa primeira dos julgamentos mútuos, inevitáveis na ação inter-religiosa realizadas em nome das próprias convicções de fé.

É nesse horizonte da busca dos pressupostos científicos do diálogo inter-religioso que se situa o estudo do Professor Frank Usarski que me honra prefaciar. Fruto de suas pesquisas sobre o Budismo e "as outras religiões", de suas inquietações sobre o exercício metodológico rigoroso na abordagem das religiões e de suas intencionalidades éticas, este livro revela um olhar e um método originais que elucidam um objeto inédito – o exercício efetivo do inter-religioso –, lança possibilidades metodológicas – as bases para uma teologia das religiões – e deslumbra horizontes de ação inter-religiosa – práticas ecumênicas e éticas.

As práticas de diálogo inter-religioso e, de modo especial, a teologia das religiões, necessitam de investigações desse teor, para que possam construir caminhos mais realistas de diálogo e reflexão. O estágio atual da teologia das religiões, seja a que assume a pluralidade religiosa como objeto, seja a que assume a pluralidade como perspectiva do discurso, solicita abordagens científicas que coloquem as tradições no confronto crítico e busquem desvelar as suas interpretações mútuas. O caminho para assumir o inter-religioso como grandeza teológica e, portanto, a transcendência das posturas exclusivistas e inclusivistas, pressupõe metodologias incursivas e dialogantes, capazes de revelar as identidades das tradições religiosas, bem como suas leituras das outras religiões. A pergunta "o que dizem os outros que eu sou?" acompanha aquela que interroga "quem são os outros?". É dessa hermenêutica bilateral que todo diálogo se torna possível e que a alteridade se eleva em seu direito irredutível de ser o que é. Não basta falar do outro, é preciso ouvi-lo. A prática do diálogo inter-religioso só é possível se a outra religião estiver disposta ao diálogo e entrar no seu circuito inclusivo que expõe os limites e as possibilidades reais de qualquer construção comum.

A originalidade e o rigor científico do presente livro prestam um serviço inestimável à ciência da religião e à teologia. Chega em boa hora no rol desses estudos que têm ganhado fôlego no contexto brasileiro nos últimos anos, inaugurando uma programática metodológica de *estudos inter-religiosos*. Nesse sentido, tomo a liberdade de manifestar ao autor dois sentimentos. O primeiro de encantamento e gratidão pela originalidade e beleza do estudo; o segundo sentimento é o desejo de ver explicitadas no futuro as decorrências para a teologia das religiões. O livro é completo sob todos os aspectos, porém provocativo no sentido de oferecer a porta de entrada para uma discussão teológica a respeito do diálogo entre as religiões. A teologia das religiões ganharia enormemente com uma abordagem capaz de haurir das outras religiões suas propriedades e potencialidades dialogais, de forma a superar as boas intenções de diálogo, mesmo que teologicamente bem fundamentadas.

A busca sincera e persistente da verdade das religiões pode contribuir, de fato, com a saída dos relativismos que consagram a indiferença e as intolerâncias que confirmam as hegemonias e as oposições, posturas que, de modo confuso, se entrecruzam como valores de convivência e das próprias instituições atuais. É no caminho que o real se dispõe, dizia o sábio Guimarães Rosa. O caminho inaugurado por Frank abre as portas para a realidade do diálogo possível, para além dos idealismos e dos pessimismos que rondam os sistemas de crenças, estagnando a dúvida e a investigação sobre suas idiossincrasias, em nome dos dogmas racionais ou religiosos.

Estamos diante de uma obra pioneira que produzirá a seu tempo os frutos teóricos e práticos nas academias e no mundo das religiões. No entanto, a originalidade metodológica de que é portador já é orgulho e estímulo para quem estuda religião e busca a convivência pacífica entre os povos, em nome da razão e da fé.

João Décio Passos
Professor do Departamento de Teologia
e Ciências da Religião da PUC-SP

Introdução

Embora a literatura acadêmica sobre conflitos e diálogos inter-religiosos e o papel do Budismo nesses contextos venham crescendo nos últimos anos, ainda não há um trabalho cujo grau de diferenciação interna e complexidade de informações corresponda a este estudo das relações entre o Budismo e as outras religiões mundiais. A maioria das contribuições precedentes para a pesquisa nessa área concentra-se em temas pontuais e leva apenas a relação entre o Budismo e uma determinada religião em consideração. O que ainda falta é uma "leitura sinóticas" consciente da multidimensionalidade de um campo histórico e geograficamente diversicada e da amplitude do espectro de problemas envolvidos.

Diante dessa situação relativamente deficitária, este livro[1] tem como objetivo abordar de maneira sinótica as relações entre o Budismo, por um lado, e o Hinduísmo, Judaís-

---

[1] Agradeço meu amigo Rodrigo Wolff Apolloni a revisão do texto original.

mo, Cristianismo e Islã. Com isso, a obra pretende responder a três perguntas principais. A primeira questão diz respeito aos contextos históricos dos respectivos encontros inter-religiosos. Um segundo problema reside na análise do ferramental discursivo do qual o Budismo se apropriou em momentos do intercâmbio com o Hinduísmo, Judaísmo, Cristianismo e Islã. Em terceiro lugar, interessam os conteúdos abordados pelo Budismo por ocasião de encontros ou desencontros com as outras religiões mundiais.

O ponto de partida da discussão desses três assuntos reside em uma síntese do repertório doutrinário e prático do Budismo como "capital simbólico" básico subjacentemente, presente em qualquer disputa ou no diálogo com outras religiões. Tal levantamento, realizado no capítulo II, não se contenta com a identificação dos traços universais do Budismo, mas leva em consideração que essa religião, devido à sua transplantação da Índia para outras partes do mundo, apresenta-se como um conjunto de correntes e escolas cujo espectro fenomenológico reflete as condições particulares dos seus múltiplos contextos culturais.

O capítulo III é dedicado a responder a pergunta acerca das circunstâncias sócio-históricas sob as quais o Budismo foi confrontado com as outras religiões mundiais. A discussão é realizada a partir de cenários paradigmáticos do intercâmbio bilateral do Budismo com o Hinduísmo, Judaísmo, Cristianismo e Islã. Os dados, resumidos, sensibilizarão para o fato de que a dinâmica, a forma e os conteúdos constitutivos da relação concreta entre as religiões não se dão apenas em função dos repertórios doutrinários e práticos dos interlocutores. Ela é moldada por fatores extrarreligiosos, conjunturas políticas, disputas por status ou ambições econômicas. Diferentemente, o capítulo IV tem natureza sistemática. Seu objeto é a operacionalização de figuras argumentativas e atitudes retóricas com as quais o Budismo tem-se direcionado ou reagido às outras religiões em questão. Em termos "técnicos", a diferenciação dos constituintes do ferramental discursivo desenvolvido no âmbito do Budismo segue a metodologia de construção de tipos ideais. Em prol de uma maior aproximação entre a teorização abstrata e a realidade empírica, cada figura retórica identificada será concretizada mediante exemplos tirados de material produzido pelo próprio Budismo. O espectro dos temas-chave abordados nas disputas e conversas entre o Budismo e as outras religiões é o foco do capítulo V. Diferentes assuntos e raciocínios que resumem, por exemplo, as críticas relacionadas ao teísmo refletem posturas budistas aplicáveis a conversas com qualquer interlocutor. Outras preocupações substanciais, como por exemplo o problema de castas, são mais específicas e refletem divergências particulares entre o Budismo e uma das outras religiões contempladas.

O último capítulo oferecerá um espaço para as reflexões finais no sentido de uma síntese sucinta dos resultados principais da presente obra e suas funções intra e extra-acadêmicas.

1

Constituintes históricas e doutrinárias do olhar do Budismo para outras religiões

Este capítulo parte da hipótese de que um encontro ou desencontro de religiões depende, em grande parte, do repertório ideológico dos partidos envolvidos. Afirma-se, portanto, que doutrinas e princípios éticos de cada um dos interlocutores definem fatores como a disponibilidade de encarar um potencial concorrente, a vontade de se submeter à critica alheia, a flexibilidade diante de argumentos desafiadores e a capacidade de procurar um consenso. Isso significa que, para uma análise das relações entre as *religiões mundiais* do ponto de vista do Budismo, o primeiro passo deve ser apresentar um resumo dos ensinamentos e normas em que essa religião se baseia. Como a presente síntese demonstrará, o discurso sobre o Budismo no singular justifica-se na medida em que as convergências de suas diversas correntes são enfatizadas. Além dessa base, encontra-se uma série de elementos doutrinários e éticos específicos, moldados no decorrer do desenvolvimento histórico dessa religião, não apenas em função de sua expansão para diferentes regiões da Ásia, mas também por sua transplantação mais recente para países ocidentais. Tanto a pretensão formal de manter as proporções entre as diferentes partes deste livro quanto seu foco substancial exigem dos próximos parágrafos uma concentração nos pontos centrais e funcionais para o raciocínio elaborado nos capítulos seguintes. O leitor interessado em aspectos que fogem ao escopo temático encontrará nas referências bibliográficas diversas recomendações de materiais cujo estudo autônomo compensará as lacunas propositalmente deixadas no presente contexto.

1. O pluralismo interno do Budismo e seus constituintes unificadores

1.1. Esboço da diferenciação interna do Budismo

De acordo com várias fontes, Siddharta Gautama viveu entre 560 a.C. e 480 a.C.[1] Depois de ter-se tornado um Buda, circulou por cerca de 45 anos em uma área de aproximadamente 400 quilômetros quadrados, situada na atual fronteira

---

[1] Segundo pesquisas alternativas, é mais provável que o Buda tenha vivido cerca de 100 anos mais tarde. Cf. Bechert, Heinz. The Problem of the Determination of the Date of the Historical Buddha, *Wiener Zeitschrift fur die Kunde Sudasiens*, vol. 33, 1989, p. 93-120.

do Estado indiano de Bihar e o Nepal. Nesse período, atraiu um número crescente de seguidores. Ao falecer, não deixou nenhum sucessor no comando de sua comunidade. Estava convencido de que esta se mostrava suficientemente coesa e preparada para se nortear meramente com base na doutrina até então elaborada. Nos séculos posteriores, o Budismo espalhou-se pela Ásia, assumindo traços próprios em reação a padrões culturais estabelecidos nas regiões anfitriãs. Devido a atividades proselitistas e processos de migração, hoje o Budismo está presente, de uma forma ou de outra, em quase todos os países da Terra.

A atual complexidade dessa religião mundial torna-se visível a partir de três perspectivas:

A primeira focaliza as diferenciações no sentido *vertical,* conforme a distinção entre duas *camadas* do Budismo, uma abordagem que faz especialmente sentido em países asiáticos tradicionais, nos quais a vida monástica goza de grande reputação.[2] Trata-se de duas lógicas religiosas próprias. Uma, representada por monges e monjas, qualifica-se por uma organização rigorosa, uma ética minuciosamente regulamentada e uma rotina consequentemente orientada no ideal da realização, o mais imediatamente possível, do *nirvāna*. A outra lógica é constitutiva para os budistas leigos e leigas. Comparada com as condições monásticas, a religiosidade leiga é caracterizada por uma série de concessões diante das

---

[2] Cf. Spiro, Melford E. *Buddhism and Society. A Great Tradition and its Burmese Vicissitudes*. Berkely: University of California Press, 1982.

exigências da vida mundana, inclusive o princípio de que a "existência civil" é desprivilegiada em termos da realização do *nirvāna*, o que faz com que a prática religiosa se concentre no acúmulo de um *carma* positivo em prol de uma reencarnação soteriologicamente mais auspiciosa.

A segunda perspectiva salienta a diferenciação *horizontal*, levando em consideração a coexistência de diferentes correntes budistas predominantes em determinadas regiões da Ásia, do ponto de vista geográfico ou em termos sistemáticos, de acordo com as especificidades que os ramos possuem no que diz respeito a doutrinas, práticas e expressões simbólicas. Enquanto a diferenciação horizontal em termos geográficos distingue o Budismo do Sul e o do Norte, em termos sistemáticos ela discrimina "três Veículos", a saber: o "Pequeno Veículo" (*Hinayāna*), em países como Sri Lanka, Tailândia, Myanmar (Birmânia), Laos ou Camboja; o "Grande Veículo" (*Mahāyāna*), particularmente poderoso no Extremo Oriente; e o Veículo do Diamante (*Vajrayāna*), que corresponde ao Budismo marcante para o Tibete e outras regiões do Himalaia influenciadas pela cultura tibetana. Cada uma das correntes é subdividida em diversas escolas, cujas particularidades não afetam a pertinência da sua classificação como expressão de um dos três veículos acima mencionados.

A terceira perspectiva destaca o aspecto *cronológico,* que leva a uma distinção entre o Budismo tradicional e suas tendências mais recentes. As últimas podem ser classificadas em duas subcategorias inter-relacionadas em vários aspectos. Uma é o chamado "Budismo modernista", representado, sobretudo, por movimentos de reforma incentivados por protagonistas asiáticos. A outra categoria é o chamado Budismo de conversão, representado por seguidores ocidentais que não nasceram budistas, mas optaram por essa religião em um momento posterior de suas vidas.

1.2. Doutrinas compartilhadas

Apesar de os segmentos acima mencionados discordarem sobre uma série de questões particulares, há consenso entre eles sobre os elementos que definem a identidade de uma comunidade ou um indivíduo como budista.

Um elemento-chave constitutivo já do primeiro grupo dos seguidores[3] é a identificação do Buda como mestre iluminado, dedicado à divulgação de um conhecimento soteriológico completo que merece confiança profunda (*śraddhā*) por parte de seus seguidores. A alta relevância desses aspectos é indicada pela fórmula clássica "Eu tomo refúgio no *buda*; Eu tomo refúgio no *dharma*; Eu tomo refúgio na *sangha*", mediante a qual o adepto salienta seu compromisso com a memória do fundador e a aplicação de seus ensinamentos (*dharma*) em um contexto sociológico distinto (*sangha*, isto é, a comunidade budista). Quem toma "refúgio no *dharma*" adota um conceito do tempo cíclico que se manifesta como sequência de reencar-

---

[3] Cf. Freiberger, Oliver: "Profiling the Sangha – Institutional and Non-Institutional Tendencies in Early Buddhist Teachings". In: *Marburg Journal of Religion*, volume 5, n. 1, jul. 2000, p. 1-6, especialmente p. 1.

nações determinadas pela lei do *carma*, princípio cósmico que corresponde à fórmula "ação = reação" e determina as formas e qualidades no chamado *saṃsāra*, simbolizado como roda de vida composta por cinco (ou, dependendo da fonte, seis) segmentos da existência, inclusive a esfera dos seres humanos. É um princípio soteriológico fundamental, compartilhado por todas as correntes budistas, o de que nada no *saṃsāra* possui natureza própria no sentido de uma essência duradoura. Essa negação de substancialidade de qualquer manifestação existencial é sustentada por uma argumentação complexa e sofisticada, expressa em uma série de termos técnicos e em um conjunto de conceitos logicamente inter-relacionados. Uma das elaborações mais pretensiosas dessa cosmovisão encontra-se na chamada doutrina da *gênese condicionada* (*pratītyasamutpāda*), que aponta para além de fenômenos imediatamente aparentes que, do ponto de vista cotidiano, constituem aquilo que é considerado a "realidade". Conforme a doutrina em questão, qualquer fenômeno empírico é apenas uma manifestação instantânea gerada por agrupamentos de fatores existenciais, ou seja, qualidades abstratas[4] que surgem e logo desaparecem – semelhantes a sons singulares que nada mais são do que vibrações de curta duração, mas cuja colocação em sequência leva o ouvinte a acreditar que ouve uma melodia possuidora de valor em si.

---

[4] Em páli, esse tipo de constituinte de vida é chamada *dhamma* (sânscrito: *dharma*), expressão polissêmica que em outros contextos se refere aos ensinamentos do Buda.

Uma vez que todas as correntes budistas aceitam a aplicabilidade universal da interpretação da totalidade da existência em termos de transitoriedade e impermanência, o conceito é também visto como descrição pertinente da constituição do ser humano. Fazendo parte do *samsāra,* todos os indivíduos são formados por fatores existenciais temporários, inexistindo qualquer substância que não a do sujeito do processo contínuo do devir. Como uma carroça que não possui uma "identidade" além do arranjo das peças com as quais foi montada, o ser humano é composto por um conjunto de cinco *skandhas,* ou seja, "grupos de agarramento" (*pañca upādānaskanhāh*). Os *skandhas* dividem-se em dois tipos identificados pelo par de palavras *namo-rupa*. *Rūpa* refere-se à base fisiológica da existência, ou seja, à matéria formada pelos elementos terra, fogo, água e ar. O segundo componente, *namo*, abrange as quatro faculdades ou processos sensoriais e mentais, a saber: a sensação ou emoção não específica (*vedanā*) causada pelo instrumentário sensorial em momento do contato com o "mundo objetivo"; percepções (*samjnã*) das qualidades presentes nos objetos encontrados no "mundo objetivo"; impressões (*samskhāra*), geralmente subconscientes ou estruturas mentais resultantes das experiências de vidas passadas ou da vida atual, que direcionam as ações atuais; e reconhecimento ou consciência (*vijnana*) do mundo exterior.

Outras contribuições para a análise das condições humanas encontram-se no teorema de *anatta* e no conceito conhecido como o *nexo condicional*. Vale a pena lembrar que todos os esforços filosóficos em torno do axioma da não-substancialidade não têm um objetivo em si, mas desempenham um papel esclarecedor em função dos *insights* soteriológicos e suas consequências práticas condensados nas quatro nobres verdades, conforme a tradição ensinada pelo Buda já em seu primeiro sermão.

A expressão *anatta*, composta pelo prefixo "*a*" indicando negação, a consoante de junção "*n*" e a palavra "*atta*" (sânscrito: *ātman*), destaca a impermanência do sujeito devido à falta de uma instância no sentido de uma "alma" na terminologia cristã, ou seja, de uma entidade que não é atingida pelos processos transitórios e, portanto, persiste nas reencarnações como essencial imutável individual. Do ponto de vista da doutrina de *anatta*, o *nexo condicional* serve como construção auxiliar, que tem o objetivo de conciliar as ideias da não-substancialidade do indivíduo e da continuidade do essencial imutável individual no decorrer das reencarnações. A resposta a esse problema filosófico apropria-se do princípio da *gênese condicionada*, que demonstra como uma condição gera um efeito que, por sua vez, se torna uma condição para o surgimento de um novo efeito. De mesma maneira, os impulsos liberados na vida – inclusive no momento da morte – ganham forma na vida seguinte. Nesse sentido, as duas vidas não são substancialmente, mas *condicionalmente*, inter-relacionadas. Para ilustrar essa ideia, pode-se imaginar uma linha de peças de dominó – uma colocada depois da outra, com uma distância de milímetros entre si – em queda sequencial. Esse processo representa uma continuidade em termos de um fluxo sucessivo de "eventos" minúsculos provocados pelo impacto que uma peça recebe da anterior e transmite para a posterior. O fato de que esse processo não é interrompido pela morte física de uma pessoa pode ser metaforizado pela representação de uma série de caixas de sapatos, cada uma com uma pequena abertura no lado frontal e outra no lado oposto, colocadas sobre a linha de dominós. Observa-se que a linha "cadente" desaparece nas pequenas entradas das caixas e reaparece nas saídas, em um ritmo que permite a conclusão de uma dinâmica ininterrupta, mesmo que parte do processo aconteça sem que se possa enxergá-lo na íntegra. Nesse sentido, a pessoa que morre e a pessoa que renasce não são essencialmente idênticas, mas manifestações do mesmo processo cronológico em momentos diferentes.

As quatro nobres verdades salientam que: a) a vida é marcada pelo sofrimento; b) o sofrimento tem suas raízes em conceitos falsos e atitudes erradas; c) o sofrimento pode ser vencido sob a condição de que suas raízes sejam superadas; e d) o método de superar a situação existencialmente precária consta no caminho óctuplo ensinado pelo Buda para alcançar o *nirvāna*, objetivo soteriológico do Budismo qualificado pela extinção das raízes do sofrimento e, portanto, pela ausência do mesmo. Do ponto de vista do pensamento budista em torno do axioma da não-substancialidade, a primeira verdade confirma que o sofrimento como experiência subjacente de qualquer ser vivo não iluminado nasce da construção de um autoconceito baseado na imaginação do *atta*. Segundo a tradição budista, essa ideia de um *self* cultivado pelo indivíduo nasce de um "engano" (*avidya*) fundamental, determinado pelo hábito de mergulhar no fluxo permanente de atividades corporais, mentais e emocionais que o levam a se perceber como portador "autônomo" de todas as experiências, sensações e conteúdos mentais. A ilusão de um *self* nasce e intensifica-se a partir de uma carência continuamente frustrada no ser humano e de sua busca incessante por algo permanente e seguro que poderia determinar um preenchimento satisfatório. Agindo de maneira *ego*cêntrica com o desejo de alcançar o que parece promissor e evitar o que é desagradável, o indivíduo torna-se vítima da lei do *carma,* responsável pela continuidade da existência em formas variáveis dentro do *samsāra.* Em sua vida atual, o indivíduo, uma vez que se considera erroneamente como entidade ontológica própria, localiza-se no mundo dos fenômenos em termos de categorias de separação, o que faz com que ele se veja cercado tanto por amigos, cúmplices e aliados quanto por oponentes, adversários e inimigos, atribuindo a todos eles também um *self* próprio. Enquanto se deixa dominar pela busca para sensações temporárias, o indivíduo continua a ser vítima de um mecanismo sutil caracterizado como *upādāna,* frequentemente traduzido como "apego". *Upādāna* é causada por *taṇhā* [páli] ou *tṛṣṇā* [sânscrito], termo técnico muitas vezes parafraseado como "avidez" ou "sede", duas palavras negativamente associadas a uma "insatisfação constante". Portanto, *tṛṣṇā* é um dos fatores responsáveis pelo "devir contínuo" dos seres, ou seja, por sua ligação ao ciclo de existência aflitivo. Não surpreende, pois, que *tṛṣṇā* também determine "que, depois da morte, os seres se apeguem novamente a uma forma de existência".[5]

Como já indica a nomenclatura *caminho óctuplo*, a trilha espiritual budista praticada para se liberar do mecanismo da perpetuação no *saṃsāra* é composta por oito elementos. A literatura especializada organiza esses aspectos geralmente em três blocos, a saber: sabedoria (*pañña*), moralidade (*sila*) e "cultura mental" (*samadhi*).[6] O que especificamente importa, no contexto do presente trabalho, é a rubrica de moralidade ou ética.[7]

A ética budista[8] enfatiza a importância da intenção com a qual uma ação é levada a efeito. Motivações alimentadas por apego, ódio e ignorância são carmicamente negativas, especialmente quando se realizam em ações correspondentes. Em oposição, intenções caracterizadas como não-apego, benevolência e entendimento são classificadas como

---

[5] Cf. Schumann, Hans Wolfgang. *Buddhistische Bilderwelt. Ein Ikonographisches Handbuch des Mahayana- und Tantrayana-Buddhismus*. München: Diederichs, 1993, p. 81.

[6] Quanto ao termo "cultura mental", cf. *Maha Thera, K. Sri Dhammananda*: The Noble Eightfold Path – The Middle Way. Disponível em: http://mail.saigon.com/~anson/ebud/whatbudbeliev/78.htm. Acesso em 28/12/2008.

[7] Omite-se aqui uma discussão sobre as possíveis traduções dos termos técnicos que denominam os oito aspectos da trilha, bem como as leituras divergentes quanto à sequência das três categorias.

[8] Cf. Keown, Damien. *The Nature of Buddhist Ethics*. Houndmills & New York: Palgrave, 2001.

construtivas, não apenas no sentido de um comportamento que beneficia outrem, mas também porque trazem futuras consequências positivas para o próprio ator. Em vários momentos o Budismo indicou tipos de ações que devem ser evitados. Entre essas ações encontra-se o preceito de não ferir nenhum ser vivo. Fontes antigas enfatizam a importância do cultivo de disposições e hábitos corretos para que a conduta moral se torne uma manifestação natural e espontânea de valores internalizados. A função de virtudes é dominar disposições negativas. Entre as virtudes cardeais, encontram-se as qualidades que se desenvolvem na medida em que as raízes do sofrimento, ou seja, avareza, ódio e ignorância, são combatidas e substituídas por não-apego, benevolência e entendimento. Não-apego é definido como ausência do desejo egocêntrico que determina as ações. Benevolência significa uma atitude de boa vontade diante de todos os seres vivos; e entendimento refere-se à compreensão das doutrinas budistas. Além dessas três virtudes básicas, há mais duas de primeira relevância para o tema da relação entre o Budismo e outras religiões. Uma delas é o princípio da não-violência (*ahimsa*), que se constitui não apenas pela ausência de algo, mas também é praticado ativamente com base em sentimentos profundos de respeito por todos os seres vivos. O outro é o ideal da compaixão (*karuna*), atitude frequentemente citada ao lado de três outras virtudes – o amor-bondade (*metta*), a alegria simpatizante (*mudita*) e equanimidade (*upekha*).

2. Convergências e divergências entre o *Theravāda* e o *Mahāyāna*

Segundo a tradição budista, antes de deixar seu corpo e entrar no chamado *parinirvāna,* Śakyamuni (outro nome pelo qual Siddharta Gautama é conhecido) declarou em seu último sermão que, no futuro, os seguidores seriam guiados apenas pelos ensinamentos divulgados pelo mestre errante. O cultivo dessa herança espiritual pelas gerações seguintes ocorreu sob circunstâncias material e socialmente auspiciosas. A partir do século IV a.C., o Budismo, protegido e promovido pela dinastia Maurya (324-187 d.C.), experimentou uma fase de florescimento e de fundação de mosteiros em todas as regiões do subcontinente indiano. Fatores como a distância entre essas sedes e o surgimento de líderes de opinião locais em uma época ainda caracterizada pela mera memorização dos ensinamentos de Śakyamuni contribuíram para a diferenciação da doutrina segundo as preferências dos grupos para determinadas partes da vasta tradição oral. No longo prazo, as divergências inicialmente articuladas de maneira sociologicamente difusa e apenas em relação a aspectos pontuais ganharam plausibilidades e formas organizacionais próprias, posteriormente manifestas na diferenciação entre duas correntes principais conhecidas como *Hinayāna* e *Mahāyāna*.

O uso frequente da expressão *Hinayāna* é problemático em pelo menos dois sentidos. O primeiro deles é etimológico: trata-se, originalmente, de uma palavra que deriva de uma situação de disputa intrabudista cunhada para desqualificar a corrente assim designada. Sob essa perspectiva, a tradução mais apropriada seria "veículo inferior"[9] em lugar de "pequeno veículo", expressão supostamente neutra e geralmente encontrada na literatura. O segundo é nominativo: a noção *Hinayāna* nunca designou uma escola budista particular, mas disse respeito desde o início a um conjunto de grupos inter-relacionados entre si pelos esforços de preservação mnemotécnica da mensagem supostamente autêntica do Buda histórico, mas heterogêneos no que diz respeito a uma série de questões específicas.

2.1. O Budismo *Theravāda*

O Budismo ganhou seu perfil dogmático e organizacional na medida em que compilou seu cânone conforme as decisões coletivas tomadas em três concílios, a saber: nas reuniões monásticas em Rajagaha (conforme a ambígua datação da tradição, no ano 483 a.C.), em Vesali (383 a.C.) e em Pataliputta (252 a.C.).[10] Enquanto a historiografia budista desenha a imagem de um desenvolvimento gradual e orgânico,

---

[9] Cf. Winternitz, Moritz. *Der Mahāyāna-Buddhismus nach Sanskrit- und Prākrittexten*. Tübingen, 1930.
[10] Cf. Schumann, Hans Wolfgang. *Buddhismus. Stifter, Schulen und Systeme*. Olten: Eugen Diedrichs, 1976, p. 55-58.

pesquisadores ocidentais apontam para rupturas e inconsistências presentes desde a comunidade primitiva. O primeiro cisma ocorreu provavelmente apenas alguns anos depois da morte do Buda, devido a uma disputa sobre questões da disciplina monástica que separou os autonomeados *theravādins* ("seguidores da doutrina dos mais velhos") de um grupo supostamente majoritário de reformadores, cuja superioridade numérica repercutiu na autodesignação *mahāsanghikas* ("integrantes da grande comunidade").

No século I a.C. não menos que 18 escolas, inclusive as quatro mais citadas na literatura especializada, a *Theravāda*, a *Sarvāstivāda*, a *Sautrāntika* e a *Lokottaravāda*, disputavam entre si. Dependendo do conteúdo de suas propostas, alguns grupos provocavam reações apologéticas por parte dos conservadores, enquanto outros forneceram material doutrinário importante para o raciocínio progressista. Em termos institucionais, porém, com a exceção da escola de *Theravāda*, hoje quase sinônimo de *Hinayāna*, nenhuma das correntes da fase inicial sobreviveu. Devido às modificações que os ensinamentos budistas devem ter sofrido no intervalo temporal compreendido entre a morte do fundador e a época de compilação do cânone páli – as fontes escritas mais antigas do Budismo fixadas apenas no século I a.C. –, pode-se questionar a pertinência do autorreconhecimento dos *theravādins* de representar a forma original do Budismo. Ao mesmo tempo, é certo que os esforços preservadores desse grupo contribuíram consideravelmente para o conhecimento científico sobre o Buda histórico, sua doutrina e os padrões organizacionais.

Um aspecto-chave da escola *Theravāda* é sua ênfase em questões psicofisiológicas em desfavor de especulações metafísicas. Esse foco é intimamente relacionado à importância que os *theravādins* atribuem ao alcance emergente do *nirvāna*, preocupação central do Buda que servia para o mestre como meta de distinção entre conteúdos relevantes e irrelevantes a serem divulgados ou não para seus discípulos. Do ponto de vista da escola *Theravāda*, portanto, a doutrina do Buda é basicamente um conjunto de instruções práticas em prol da superação imediata das condições do *samsāra* e da libertação do sofrimento. Uma expressão paradigmática do caráter pragmático da doutrina budista em termos soteriológicos encontra-se na analogia da seta envenenada, narrada no *Cūlamālunkya Sutta*, do *Majjhima Nikāya*. O texto afirma:

> Certa ocasião, Buda estava no Bosque de Jeta, junto à cidade de Sarasvati. Um monge de nome Malunkya veio ter com ele, parecendo bastante preocupado. Ele se afligia com o fato de Buda jamais responder às seguintes questões, amplamente ventiladas pelos pensadores de sua época: a) O mundo é finito ou infinito? b) Corpo e espírito são uma coisa só ou duas coisas separadas? c) O homem tem uma vida de além-túmulo? Malunkya, que gostava de Filosofia, estava bastante aborrecido por Buda não tratar dessas questões e lhe disse: "Ó Perfeito! Se não responderdes a minhas dúvidas, deixarei a Comunidade e voltarei à vida mundana". Buda respondeu da seguinte maneira: "Malunkya: certa vez um homem foi ferido por uma seta envenenada. Os amigos correram a buscar

um médico, mas o ferido disse que só consentiria que lhe extraíssem a seta e o tratassem depois de lhe explicarem quem atirou a seta, com que arco ela foi lançada, qual a sua forma etc. Que terá acontecido a ele? Certamente há de ter morrido antes de ver esclarecidas suas dúvidas. Malunkya: da mesma forma, respostas a perguntas acerca do caráter finito ou infinito do universo, da natureza, da alma etc. não nos libertam do sofrimento. Precisamos libertar-nos do sofrimento nesta vida. Por isso, Malunkya, não te preocupes com as questões que não ensino. Preocupate com as que ensino, que são: a Existência do Sofrimento, a Origem do Sofrimento, a Cessão do Sofrimento e o Caminho da Cessão do Sofrimento".[11]

A orientação no objetivo de iluminação o mais imediato possível reflete-se também na valorização soteriológica da biografia monástica, que, por sua vez, repercute na distinção social entre monges e monjas, de um lado, e leigos e leigas, de outro. Conforme a tradição em países do Sul da Ásia dominados pelo Budismo *Theravāda,* o alcance do *Nirvana* exige uma disciplina sistemática idealmente praticada em um ambiente que garante o mínimo de interferência de fatores disfuncionais para a rotina espiritual. Essas circunstâncias são fornecidas por instituições que mantêm uma distância das atividades mundanas em prol da extinção das causas do sofrimento e da realização gradual da iluminação ainda nesta vida.

---

[11]Textos budistas e zen-budista. Seleção, tradução, introdução e notas do Prof. Dr. Ricardo M. Gonçalves, São Paulo: Cultrix, 1999, p. 44-45.

A apreciação de uma biografia monástica alimenta-se por duas lógicas complementares: o Budismo *Theravāda* propõe um "realismo psicológico"[12] no sentido da hipótese de que o sofrimento experimentado pelos seres é uma reflexão adequada da situação *real* da existência; ao mesmo tempo, há a esperança de que a prática do caminho óctuplo, única trilha válida para os *theravādins*, desvincule o adepto definitivamente de seu estado precário existencial e o transforme em um ser iluminado (*arhat*).

Se o caminho religioso é percorrido com sucesso ou não, isso depende fundamentalmente do *carma* de cada um e dos desafios encontrados na sua vida, conforme a lei universal e inescapável de causa e efeito das ações individuais. A pertinência da trilha é garantida pelo exemplo do Buda histórico (Siddharta Gautama), mestre exposto dos mesmos princípios *sansâricos* como qualquer outro ser humano, porém privilegiado no sentido de possuir uma série de faculdades extraordinárias que o qualificaram como personagem especial.

2.2. O Budismo Mahāyāna

O Budismo *Mahāyāna*, que começou a se fazer ouvir a partir do século I a.C., não se caracteriza por uma unanimidade absoluta dos seus representantes em um quadro definitivo de princípios doutrinários, organizacionais e práticas.

---

[12] Cf. Schumann, Hans Wolfgang. *Buddhismus...* op. cit., p. 134.

Em vez disso, configura-se como segmento intrabudista altamente diversificado. Mesmo assim, merece um tratamento sistemático distinto pelo menos por dois motivos. Primeiro, o *Mahāyāna* é considerado uma das forças-chave que plasmaram as culturas do Extremo Oriente. Segundo, há a reivindicação de seus protagonistas de representar um Budismo não apenas diferente, mas também superior (*grande veículo*) em comparação às escolas antigas (*pequeno veículo*) e ao *Theravāda* contemporâneo predominante no Sul da Ásia.

Do ponto de vista histórico, a situação é mais equivocada do que a dicotomia *Mahāyāna* x *Hinayāna* sugere. Muitos elementos posteriormente considerados típicos para o "grande veículo" remontam às disputas entre as primeiras escolas ou estão pelo menos implicitamente presentes no cânone páli significativo para os *theravādins*. Realmente nova é a mentalidade *mahāyānista* repercutindo em leituras inovadoras dos ensinamentos clássicos, uma constelação metaforizada na imagem de um *segundo giro da roda de dharma* cujos movimentos forneçam novos impulsos à mesma *roda de dharma* que o Buda histórico acionou logo depois da sua iluminação, no bosque de Sarnath.

O segundo giro deixou a *roda de dharma* sair do seu percurso centrípeto extravasando em muitos pontos a austeridade das doutrinas defendidas pelos *theravādins*. Uma consequência da "flexibilização de movimentos" foi uma acelerada produtividade literária por parte de pensadores *mahāyānistas*, cujos textos, junto com as tradições de fontes antigas para o chinês e, posteriormente, outras línguas da região, contribuíram para o crescimento do depósito de escrituras consideradas genuinamente budistas, embora grande parte de seus conteúdos transborde o espectro temático abordado pelo cânone páli.

Abstraindo o fato de que nem todas as doutrinas que surgiram no heterogêneo âmbito do "grande veículo" são válidas para todas as suas subcorrentes, o corpo de textos relevantes para o Budismo *Mahāyāna* divide-se em dois tipos de *sūtras*. Trata-se, primeiro, de textos filosóficos compilados entre o século I a.C. e o século VI d.C. dedicados a especulações metafísicas e, segundo, de *sūtras* devocionais, baseados em uma *budologia* elaborada, na doutrina dos chamados *bodhisattvas* e em uma ética altruísta. Todas as questões abordadas pelos *sūtras mahāyānistas* representam tendências ou isentas ou menosprezadas nas fontes privilegiadas pelos *theravādins*.

A primeira inovação doutrinária aparece na ontologia elaborada do *grande veículo*, uma visão que qualifica o *Mahāyāna* como ramo budista explicitamente *monista*. O material básico dessa *filosofia do ser* já se encontra no cânone páli.

Theravāda e *Mahāyāna* concordam na avaliação do mundo fenomenológico como um conjunto de conglomerados temporários gerados por fatores instantâneos (páli: *dhammas*; sânscrito: *dharmas*). Nenhum aspecto que compõe o mundo empírico representa uma entidade própria no sentido substancial. A partir desse ponto, os dois veículos desenvolvem um raciocínio específico. Ambas as lógicas possuem implicações ontológicas importantes, embora a primeira formulação das respectivas divergências pareça minúscula do ponto de vista semântico. Os esforços do Buda para sensibilizar seus adeptos para o fato de que nada no mundo ao qual o ser humano se apega vale a pena baseia-se na premissa de que tudo o que existe "está vazio". Essa proposição ganhou uma qualidade diferente nos relevantes *sūtras* do *Mahāyāna*, especificamente na literatura de *Prajñāpāramitā*, compilada no século I a.C., no âmbito da chamada "escola de sabedoria", cuja leitura demonstra que a afirmação *analítica* em torno do *adjetivo* "vazio" foi transformada na afirmação *sintética substantivada* "tudo é a vacuidade" (*śūnyatā*). Essa reformulação muda o foco de objetos isolados e de seu destino comum da não-substancialidade para a realidade unificada subjacente dos objetos. Diferentemente da suposta resistência do Buda histórico a especular sobre problemas metafísicos, a filosofia *mahāyānista* não hesitou em abordar questões afins e elaborar uma teoria do absoluto (*tattva*). Para se aproximar dessa última realidade, boa parte dos sutras prefere uma retórica negativa. Destacando a inacessibilidade (*anabhilāpya*) conceitual da *vacuidade,* diversos textos a ela associam atributos como a falta de características (*animitta*), o não-dualismo (*advaya*) e a não-multiplicidade (*nisprapañca*). Nos casos em que os *sutras* preferem circunscrições positivas, usam expressões como "realidade" *(bhūtatā)* ou "legalidade do mundo" (*dharmatā*). Independentemente das preferências por uma ou outra caracterização, é importante lembrar que a *śūnyatā* é considerada universalmente presente, portanto imanente às manifestações empíricas. Desse ponto de vista, todos os objetos – inclusive, os seres vivos – são fundamentalmente idênticos.

A ontologia monista do *Mahāyāna* não para nesse ponto, mas destaca a não-diferença entre o *samsāra* e o *nirvāna* no sentido de dois matizes da vacuidade. Esse pensamento sobre a existência permeada por um único princípio repercute na teoria dos *dhammas* aperfeiçoada por filósofos *mahāyānistas*. De acordo com a escolástica budista tradicional, o *Mahāyāna* afirma que esses fatores de existência são responsáveis pelo processo da *gênese condicionada*, do qual derivam os fenômenos empíricos. Além desses *dhammas* condicionados (*samskrta*), há mais um *dhamma* não-condicionado (*asamskrta*). Esse *dhamma* não submetido ao processo de transição permanente, portanto eterno, é o *nirvāṇa*. Em termos substanciais, porém, essa diferenciação é irrelevante, uma vez que todos os *dhammas*, condicionados ou não, são essencialmente vazios. É essa realidade universal da vacuidade – conforme a ilustração abaixo[13] – que conta para a ontologia monista do *Mahāyāna*.

Pessoa empírica	Mundo de objetos	*nirvāṇa*
condicionada/o (*saṃskṛta*)		não-condicionado (*asaṃskṛta*)
vacuidade (*śunyatā*)		

---

[13] Cf. Schumann, Hans Wolfgang. *Mahāyāna-Buddhismus. Die zweite Drehung des Dharma-Rades.* München: Diederichs, 1990, p. 145.

A ênfase ontológica na *śūnyatā* tem consequências importantes para a soteriologia *mahāyānista*, que se aproxima do tema da vacuidade por duas direções. Por um lado, o fato de que nada no mundo fenomenológico tem substância e duração é visto como fonte de sofrimento. Por outro lado, é o *insight* na vacuidade como realidade última atemporal e onipresente que acaba com o sofrimento. Diferentemente do *Theravāda*, para o qual o *nirvāna* é fruto de uma transformação gradual do praticante, o *Mahāyāna* salienta que o *insight* libertador reside em um reconhecimento da vacuidade como a natureza autêntica do adepto. Essa natureza é dada como o sol que sempre brilha, mesmo quando nuvens o cobrem. Em outras palavras: o ser humano já é essencialmente iluminado. Por isso, o sofrimento não é real, mas ilusório. Portanto, a prática *mahāyānista* não requer um *desenvolvimento* do *nirvāna* propriamente dito. Destaca a necessidade de superar a ignorância que distorce o verdadeiro potencial inato no ser humano. Por isso, o *Mahāyāna* valoriza tanto a sabedoria (*prajñā*), faculdade de reconhecimento que transcende a razão cotidiana e abrange o absoluto.

Outra diferença fundamental entre o *Mahāyāna* do *Theravāda* está na área de budologia.[14] Para os *theravādins*, a resposta à questão sobre o status do Buda histórico é relativamente simples. Siddhartha Gautama era um homem submetido às mesmas leis e princípios cósmicos que qualquer outro ser vivo. Há apenas um único diferencial, com-

---
[14] Cf. Ibid., p. 123s.

posto por 32 faculdades fisiológicas e sensoriais extraordinárias que qualificavam o mestre como um homem "além do normal". Todavia, essa imagem foi desafiada desde cedo na história do Budismo. A budologia do *Mahāyāna* tem mantido o espectro das opiniões articuladas nos primeiros séculos. Ao mesmo tempo, superou a mera coexistência de alternativas surgidas no decorrer dos séculos em contextos distintos mediante um sistema de graus de crescente abstração capaz de harmonizar as interpretações divergentes. Essa abordagem integrativa é conhecida como a doutrina de três corpos (*trikāya*) do Buda, que concebe Siddhartha Gautama como um *nirmanakāya*-buda, ou seja, como uma concretização no *continuum* espaço-tempo da última realidade impessoal (*dharmakāya*). A transcendentalização do Buda remonta a especulações da escola *Sarvāstivāda* (século III a.C.) posteriormente elaboradas por pensadores *mahāyānistas*. O texto em que culmina essa tendência é o *sūtra Lalitavistara,* que passa a mensagem de que a vida do Buda histórico (*nirmanakāya*) era apenas um jogo (*lalita*) do Buda supramundano (*dharmakāya*), ou seja, um *truque pedagógico,* com o objetivo de alcançar os seres humanos em seu próprio nível para instruí-los. O mesmo vale para todos os outros budas "mundanos", isto é, para os antecessores do Siddhartha Gautama no passado e para Maitreya, o esperado Buda do Futuro. Entre o *nirmanakaya* e o *dharmakaya* "residem" os budas sutis, cujos "corpos de glória" (*sambhogakāya*) são apenas perceptíveis por adeptos espiritual e altamente avançados.

Entre as doutrinas de *trikāya* e a da vacuidade há apenas uma diferença retórica. Ambas são expressões do monismo ontológico característico do *Mahāyāna*. Enquanto o paradigma de *śunyatā* aproxima-se da última realidade por meio de uma argumentação "negativa", o pensamento em termos da *trikaya* apropria-se de formulações "positivas". Para o último, todos os fenômenos do mundo empírico são permeados pela "budidade" (*buddhatā,*) e possuem uma "natureza *búdica*" (*buddhasvabhāva*), bem como os *nirmanakaya-budas e sambhogakaya-budas* não são nada mais do que emanações do *dharmakāya*.

Conforme os textos do *Mahāyāna*, o *dharmakāya* manifesta-se no nível do *sambhogakāya* de inúmeras formas. Alguns trechos até afirmam que o número desses seres corresponde aos grãos de areia da margem do rio Ganges. A iconografia, porém, tem destacado cinco *budas,* cuja associação às direções cardeais e ao centro simboliza a onipresença do princípio búdico na dimensão do espaço, complementando a ideia da onipresença temporal indicada pela sequência em que o *dharmakāya* emana nos Budas "históricos" (*nirmanakāya*).

Muitos seguidores de determinadas subcorrentes do *Mahāyāna* acreditam que esses cinco *sambhogakāya-budas*, entre outros, são guardas de "campos *búdicos*" (*buddhaksetra*) ou "paraísos", entidades capazes de promover a reencarnação em seus "reinos", para que seus devotos desenvolvam as qualidades necessárias para a salvação final nesse plano de existência isentos de perturbações causadas por tentações terrestres. Na prática, o *sambhogakāya-buda* mais "popular" é Amitābha ou Amida,[15] associado ao *Sukhāvatī*, a Terra Pura do Oeste. A esperança do fiel em uma existência posterior nesse "paraíso" alimenta-se pela fé na misericórdia do Amida, cujo "poder externo" (*tariki*) transforma o adepto desde que ele estabeleça uma relação devocional com esse Buda.

A ideia de que a salvação pode ser acelerada por uma intervenção externa não se restringe a especulações sobre a graça e a competência dos *sambhogakāya-budas*, mas se encontra também no contexto do raciocínio sobre a instância do *bodhisattva*, figura cuja caracterização como "ser (*sattva*) que se aproxima da iluminação (*bodhi*)" ganha um novo significado no âmbito do *Mahāyāna*. No cânone páli, o termo é geralmente usado para designar o status do Buda anterior à iluminação. Desse ponto de vista, Siddhartha Gautama é um *bodhisattva* no sentido do "candidato" auspicioso à iluminação. Com o mesmo significado, a expressão é usada em mais de 500 histórias fictícias (*jātakās*) que relatam as vidas passadas do Buda. No *Mahāyāna*, o significado "biográfico" da palavra é sobreposto por fortes conotações soteriológicas e éticas. Portanto, não indica mais uma carência, mas a afluência de potencial salvífico. Nesse sentido, o termo *bodhisattva* é reservado a um ser suficientemente avançado para entrar imediatamente no *nirvāna*, mas que desiste desse último passo do seu caminho espiritual para se dedicar à libertação de todos os outros seres deslumbrados pela ignorância e algemados ao *samsara*.

---

[15] Também conhecido com Amitāyus.

A esperança pela força salvífica de *Amida,* bem como a fé na possibilidade de que um *bodhisattva* interfira na vida de um devoto, estão em tensão com a insistência dos *theravādins* na insuperabilidade da lei do *carma* e na responsabilidade exclusiva de cada indivíduo para seu próprio destino espiritual. Mas ambos os conceitos soteriológicos são compatíveis com a ética *mahāyānista*. A última aceita os princípios morais do Budismo primitivo, mas os considera apenas expressão do entendimento limitado das mensagens do Buda por parte de seus seguidores da época do mestre. Do ponto de vista do *Mahāyāna*, as restrições de compreensão do público diretamente ligado ao Buda histórico chegaram mesmo a distorcer aspectos-chave do verdadeiro sentido da ética budista. Essa crítica vale especialmente para a acusação relativa à concentração do adepto apenas em sua própria salvação, que explica o rótulo pejorativo "pequeno veículo" (*Hinayāna*), aludindo a um remador solitário que se esforça para levar seu barco particular o mais rápido possível à outra margem do rio, onde não há mais sofrimento.

Consequentemente, o espectro da ética defendido pelo *Mahāyāna* é mais amplo que o do *Theravāda*. Ambos levam em consideração a importância da observância escrupulosa de preceitos morais e do cultivo de virtudes no sentido da acumulação de boas qualidades necessárias para o alcance do *nirvāna*. Além disso, o *Mahāyāna*, de maneira muito mais acentuada que o *Theravāda*, destaca a conduta altruísta expressa por ações morais direcionadas às necessidades de outrem.[16]

---

[16] Cf. Keown, Damien, op. cit.

Essa preocupação com os outros se manifesta na medida em que o adepto supera seu desejo de autossalvação e desenvolve a sensação de compaixão (*karunā*) com todos os seres submetidos às condições do *samsāra*. Conforme a valorização dessa atitude, o *arhat*, aspiração principal do *Theravāda*, perde sua relevância imediata e é substituído pela figura do *bodhisattva* como tipo ideal do ponto de vista soteriológico, uma mudança de foco que reflete também na desvalorização do monge como instância privilegiada na sociedade budista. Enquanto *nirmanakāya-budas* aparecem no mundo para ensinar a doutrina, *bodhisattvas* interferem ativamente na vida dos fiéis, uma vez que se dispõem a carregar o sofrimento alheio. A partir de século I d.C., distinguem-se dois tipos de *bodhisattvas*. *Bodhisattvas* terrestres são seres humanos como milhões de outros, identificáveis como *bodhisattvas* por sua compaixão e disposição de se engajar para a salvação de outros, sem lamentar o fato de que, devido à suspensão de sua própria iluminação, eles tenham que passar por novas e novas reencarnações. *Bodhisattvas* transcendentais realizaram a sabedoria libertadora (*prajñā*) mediante as chamadas seis perfeições (*pāramita*), mas não entraram no nirvaṇā estático (*pari-nirvanā*). Em vez disso, contentam-se com o "*nirvanā* ativo" a partir do qual ainda podem agir dentro do *samsāra*. Muito mais poderosos do que *bodhisattvas* terrestres no que diz respeito à possibilidade de interferir a favor de um fiel, esses *bodhisattvas* estão livres de atributos materiais grosseiros e não são mais expostos às leis naturais. Por isso, podem mudar sua forma de existência ou aparecer ao mesmo tempo em vários lugares (ubiquidade), dependendo da necessidade da situação. Entre os cerca de 50 *bodhisattvas* transcendentais mencionados em fontes do *Mahāyāna*, alguns se destacam pela frequência de citação e grau de detalhes com que são descritos. Entre eles encontram-se *Avalokiteśvara* ("O senhor que olha misericordiosamente para baixo"); o *bodhisattva* da compaixão, que possui importância fundamental para o veículo do diamante (*Vajrayāna*, predominante no Tibete e países vizinhos).

A desvalorização da própria iluminação a favor do pensamento altruísta repercute também na multiplicação dos métodos considerados válidos no âmbito do *Mahāyāna*. O caminho óctuplo, única trilha espiritual para *theravadins*, é mantido como legítimo, mas acaba relativizado por alternativas, inclusive a da fé em *Amida* e a da devoção ao *bodhisattva,* cuja esperada ajuda implica, do ponto de vista do adepto, o compromisso de aceitar a figura de sua veneração com modelo, prolongar sua existência no *samsāra* e contribuir para a salvação de todos os outros seres. Uma das constituintes desse "caminho de *bodhisattva*" é o desenvolvimento das chamadas perfeições (*pāramitā*). As fontes do *Mahāyāna* variam quanto ao número dessas virtudes. Há listas com seis e com dez elementos. Entre os seis componentes encontram-se virtudes como a generosidade (*dāna*), a paciência (*ksānti*) e a sabedoria (*prajñā*). Do ponto de vista do foco temático do presente livro, a qualidade mais importante mencionada nos textos que completam as listas de seis virtudes por mais quatro é a do chamado "método correto" (*upāya*).

3. O Budismo Tibetano

Tendo ingressado no Planalto Tibetano a partir do século VIII d.C. (em um processo que mesclou períodos de expansão e de repressão), o Budismo ganhou força na região a partir do século XI. Na medida em que se tornou a religião principal, irradiou-se do "País das Neves" para outras regiões culturalmente receptivas, especificamente Mongólia, Butão, Nepal e províncias no Norte da Índia, como Ladakh. Sua peculiaridade – que, inclusive, justifica a classificação do Budismo tibetano como o "terceiro veículo" – é resultado da confluência de origens e características diversas. Sua ênfase na vida monástica é uma reminiscência do Budismo primitivo, do qual incorporou as regras da antiga escola *Sarvāstivāda*.[17] Suas práticas "mágicas" refletem o impacto do Tantrismo – movimento transrreligioso iniciado na Índia, do qual o Budismo adotou textos linguisticamente obscuros e técnicas esotéricas a partir de 750 d.C.[18] Sua riqueza iconográfica e opulência visual são indícios da latência de elementos do *Bön*, religião autóctone pré-budista cujas muitas divindades foram teologicamente degradadas e, em vários casos, instrumentalizadas como guardiãs do *dharma*.

Apesar dessas múltiplas influências, o Budismo tibetano apresenta-se, sobretudo, como uma "subespécie" ou "tipo"

---

[17] Cf. Sørensen, Per K. "Lamaismus". In: *Religion in Geschichte und Gegenwart*⁴, Band 5. Tübingen: Mohr Siebeck, 2002, colunas 43-45, especialmente coluna 43.
[18] Cf. Conze, Edward: *A Short History of Buddhism*. Oxford: Oneworld 1993, p. 75.

de *Mahāyāna*, especificamente devido à sua profunda ética altruísta expressa pela veneração de *bodhisattvas*, entre eles *Avalokiteśvara* (incorporação da pura compaixão universal), e por suas fortes tendências filosóficas *mahāyānistas*. Foram especialmente as escolas *Madhyāmaka* e *Yogacāra* que moldaram o caráter filosófico da corrente tibetana. Ambos os sistemas, que, como qualquer outra escola *mahayānista,* concordam na centralidade da doutrina de vacuidade, têm forte tendência a relativizar a validade da "realidade" mundana. Como a nomenclatura alternativa Śūnyatāvāda ("caminho de *śunyatā*") já indica, a escola *Madhyamika* ("escola de meio") apresenta um raciocínio sistemático sobre a última realidade, ou seja, o conceito da vacuidade (*śunyatā*) originalmente mencionado no *sūtra Prajñāpāramitā* (século I a.C.). Cerca de um século mais tarde, Nāgārjuna, pensador indiano formado na famosa universidade budista de Nalanda e, mais tarde, abade dessa instituição, escolheu esse *sūtra* como ponto de partida de suas contemplações, revelando as implicações filosóficas profundas desse texto mediante conclusões lógicas e um resgate de elementos relevantes do Budismo primitivo. A vasta obra de Nāgārjuna deu início ao sistema *Madhyāmak*a, que mais tarde se tornaria a base teórica mais importante do Tantrismo budista.[19] Entre os textos atribuídos a Nagarjuna, encontra-se o *Madhyamakaśāstra,* que contém o teorema de

---

[19] Cf. Musashi, Tachikawa. "The Mādhyamika Tradition". In: Yoshinori, Takeuchi (ed.). *Buddhist Spirituality. Indian, Southern Asian, Tibetan, Early Chinese*. New York: Crossroad, 1995, p. 188-202, especialmente p. 188.

que os ensinamentos de Buda estão abertos para duas leituras conforme a verdade de dois graus (*satyadvaya*) presentes na doutrina. Em um primeiro nível, o Buda apropriou-se de plausibilidades mundanas (*lokasamvrti*), que correspondem à "verdade encoberta" (*samvrtti satya*). A última é superada pela "verdade no sentido máximo" (*paramārtha satya*). Ambos os níveis têm seu valor. Porém, quem busca entender a profundidade das instruções do Buda e suas referências ao absoluto (*tattva*) deve transcender as limitações da linguagem convencional e achar um acesso à verdade superior.

Quanto ao impacto da escola *Madhyāmaka* sobre a história do Budismo tibetano, dois de seus representantes posteriores se destacam, a saber: Sāntaraksita (750-802 d.C.) e seu discípulo, Kamalaśila (cerca de 740-797 d.C.). Sāntaraksita, erudito budista da Universidade de Nalanda, discutiu criticamente uma série de tópicos constitutivos de outras escolas budistas, bem como questões teológicas e cosmológicas em reação ao Hinduísmo. Em sua obra *Madhyamakālamkāra,* afirmou que o *Madhyamaka* é a expressão mais avançada do Budismo, considerando a própria escola como medida de avaliação da qualidade de outras linhas budistas dependentemente do grau da aproximação das mesmas ao sistema fundado por Nāgārjuna. Conforme relatos sobre sua segunda estada no Tibete, a partir do ano 771 d.C., Sāntaraksita envolveu-se com grande sucesso em disputas fervorosas com sacerdotes da religião autóctone (*Bön*) e fundou o mosteiro Samye por volta de 780 d.C.. Na mesma época, supervisionou a primeira ordenação monástica de um pequeno grupo de aristocratas tibetanos.

Alguns anos mais tarde, Kamalaśila envolveu-se no famoso "Concílio de Lhasa", convocado pelo Imperador Trisong Detsen, que reinou no país entre 755 e 794 (ou 804) d.C. e ganhou fama como o segundo de três *reis de dharma* devido a suas decisões a favor do Budismo. O concílio aconteceu provavelmente no mosteiro budista Samye, próximo à capital tibetana, entre 792 e 794, no contexto de uma série de debates entre duas facções budistas cujos protagonistas eram Heschang Moheyan, representante do Budismo chinês da linha *ch'an* (jap. *zen*) e Kamalaśila, que articulava em nome de sua escola indiana. Conforme os relatos, Kamalaśila venceu essa disputa. Os missionários chineses tiveram de sair do país, e o sistema Madhyamaka tornou-se a primeira filosofia budista oficial no Tibete.

O sistema *Yogācāra* ("mudança através do ioga"), também conhecido como *Vijñanavāda* ("doutrina da consciência"), recebeu vários estímulos filosóficos da escola *Madhayamika*, entre eles o pensamento em termos da vacuidade e a doutrina das duas verdades. O texto mais importante dessa escola é o sūtra *Lankāvatāra* ("*sūtra* sobre a descensão do Buda transcendental em Sri Lanka"), que contempla a relação entre a mente e o mundo fenomenológico. O raciocínio culmina na hipótese de que tudo o que é experimentado é mera construção da consciência (*vijñapati-mātra*). Conforme as obras de Asanga (290-360 d.C.) e Vasubandhu (316-396 d.C.), a negação da existência de fenômenos independentemente da consciência do observador refere-se também ao caráter ilusório do próprio observador. Nesse sentido, *śunyatā* nifica a ausência de dualidade entre o sujeito e o objeto de percepção, uma realidade revelada pela prática religiosa que promove o afastamento do indivíduo de seu mundo imaginado, emancipando o adepto de seus laços com o mundo das aparências.

4. O Budismo Ocidental

O termo "Budismo Ocidental" diz respeito a correntes que se têm manifestado desde o último terço do século XIX sobretudo na Europa e nos Estados Unidos, e posteriormente também em outros países / regiões como Austrália e América Latina. Embora essa categoria não esteja isenta de problemas heurísticos, ela ganha perfil através da sua demarcação diante de três outras classes de fenômenos. Primeiro, o Budismo Ocidental existe em complementação ao Budismo asiático, não apenas no sentido geográfico, mas também no que diz respeito a seu caráter específico, inclusive sua afinidade com um engajamento político-social, motivo pelo qual alguns autores qualificam-no como o "quatro veículo"[20] não-redutível a nenhuma das três correntes clássicas que surgiram no continente da origem do Budismo. Segundo, o "Budismo Ocidental" é predominantemente

---

[20] Cf. QUEEN, Christopher S. "Introduction: A New Buddhism". In: QUEEN, Christopher S. (ed.). *Engaged Buddhism in the West*, Boston: Wisdom, 2000, p. 17-26.

sos, isto é, pessoas que não nasceram budistas, mas seguem o Budismo devido a uma opção deliberada a favor de uma religião não "prevista" pela tradição familiar. A qualificação do Budismo Ocidental como religião de conversão distingue esse ramo do segmento paralelo[21] encontrado no mesmo contexto geográfico, ou seja, do "Budismo de Imigração" representado por asiáticos que, como fugitivos ou por motivos econômicos, deslocaram-se de seus países tradicionalmente budistas sem mudar drasticamente a maneira de praticar e viver sua religião nativa em um ambiente-anfitrião.[22] Terceiro, o Budismo Ocidental não é idêntico a movimentos que surgiram em diversos países asiáticos como alternativas à interpretação convencional dos veículos clássicos do Budismo sob rótulos como "modernismo budista"[23] ou "Budismo protestante"[24]. Ao mesmo tempo, não devemos esquecer

---

[21] Cf. Prebish, Charles S. Two Buddhisms Reconsidered, *Buddhist Studies Review* 10, 2, 1993, p. 187-206; Fields, Rick. "Divided Dharma: White Buddhists, Ethnic Buddhists, and Racism". In: Prebish, Charles S. e Tanaka Kenneth K. (ed.). *The Faces of Buddhism in America*. Berkeley: University of California Press, 1998, p. 196-206.

[22] Cf. Numrich, Paul David. *Old Wisdom in the New World: Americanization in Two Immigrant Theravada Buddhist Temples*. Knoxville: University of Tenessee Press, 1996; Idem: Two Buddhisms Further Considered, *Contemporary Buddhism*, vol. 4, n. 1, 2003, p. 55-78.

[23] O termo foi cunhado por Bechert. Cf. Bechert, Heinz: *Buddhismus, Staat und Gesellschaft in den Ländern des Theravāda-Buddhimus*. Frankfurt a. M. / Berlin: Alfred Metzner, 1966.

[24] O termo foi cunhado nos anos 1970 por dois antropólogos cingaleses. Cf. Obeyesekere, Gananath. Religious Symbolism and Political Change in Ceylon, *Modern Ceylon Studies* 1/1, 1970, p. 43-63: Malalgoda, Kitsiri, *Buddhism in Sinhalese Society 1750-1900*: A Study of Religious Revival and Change. Berkeley, Calif.: University of California Press, 1976.

que o movimento asiático teve um impacto importante sobre o surgimento e a evolução do Budismo Ocidental. Em parte devido ao intercâmbio intensificado sob as condições da globalização acelerada, ambas as correntes compartilham uma série de características e reconhecem que os problemas atuais requerem uma colaboração mundial de indivíduos ou grupos afins.

Apesar do pluralismo interno do Budismo Ocidental e de suas manifestações específicas em diferentes países, há uma série de tendências inter-relacionadas que distinguem o "quarto veículo" das três *yānas* clássicas. A seguir, serão resumidos os seis fatores considerados mais relevantes do ponto de vista do tema abordado pela presente obra.

O primeiro aspecto consta no fato de que, comparado com os séculos durante os quais os ensinamentos e práticas do Siddhartha Gautama foram aculturados em diálogo com novos públicos em países asiáticos fora da Índia, o desenvolvimento do Budismo ocidental ocorreu em tempo surpreendentemente curto.

Segundo, enquanto os três veículos clássicos do Budismo e suas respectivas subdivisões são geográfica e culturalmente associados a determinadas regiões da Ásia, o Budismo ocidental destaca-se por uma coexistência inédita de um grande número de linhas e escolas de origem e características diferentes. Embora a confluência das diversas correntes tenha levado a configurações específicas (que refletem as preferências dos adeptos em diferentes países ocidentais e dependem das circunstâncias em que o Budismo foi adotado), pode-se afirmar que "o verdadeiro lugar do encontro das tradições budistas de todas as regiões da Ásia tem sido o Ocidente".[25]

O terceiro elemento típico para o "quarto *yāna*" consiste na tendência do público ocidental de afastar o próprio pensamento das circunstâncias sob as quais o Budismo se desenvolveu e das articulações específicas relacionadas a determinados contextos culturais. Em vez disso, há um costume de tratar essa religião no sentido de um sistema intelectualmente consistente, cujos métodos, *insights* e verdades atemporais são universalmente válidos e, portanto, "naturalmente" aplicáveis a qualquer momento histórico e ambiente social.[26] Vale a pena lembrar que essa inclinação cognitiva é uma herança de tempos em que obras de autores como Ralph Waldo Emerson e Arthur Schopenhauer começaram a popularizar o Budismo em termos e estilos acessíveis para o público, tendência até hoje atendida pela maioria dos livros sobre a religião escritos para leitores ocidentais.

O quarto aspecto diz respeito à peculiaridade de que o reconhecimento da validade do Budismo como opção individual não necessariamente implica em identificação com uma

---

[25] Cf. Coleman, James William. *The New Buddhism. The Western Transformation of an Ancient Tradition.* Oxford: Oxford University Press, 2001, p. 16.
[26] Cf. Swanson, Paul L. *Beside Still Waters: Jews, Christians and the Way of the Buddha (review),* Buddhist-Christian Studies volume 24, 2004, p. 263-264; Freiberger, Oliver. "The Meeting of Traditions: Inter-Buddhist and Inter-Religious Relations in the West". In: *Journal of Global Buddhism* 2, 2001, p. 59-71.

das linhas budistas presentes no país. Consequentemente, há uma variedade de graus e formas de aproximação dessa religião que foge de uma operacionalização detalhada, um desafio heurístico que exige uma abordagem em termos de um "contínuo de adesão" composto por pelo menos três tipos ideais. Um "extremo" é representado por conversos propriamente ditos, que consideram o Budismo sua única opção religiosa e a praticam declaradamente de acordo com os princípios supostamente incentivados por um determinado veículo asiático ou uma das respectivas sub-linhas ou escolas. Muitas vezes, essa preferência não se baseia em um conhecimento profundo e abrangente dos princípios e normas institucionalizadas pela corrente predileta, mas em um compromisso com um personagem apreciado como mestre legitimado para ensinar o Budismo em nome de uma determinada tradição. Trata-se de um espectro amplo de personagens frequentemente citados, tanto asiáticos – entre eles, o monge vietnamita Thich Nhat Hanh, o *lama* tibetano Chögyam Trungpa, o *rōshi* japonês Taisen Deshimaru, e o *theravadin* birmanês S. N. Goenka – quanto ocidentais, como Richard Baker, Joseph Goldstein, Philip Kapleau ou Ayya Khema. O lado oposto do "contínuo de adesão" é representado por indivíduos que demonstram uma afinidade com o Budismo, seja por motivos filosóficos ou por reconhecimento do benefício cotidiano de uma das suas práticas, sem que esse interesse ou exercícios afins se articulem como uma orientação preferencial nesta religião. Trata-se de uma religiosidade inclusiva, para a qual o Budismo desempenha um papel construtivo, além de elementos e métodos oriundos de outras religiões ou tendências religiosas contemporâneas das quais a espiritualidade individual se alimenta. Conforme Coleman, nesse sub-universo difuso "é bem possível ser budista e, ao mesmo tempo, cristão, muçulmano ou judeu".[27] Entre os dois extremos do "contínuo de adesão", encontra-se a tendência de se dedicar ao Budismo de maneira "transveicular", salientando-se que as diversas doutrinas e técnicas espirituais têm sua raiz nos ensinamentos do Buda histórico, cuja repercussão nas escolas contemporâneas garante um nível suficiente de homogeneidade entre as correntes. Trata-se, portanto, de uma abordagem que argumenta que "todos os budistas [...] aceitam as mesmas doutrinas fundamentais".[28] Em diversos casos, esse espírito "ecumênico" justifica a prática sincrônica de métodos oriundos de escolas específicas ou a participação cronológica de eventos oferecidos por diferentes centros ou templos. Conforme a disposição para se apropriar dos repertórios de outras perspectivas budistas, não é incomum que professores de *dharma* representando ramos diferentes sejam reconhecidos como porta-vozes do Budismo em geral.

Enquanto o quarto elemento reflete as atitudes de adeptos individuais, o quinto aspecto característico do "quarto veículo" refere-se à dimensão institucional em que se encontra, em ana-

---

[27] Cf. Coleman, James William. Op. cit., p. 18-19.
[28] Jayawickrama, N. A. e Weeraratne, W. G. *The World Fellowship of Buddhists and Its President G. P. Malalasekera*. Colombo: The World Fellowship of Buddhists, 1982, p. 3.

logia ao último tipo ideal do "contínuo de adesão", uma tendência "transveicular" com ênfase na unidade subjacente dos "budismos".[29] Essa tendência articula-se de duas maneiras principais. Uma é dada em caso de grupos ou centros abertos para se apropriar de doutrinas e práticas diversas, seja no sentido de uma combinação sincrética de doutrinas e métodos diversos, seja em termos de uma rotina sequencial, cujos temas e práticas se alteram de acordo com a linha colocada na pauta do dia.

A outra articulação reside na colaboração de várias organizações budistas motivadas por interesses e projetos comuns. Esse tipo de intercâmbio manifesta-se claramente em organizações tutelares criadas com o objetivo de unir as forças para produzir um fórum que transcende as limitações de grupos singulares.[30] Instituições desse tipo estão em diferentes níveis. A *International Network of Engaged Buddhists*, por exemplo, é uma rede mundial, diferentemente da *European Buddhist Union*, que representa uma entidade continental da qual fazem parte sociedades nacionais como a *Unione Buddhista Italiana*. Menos abrangentes são organizações regionais, como a norte-americana *Buddhist Council of the Midwest*, e locais, como a associação *Buddhismus in Berlin und Brandenburg,* que tem sua sede na capital da Alemanha.

---

[29] Cf. Baumann, Martin e Prebish, Charles S. "Introduction. Paying Homage to the Buddha in the West". In: Baumann, Martin e PREBISH, Charles S. (ed.): *Westward Dharma. Buddhism Beyond Asia.* Berkeley: University of California Press, 2002, p. 1-13, especialmente p. 3.

[30] Freiberger, Oliver. The Meeting of Traditions, op. cit., p. 61-62.

A sexta tendência reside no impacto de princípios como democracia, igualdade e justiça sobre a maneira como o Budismo é interpretado, organizado e praticado em países ocidentais. São, sobretudo, dois campos que servem para exemplificar esse aspecto.

Uma das expressões é a quantidade de mulheres e sua reputação no ambiente budista. Isso vale não apenas para os adeptos "comuns", mas também para o número crescente daqueles budistas responsáveis pelo ensinamento e transmissão do *dharma*[31] – situação que se explica também pelo fato de que, durante boa parte do seu percurso, o Budismo ocidental foi moldado sob a influência de movimentos alternativos, inclusive o feminista.[32] Em comparação com as correntes tradicionais, portanto, pode-se constatar que "pela primeira vez na sua longa história a expansão ocidental do Budismo uniu grande número de homens e mulheres praticando lado a lado, em uma atmosfera igualitária".[33] O segundo campo em que repercutem princípios modernos ocidentais é o do chamado Budismo Engajado, que atrai adeptos dispostos a contribuir ativamente para a solução de problemas em áreas como ecologia, paz, justiça social e direitos humanos. O Budismo Engajado não é um fenômeno restrito ao Budismo ocidental. Há movimentos significativos, de mesma tendên-

---

[31] Cf. Coleman, James William, op. cit., p. 16-17.
[32] Cf. Romberg, Claudia. *Women in Engaged Buddhism*, *Contemporary Buddhism,* vol. 3, n. 2, 2002, p. 161-170.
[33] Coleman, op. cit., p. 149.

cia, em diversos países da Ásia. Alguns dos seus protagonistas, como A. T. Ariyatane (Sri Lanka), Thich Nath Hanh (Vietnã), Ajahn Buddhadasa e Sulak Sivaraksa (ambos da Tailândia) são mundialmente conhecidos ou mesmo coordenam ações no Ocidente.[34]

A atração crescente exercida pelo Budismo Engajado nos últimos anos em países ocidentais explica-se, em parte, pelo fato de que, do ponto de vista do Budismo "clássico", a vida monástica é ainda vista como o mais importante respaldo da religião, enquanto a maioria dos budistas ocidentais quer viver o Budismo no cotidiano e considera o último o contexto adequado para a evolução espiritual. Essa orientação atinge também a questão das consequências éticas de uma existência budista "civil" e a necessidade da reinterpretação de virtudes clássicas sob as condições no mundo moderno. Um exemplo é a leitura do "velho" princípio da não-violência (*ahimsa*), que ganha significado ampliado, conforme o entendimento de que violência é mais do que o abuso de força física destrutiva contra um ser vivo individual, mas pode também se articular no sentido de violência estrutural ou cultural, por exemplo, contra mulheres, contra determinados grupos étnicos ou, no caso de uma guerra internacional, até contra a população de um outro país.[35]

---

[34] Cf. Jones, Ken. *The New Social Face of Buddhism. A Call to Action*. Boston: Wisdom Publications, 2003, p. 185.
[35] Cf. Ibid., p. 143s.

Um dos argumentos a favor de um ativismo social budista são as atuais circunstâncias político-sociais, frutos do carma coletivo que contribui para a alienação dos indivíduos e suas atitudes erradas. Esses fatores são considerados contraproducentes para a evolução espiritual, especialmente do ponto de vista dos oprimidos, cuja situação precária impede um pensamento "generoso" no sentido de um caminho espiritual em prol de uma superação das precariedades enfrentadas ao longo tempo. Motivados por virtudes como a sabedoria e a compaixão, os budistas ativos engajam-se em criar condições estruturais que não apenas estejam de acordo com os ideais coletivos da humanidade, mas que também incentivem uma mudança profunda do indivíduo e seu desejo de crescer conforme os objetivos religiosos do Budismo. Para budistas engajados, os próprios esforços em prol de reformas sociais têm um significado imediatamente espiritual, na medida em que o trabalho "no mundo" é aproveitado como treinamento de atitudes éticas e posturas mentais em prol da superação de efeitos cármicos, como o apego, o ódio e a ignorância.

2

Cenários históricos da relação entre o Budismo e outras religiões mundiais

1. O horizonte substancial do capítulo

Este capítulo trata de cenários históricos constitutivos da relação entre o Budismo e outras religiões mundiais. Não se pretende apresentar um levantamento cronológico e empiricamente exaustivo de encontros e desencontros dos partidos envolvidos. Em vez disso, vamos contentar-nos com uma recapitulação de configurações modelares que incentivaram o Budismo a levar outras religiões mundiais em consideração e buscar caminhos para com elas se relacionar. Nesse sentido, concentraremos o raciocínio apenas em momentos-chave representativos da riqueza da história das relações inter-religiosas do ponto de vista do Budismo. A ordem dos subparágrafos corresponde à sequência do surgimento das religiões alternativas no horizonte do Budismo. A primeira religião contemplada é, portanto, o Hinduísmo, seguida pelo Judaísmo, Cristianismo e Islã.

2. Cenários da relação entre o Budismo e o Hinduísmo

2.1. Considerações preliminares

As relações entre o Budismo e o Hinduísmo se desenvolveram de maneira paradigmática entre os séculos VI a.C. e XIII d.C., enquanto o Budismo ainda representava um fator religioso decisivo na Índia e um desafio ideológico e político regional para o Hinduísmo. No decorrer daquele período, o Budismo passou da condição de movimento "sectário" à de "religião civilizacional", associada a uma cultura sofisticada não mais limitada a regiões e ao patrocínio de governos locais. Nessa qualidade, o Budismo expandiu-se para outras regiões e se tornou um elemento fundamental para a emergência de uma civilização pan-asiática profundamente influenciada por valores, ideais e símbolos budistas.[1] Simultaneamente, sofreu um declínio radical na Índia em função de razões internas, da atração crescente de outras religiões

---

[1] Cf. Reynolds, Frank E.; Hallisey, Charles: Buddhism: An Overview, *Encyclopedia of Religion*, vol. II, Detroit: Thompson/Gale 2005, p.1087-1101, especialmente p.1089 ss.

indianas e da destruição de suas instituições-chave pelos exércitos islâmicos (mongóis) nos séculos XI e XII.

Comparados com outros eventos no Subcontinente Indiano até o declínio desse primeiro Budismo "regional", encontros entre budistas e hindus foram historicamente menos marcantes em países ou reinos vizinhos à Índia, particularmente o Sri Lanka, um dos primeiros alvos da missão budista iniciado pelo Imperador Aśoka (272-231 a.C.), e o Nepal, onde ambas as religiões convivem desde o século V d.C.

2.2. A nova religião budista como desafio ao Bramanismo

Até o século III a.C., a relação entre o Budismo e o Bramanismo (então manifestação do Hinduísmo) era caracterizada por antagonismos e tensões não apenas entre as duas religiões, mas também dentro de cada um dos partidos envolvidos. Essas contradições estavam, em boa parte, diretamente relacionadas a turbulências socioeconômicas e culturais da época. No período de fundação do Budismo, a Índia passava por um processo de urbanização. Essa dinâmica repercutiu em questionamentos generalizados da tradicional hierarquia de castas até então considerada expressão perfeita da ordem cósmica no nível da sociedade humana. Do ponto de vista das autoridades convencionais, a estrutura social que trazia os *brâmanes* no topo, seguidos por *kṣatriyas*, *vaiśyas* e *śūdras,* justificava-se pelo status divino dos *Vedas*. Esses textos sagrados tinham como base os *insights* de videntes (*ŗsis*), entre eles o hino (*sūkta*) ao gigante primordial *Purusa*,[2] que postula a gênese cósmica da diferenciação quádrupla da sociedade hindu. A crescente abertura da população urbana e a valorização dos negociantes (*vaiśyas*) como mediadores entre cidades (não apenas no sentido dos bens materiais, mas também de fluxo intensificado de informações) exerciam efeito relativizante sobre o predomínio dos sacerdotes (*brâmanes*). Essas mudanças afetaram também a vida intelectual. Norteada por um pensamento em categorias custo x benefício e perdas x ganhos, a mentalidade cotidiana tornou-se mais racional. No nível da elite de então, a filosofia, antes hermética em termos de conteúdo e linguagem, emancipou-se da retórica elitista e articulou-se de maneira mais exotérica em idiomas locais.[3] Uma das expressões dessas tendências era o Budismo.

Do ponto de vista dos brâmanes – orgulhosos de possuir a "língua sagrada" (o sânscrito) –, a porção nordeste da Índia, onde o Buda atuava como líder religioso, não pertencia às áreas religiosamente predestinadas do subcontinente. Era encarada, com efeito, como território bárbaro, local de idiomas impuros, inclusive o *magadhi*, dialeto falado por Siddhartha Gautama. Importante, ainda, era o fato de Buda pertencer a uma família de *ksatriyas*, casta tradicionalmen-

---

[2] Trata-se do hino n. 90 da décima Mandala (compilação) do Ŗg-Veda.
[3] Cf. Schneider, Ulrich: *Einführung in den Buddh*ismus, Darmstadt: Wissenschaftliche Buchgesellschaft, 1992, p. 65-66.

te inferior à dos sacerdotes. O nascimento e crescimento do movimento budista foi, portanto, uma forma de articulação emancipadora de uma região até então considerada decadente. Sob o pretexto de debates filosóficos e religiosos, fermentavam tensões relativas à ordem social tradicional. Em outras palavras: a negação, por *ksatriyas,* da sublimidade do sânscrito e do status dos *Vedas* como suposto manifesto do eterno conhecimento e da máxima autoridade era, na verdade, uma articulação de exigências contra a antiga hierarquia da sociedade tradicional indiana.[4]

Ainda antes dessa crise, a casta brâmane já havia sido submetida a um processo de diferenciação interna.[5] O antigo ideal do brâmane como especialista religioso, associado sobretudo ao ritual e ao sacrifício, mantinha-se ainda forte no norte do subcontinente. Aí, os guardas da tradição ainda se utilizavam de seu poder de definição insistindo na preservação dos padrões antigos, em seu prestígio como casta modelar e no status normativo de seus princípios para todas as camadas da sociedade. Esse papel de vanguarda religioso-cultural, porém, foi duplamente desafiado dentro do próprio ambiente bramânico.

---

[4] Cf. Deshpande, Madhav M.: Language and Legitimacy: Buddhist and Hindu Techniques, in: Subramaniam, V. (ed.): *Buddhist-Hindu Interactions from Śakyamuni to Śankarācarya*, Delhi: Ajanta Books 1993, p. 22-46.

[5] Baseio-me, nos seguintes parágrafos, sobretudo em Bailey, Greg; Mabett, Ian: *The Sociology of Early Buddhism*, Cambridge: Cambridge University Press, 2004, p. 108-137.

Quanto ao primeiro desafio interno, vale lembrar que, na época, ficava patente a ambiguidade do conceito de que a competência dos especialistas nos rituais não dependia de uma existência reclusa e da separação radical entre as esferas religiosa e mundana. O intercâmbio regular dos sacerdotes com as outras camadas sociais, o reconhecimento imediato dos seus serviços e sua remuneração em termos de status, altos salários e reputação faziam com que os brâmanes que possuíam um talento de atrair o patrocínio dos ricos e poderosos corressem o risco de descuidar sua herança cultural tradicional. Nesse meio, cresceu o número de indianos nascidos brâmanes e que não estudaram os *Vedas* e as técnicas associadas aos sacrifícios e rituais. Consequentemente, havia um número cada vez maior de brâmanes que não mais optava pelo caminho profissional tradicional, possuindo alto status social por conta de sua influência econômica. Outros fizeram carreira como administradores estatais e funcionários públicos, assim transplantando o prestígio de sua casta para setores situados fora do campo religioso. Há indicações de que os resultados dessa tendência tornaram-se particularmente sensíveis no leste do país, inclusive na região de nascimento e atuação religiosa de Siddhartha Gautama.

É curioso observar que o segundo desafio interno para o Bramanismo como religião predominante no subcontinente manifestou-se no mesmo contexto "contracultural" em que também o Budismo tem suas raízes. Tratava-se do movimento de ascetas composto por diversos grupos oriundos de várias castas que compartilhavam uma atitude de protesto contra o monopólio da religiosidade "tecnocrática" dos sacerdotes e a busca de alternativas espirituais. Esse ambiente dividia-se em grupos de ascetas itinerantes (*śramanas*) e grupos de ascetas instalados em *āśramas*, isto é, estabelecimentos que abrigavam os *gurus* e seus discípulos e ofereciam espaços sociais particulares para ensino e práticas religiosos. Eram geralmente os grupos oriundos da casta de brâmanes que se organizavam em *āśramas*. Essa opção por uma estrutura fixa explicava-se pelo fato de que os respectivos ascetas, diferentemente dos ascetas itinerantes, continuavam a realizar os rituais e sacrifícios enfatizados e transmitidos há séculos pela tradição bramânica. Esse segmento representava a tentativa da casta dominante de incorporar tendências ascéticas. No longo prazo essa estratégia foi bem-sucedida, como comprovam textos hindus posteriores referentes ao regulamento detalhado de vida de integrantes de *āśramas*.

A heterogeneidade com a qual o Buda se colocou diante dos brâmanes salienta a complexidade, o dinamismo e as ambiguidades da época. Em parte, a diversidade de atitudes reflete a versatilidade de estratégias em que o Siddhartha Gautama baseava seus esforços de formar seu movimento em um ambiente ainda dominado pela tradição dos *Vedas* e suas instituições. Uma dessas estratégias era a de adoção de uma política de mediação. Em primeiro lugar, o sucesso dessa medida explica-se pelo fato de que o sistema proposto por Siddhartha Gautama articulava-se ao redor de uma série de componentes filosóficos, práticos, éticos e "estilísticos" que já faziam parte do horizonte natural do seu público. Entre os aspectos característicos do Budismo e do Hinduísmo na época do Buda estão os seguintes: a atitude fundamentalmente pessimista diante do mundo; a ideia de ciclos existenciais e o desejo de superá-los; a teoria do *carma*; a disposição do adepto de receber orientação de um mestre carismático; a atribuição de potencial salvífico ao indivíduo; o principio de não-violência e o uso de métodos psicofisiológicos em prol da evolução espiritual.[6] Essas convergências, ou, pelo menos, semelhanças substanciais, geraram uma atmosfera de "meia tensão" em que os interlocutores de Buda podiam abrir-se para o novo sem perder boa parte do *capital cultural* acumulado no decorrer da socialização religiosa convencional.[7]

A *política de mediação* não se restringia a questões de conteúdo da mensagem budista. Desde o início, o trabalho espiritual de Siddhartha Gautama ocorreu simultaneamente em duas dimensões complementares. Isso significa que, além da consolidação do seu sistema em sentido doutrinário, o Buda estava preocupado com a criação de uma organização própria de monges e monjas nitidamente regulamentada. Essas normas (*vinaya*) não apenas definiam as modalidades da vida monástica no sentido estrito da palavra, mas também as relações entre os integrantes dos mosteiros e do "mundo".

---

[6] Cf. Lopez, Donald S., Jr.: Buddha, in: Idem. (ed.): *Critical Terms for the Study of Buddhism*, Chicago, and London University of Chicago Press 2005, p. 13-36, especialmente p. 24ss.

[7] Cf. Stark, Rodney: Why Religious Movements Succeed or Fail: A Revised General Model, *Journal of Contemporary Religion*, vol. 11, (1996) n. 2, p. 133-146.

Um objetivo desses códigos era estabelecer princípios claros para o relacionamento com outros grupos religiosos em prol de evitar, na medida do possível, atritos com movimentos que competiam com o Budismo pela mesma clientela.

De modo geral, percebe-se que no cânone páli o número de relatos sobre encontros entre o Buda e brâmanes proeminentes supera a quantidade de narrativas em que outros grupos sociais são contemplados. Os respectivos *sūtras* ocupam grande espaço, particularmente no segundo e terceiro volumes do *Majjhima Nikāya* e no primeiro volume do *Dīgha Nikāya*. A leitura desses trechos revela que "o brâmane é a figura não-budista mais prestigiosa no cânone páli e que esse status é atribuído tanto em sentido econômico quanto em sentido religioso".[8]

A atenção que o cânone páli dispensa aos brâmanes, porém, tem implicações ambíguas, na razão em que revela a simultaneidade de sentimentos de "rejeição e atração" do Buda em relação a esses indivíduos.

Caso os *sūtras* digam respeito aos integrantes de *āśramas,* o cânone páli demonstra a disposição de igualar esses ascetas a homens eméritos. Trechos em que esses brâmanes são associados a religiosos virtuosos aparecem especialmente nas partes mais antigas do cânone, o que indica que pelo menos no início da tradição budista os *bramanas* dessa categoria ainda possuíam alto prestígio do ponto de

---

[8] Bailey, Greg; Mabett, Ian, op. cit, p. 114.

vista da *sangha*. Um motivo para essa simpatia pela figura do brâmane ascético tinha a ver com o fato de que ele era visto como um ser autossuficiente e independente, em oposição ao estilo de vida corrompido que caracterizava especificamente os brâmanes do leste.

Consequentemente, *sūtras* que tratam de sacerdotes convencionais e brâmanes seculares revelam forte espírito de competição no sentido de tensões ideológicas e sociais entre budistas e brâmanes. Quanto a disputas entre o Buda e autoridades religiosas, pode-se resumir que, embora o cânone páli não contenha nenhuma análise detalhada de fontes bramânicas, a doutrina budista é frequentemente apresentada em contraste às visões do Bramanismo ou acima da estrutura da tradição antiga. Em relação à posição do Budismo diante de brâmanes seculares, percebe-se que vários personagens dessa categoria citados no cânone páli eram figuras publicamente conhecidas como latifundiários e fazendeiros, muitos dos quais criticados pelo texto por suas tendências corruptas e gananciosas.

Independentemente do seu alvo específico, *sūtras* que se referem aos brâmanes estão de acordo com o princípio histórico geral de que "uma heterodoxia ou tradição minoritária tem a obrigação de se relacionar com a ortodoxia ou prática dominante".[9] Nesse sentido, o cânone páli mostra-se, sobretudo, preocupado em mostrar o Buda como igual ou superior a qualquer interlocutor não-budista do topo da hierarquia so-

---

[9] Ibid., p. 121.

cial. Nas narrativas, esse motivo aparece em momentos em que um brâmane proeminente na região pelo qual passa o mestre itinerante convida o Buda para sua residência. Em nenhum *sūtra* com esse *leitmotif* Siddhartha Gautama mostra interesse primário na visita, mas a aceita para fazer um favor ao anfitrião. Coloca-se à distância da e indiferente em relação à fama atribuída ao seu interlocutor, que, frequentemente, acaba por se converter ao Budismo. Provavelmente, as controvérsias frequentes entre o Buda e os brâmanes remontam à fase incipiente do Budismo, caracterizada pelos esforços do Siddhartha Gautama de se legitimar como mestre em um ambiente social ainda impressionado pela reputação e fama dos especialistas religiosos da casta dos brâmanes, tradicionalmente a única camada social autorizada a administrar o conhecimento sagrado, inclusive as técnicas associadas ao ritual e sacrifício.

2.3. O Budismo oficialmente reconhecido como rival do Bramanismo

A urgência quase obsessiva de situar os ensinamentos budistas acima da estrutura tradicional bramânica declinou na medida em que o Budismo começou a desfrutar de respaldo oficial, seja em termos de um apoio ativo por parte de políticos locais atraídos pela mensagem budista, seja no sentido de uma tolerância passiva por governadores que se mantiveram fiéis ao Hinduísmo. Do ponto de vista histórico – e, especialmente, segundo a narrativa idealizadora budista –, a figura-chave para a transformação do Budismo de movimento religioso alternativo em religião oficialmente reconhecida foi Aśoka, terceiro imperador da dinastia Maurya e, desde sua conversão (por volta de 264 a.C.), protetor e patrocinador do Budismo. A paixão ou pelo menos a grande simpatia do imperador pelo Budismo – não apenas no sentido religioso propriamente dito, mas também como ideologia integradora e instrumento político de pacificação – está demonstrada em seus famosos "trinta e três editos de pedra" e na construção de oitenta e quatro santuários budistas (*stūpas*) espalhados pelo subcontinente. Foi durante o reinado de Aśoka que a crítica do Budismo ao Bramanismo, até então apenas ideológica, começou a se traduzir em realidade política.

Uma das medidas-chave adotadas por Aśoka em harmonia com a ética budista e em desfavor dos sacerdotes tradicionais foi a proibição de sacrifícios de animais, o que enfraqueceu o sistema ritual e atingiu diretamente uma importante fonte de renda desses especialistas religiosos. Quando a dinastia de Maurya foi substituída pela dinastia Śūnga (em 187 a.C.), o Budismo, graças ao favor imperial, tinha se tornado um importante componente cultural, capaz de compensar a resistência brâmane crescente e reveses políticos no nível nacional. Isso valeu mais ainda em épocas posteriores, nas quais imperadores regionais oficialmente privilegiavam o Budismo sobre o Hinduísmo.

Um exemplo desse tipo de apoio é o de Kaniska (78-101 d.C.), membro da dinastia Kūsāna (30-225 d.C.), cujo extenso império incluía a região do vale de Ganges e os territórios que hoje constituem o Afeganistão e Paquistão. Naquele momento, o Budismo já havia se espalhado para a China e para o Sudeste da Ásia. Conforme a tradição budista, foi Kaniska que convocou, por volta de 100 d.C., o quarto concílio budista.[10] Outro exemplo é Harshavardhana (590-647 d.C.), imperador de um domínio situado no norte da Índia. Conforme relatos budistas, além de mandar missionários budistas para China, Harshavardhana construiu uma série de *stūpas*, patrocinou a arte e a literatura budistas e deu apoio financeiro à universidade budista de Nalanda. Após sua morte, o Budismo indiano teve seus últimos bastiões em Bihar e Bangala, onde desfrutou, entre o século VIII e XII, do favor da família real de Pāla. O nome da dinastia, fundada por Gopāla (750-770 d.C.), primeiro rei budista independente de Bihar, significa "protetor". O beneficiário de tal proteção foi o Budismo – isso é particularmente evidente no caso do segundo rei da dinastia, Dharmapāla (770-810), que estabeleceu em seu território as universidades budistas de Vikramaśīla e Uddandapura (Odantapurī).[11] Todavia, o espírito cada vez mais favorável ao Hinduísmo em todo o subcontinente tinha seu impacto crescente também sobre o Budismo no reino de Pāla. Um sintoma dessa mudança é a perda da relevância de

---

[10] Cf. Reynolds, Frank E.; Hallisey, Charles, op.cit.
[11] Cf. Gómez, Luis O.: Buddhism in India, *Encyclopedia of Religion*, vol. II, Detroit: Thompson/Gale, 2005, p. 1101-1131.

motivos budistas na arte local. Se no início da dinastia tais motivos prevaleciam, ao longo do tempo eles foram gradualmente substituídos por temas hindus.

2.4. A reação antibudista do Hinduísmo

Ameaçados por decisões oficiais favoráveis ao Budismo, os brâmanes começaram a considerar essa religião não somente como rival espiritual, mas como séria ameaça política. As primeiras ações antibudistas em nível imperial foram desencadeadas por Pusyamitra (187-151 a.C.), fundador da dinastia Sūnga, depois de ter assassinado Bṛhadat, o último representante da dinastia Maurya. A afinidade do Puṣyamitra com o Hinduísmo é indicada por relatos sobre sua preferência pelo sacrifício de cavalos, ritual supremo do Bramanismo. De acordo com os princípios literários do drama indiano e no estilo das histórias sobre as vidas passadas do Buda (*jātakas*), textos budistas descrevem o imperador como uma espécie de nêmesis de Aśoka,[12] no sentido de ser um perseguidor fervoroso disposto a destruir monumentos budistas, incinerar mosteiros e massacrar monges eruditos.[13] A demolição de (ou dano a) alguns dos mais importantes sí-

---

[12] Cf. Crosby, Kate: Persecutions, in: *Encyclopedia of Buddhism*, edited by Robert E. Buswell, Jr., New York: Thompson/Gale, 2004, p. 640-647, especialmente p. 641-642.
[13] Cf. Hazra, Kanai Lal: *The Rise and Decline of Buddhism in Índia*, Delhi: Munishiram Manoharlal, 1995, p. 46.

tios budistas no país, entre eles as *stūpas* de Bhārhut e Sāncī, bem como o mosteiro de Amarāvatī, é atribuída à dinastia Śūnga. Uma construção narrativa analógica, porém em escala menor, aparece na dicotomização entre o imperador benevolente Harshavardhana e Arjuna, ex-ministro de Harshavardhana, usurpador e inimigo violento do Budismo.[14] Fontes budistas atribuem persecuções severas também a Mihirakula (cerca de 510-542 d.C.), rei da Caxemira, e a Śaśanka (cerca de 600-625 d.C.), rei de Gauda (domínio situado no leste da Índia). Ambos os regentes eram seguidores do Śivaismo, um dos principais ramos devocionais do Hinduísmo.[15] Não se sabe até que ponto as respectivas avaliações são confiáveis, mas, em todo caso, elas apontam para a tensa atmosfera entre hindus e budistas na Índia durante o primeiro milênio d.C.[16] O que está historicamente provado é que em nenhum momento houve perseguições *sistemáticas* contra budistas. Medidas drásticas se restringiram a determinados regentes, períodos e regiões.

Mais eficazes eram as polêmicas antibudistas contextualizadas ou presentes em escritos populares (particularmente nos textos mitológicos dos *Purānas,* compilados entre 300 e 500 d.C.) ou articuladas por representantes de um Hindu-

---

[14] Cf. Gómez, Luis O., op. cit.
[15] Cf. Hazra, Kanai Lal: op. cit., p. 390ss.
[16] Cf. Halbfass, Wilhelm: Der Buddha und seine Lehre im Urteil des Hinduismus. In: Schmidt-Leukel, Perry (ed.): *Wer ist Buddha? Eine Gestalt und ihre Bedeutung für die Menschheit*, München: Diederichs, 1998, p. 176-194, especialmente p. 177.

ísmo erudito. O *Viṣṇupurāna*, por exemplo, caracteriza os budistas como impuros, independentemente de sua origem social; recomenda uma ruptura radical com o Budismo e adverte os hindus para a severa pena (nada menos que o inferno) reservada aos crentes que fizessem uma simples refeição na companhia de budistas.[17]

Quanto ao nível elevado da polêmica, vale a pena lembrar que alguns dos maiores filósofos hindus articularam pesadas críticas ao Budismo. Entre eles está Kumārila (século VIII d.C.), principal representante da escola Mīmāmsa. Kumārila alertou para o fato de que os ensinamentos do Budismo desrespeitavam a autoridade dos *Vedas* e que o Buda, devido a seu status social inferior (*kṣatriya*), não estava autorizado a ensinar o *dharma* para pessoas de todas as castas, privilégio exclusivo dos brâmanes. O segundo exemplo é o de Śaṅkara (IX d.C.), teórico do Advaita-Vedānta. Śaṅkara desqualificou o Budismo como abordagem incapaz de levar os fiéis a iluminação devido ou a seus conteúdos confusos ou às intenções maldosas dos seus representantes, que deliberadamente propunham doutrinas absurdas para confundir o público.[18]

---

[17] Cf. Klostermaier, Klaus K.: Hindu Views of Buddhism, in: Amore, R. C. (ed.): *Developments in Buddhist Thought: Canadian Contribuition to Buddhist Studies*. Waterloo: Wilfried Laurie University Press, 1979, p. 60-82, especialmente p. 66.
[18] Cf. Schmidt-Leukel, Perry: Buddhist-Hindu Relations. In. Idem. (ed.): *Buddhist Attitudes to Other Religions*, St.Ottilien: EOS 2008, p. 143-171, especialmente p. 151-152.

Mais do que medidas de massa, foram as reações ideológicas que contribuíram para o declínio do Budismo no primeiro milênio d.C. Um dos maiores triunfos do Hinduísmo nesse contexto foi sua capacidade de "converter" a figura do Buda, (re)interpretado como emanação (*avatāra*) da divindade Visnu e como reformador do próprio Hinduísmo. Diante dessa estratégia o Budismo não mais apareceu como alternativa de conversão, algo reforçado pela popularização, na segunda metade do primeiro milênio d.C., de um Hinduísmo calcado em práticas devocionais integradas à vida mundana e facilmente acessíveis à massa. O Budismo, por outro lado, tinha se organizado principalmente longe das aldeias e cidades, em instituições que dependiam do patrocínio real e se dedicavam a práticas de introspecção.[19]

Outros fatores que contribuíram para o declínio: a popularidade crescente de outras religiões hindus, inclusive o Hinduísmo devocional, fusão de práticas budistas não-institucionais com a cultura religiosa mais geral da Índia.

2.5. Tensões entre hindus e budistas na Índia contemporânea

O Budismo nunca desapareceu por completo da Índia, tendo sobrevivido em pequenos enclaves, particularmente nas regiões do Himalaia (inclusive aquelas que receberam

---

[19] Cf. Gómez, Luis O., op. cit.

fugitivos do Tibete), no litoral sudeste do país (cujos portos têm mantido contato frequente com povos de países dominados pelo Budismo *Theravāda*) e, mais recentemente, no Estado de Maharashtra (devido a uma onda de conversões de indianos desprivilegiados). Em termos estatísticos, porém, os budistas na Índia continuam a representar uma minoria. O último censo nacional, realizado em 2001, indicou que cerca de 80% dos indianos são hindus e aproximadamente 8% são budistas.[20]

Sob essas condições, algumas das divergências descritas nos parágrafos anteriores se atualizaram e ressurgiram na Índia contemporânea, que, conforme sua constituição, é um Estado secular. Essa definição, abstrata, muitas vezes entra em choque com uma realidade norteada por convicções tradicionais. Isso vale, inclusive, para a polêmica do sistema de castas, que é rejeitado pelo Budismo, mas defendido por muitos hindus. A amplitude e a atualidade do conflito ficou clara quando, em 4 de novembro de 2001, entre 50 mil e 75 mil *dalits* (como se autodenominam os chamados "intocáveis" do sul da Índia) abandonaram a vida em uma casta inferior no Hinduísmo e se converteram ao Budismo. Um dos inspiradores desse movimento popular que se articulou em ato público na capital Delhi foi o antigo companheiro de Mahatma Gandhi e ex-membro da primeira Assembleia Legislativa da República Indiana, Bhimrao Ramji Ambe-

---

[20] Cf. http://www.censusindia.net/, acesso 10/02/2006.

dkar (1891-1956). Sendo um "intocável", Ambedkar havia usufruído do raro privilégio de uma educação mais refinada, assumindo, depois, a tarefa de defender as necessidades políticas dos sem-casta.[21] Essas disputas finalmente levaram muitos *dalits* à convicção de que o Hinduísmo era corrupto e tirânico e de que o Budismo seria uma tradição hindu genuína e aceitável. Apesar de o Neobudismo de Ambedkar ter sido rejeitado pelos círculos conservadores budistas,[22] o movimento por ele iniciado evidenciou o conflito entre o Budismo e o Hinduísmo na questão das castas. A cerimônia que Ambedkar criou não apenas aplicava a fórmula clássica dos chamadas "Três Joias", como também o compromisso com os cinco princípios básicos éticos obrigatórios para leigos budistas. Todavia, mais importante, nesse contexto, era a renúncia explícita ao Hinduísmo afirmada pelo novo adepto durante o rito da iniciação. Com esses elementos adicionais, o converso afastar-se-ia de sua religião de origem, colocando-se contra as crenças e práticas hinduístas – por exemplo, a crença em deuses como Brahma, Shiva ou Krishna e os respectivos sacrifícios, ou a ideia de que Buda teria sido o nono *avatar* do Deus Visnu.[23]

---

[21] Cf. RAJAN, V.G. Julie, Education, economics and protest drive changes and reform to India's ancient societal divisions, *Hinduism Today*, 30.06.2003.
[22] Klostermaier, Klaus K.: Hindu-Buddhist Interaction in Twentieth Century India, in: Subramaniam, V. (ed.): *Buddhist-Hindu Interactions from Śakyamuni to Śankarācarya*, Delhi: Ajanta Books 1993, p. 171-187.
[23] Hayes, Richard P.: *A Buddhist's Reflections on Religious Conversion*. Elijah School Lectures For the Fourth Summer Program, August 2000, p. 19.

O problema da autenticidade do Budismo em relação a tentativas de cobrança por parte do Hinduísmo também foi assunto de uma disputa pelo memorial de Bodhgaya, localizado em Bihar, na Índia. O local é relacionado à iluminação religiosa e atrai anualmente milhares de peregrinos, especialmente do sudeste da Ásia e do Japão. Alega-se a "hinduização" ilegal do local pelo partido pró-hinduísta Bharatiya Janata e, nos últimos anos, houve uma briga prolongada entre hindus e budistas pelo controle do santuário. Conscientes da falta de um *lobby* político, os budistas indianos levantaram a questão em um protesto em Delhi e encaminharam uma petição ao primeiro-ministro solicitando a suspensão de uma lei válida há décadas que legitimava o controle do sítio pelos hindus. A ação foi organizada por dois monges budistas em nome do *Bodhgaya Mahabodhi Mahavihar All India Action Committee*. A disputa tem suas origens no século XIX, manifestando-se, desde então, entre outras formas, na acusação de que os administradores hinduístas haviam dado a aparência de deuses hindus às estátuas de Buda, tornando-as também atraentes para os peregrinos hindus. As acusações foram respondidas, alegando-se que Buda seria honrado pelos hindus como nono *avatar* de Visnu, sendo, portanto, um elemento que integra o panteão hindu.[24]

---

[24] Cf. Seneviratne, Kalinga: India: Conflict in the Cradle of Buddhism, *Inter Press Service English News Wire*, 10.07.1996.

Outro exemplo evidencia a sensibilidade dos atuais budistas indianos em relação à incorporação de Buda ao panteão hindu. Preocupado com a integridade de sua religião, em 23/02/1995, o presidente do *All India Bhikkhu Sanga* redigiu uma carta ao antigo primeiro-ministro, P. V. Narasimha Rao. No documento, mencionou que o ator Arun Golvil, que havia interpretado o papel de Rama na novela *"Rāmāyana"*, havia sido escolhido para fazer o papel principal na série planejada "Buda". Os budistas indianos temiam que a interpretação, pelo mesmo ator, de Rama (o sétimo *avatar* de Visnu) e Buda (o alegado nono *avatar* do mesmo deus hindu) pudesse reforçar erros antigos, colocando em risco a autenticidade do Budismo.[25]

O líder budista tailandês Ajahn Buddhadasa também relatou transgressões por parte do Hinduísmo. Apesar de ser amigo do representante de *Vedanta* Swami Satyanandaburi, na década de 1930, e apesar de ter conduzido discussões profundas e construtivas com seu parceiro hindu, Buddhadasa mostrou-se cético em relação à não-observação unilateral dos limites de ambas as religiões. O protesto contra o (em sua avaliação) inclusivismo imperialista-ideológico do Hinduísmo era expresso claramente por uma imagem pendurada em seu mosteiro, imagem essa que exibia um sacerdote brâmane engolindo um monge budista. Todavia, Ajahn Buddhadasa possuía autocrítica suficiente para reconhecer também a responsabilidade do Budismo nessa problemática. Afinal, era indício da incapaci-

---

[25] Cf. Kantowsky, Detlef: *Buddhists in India Today: Descriptions, Pictures and Documents*, Delhi: Manohar 2003, p. 156.

dade dos representantes budistas o fato de sua própria religião se destacar tão pouco do Hinduísmo. Isso se referia, em primeiro lugar, ao Budismo indiano, que, com seu ritualismo e sua hierarquia de sacerdotes e tendências tântricas, havia se orientado muito fortemente no exemplo do Hinduísmo do passado, esquecendo-se do núcleo dos ensinamentos budistas. A incapacidade do Budismo de manter suas raízes havia contribuído consideravelmente para a falta de nitidez dos limites do sistema.[26]

Face aos exemplos citados, podemos compreender que até mesmo os budistas que favorecem o diálogo aberto com o Hinduísmo recomendam cautela em relação aos perigos de uma atitude muito tolerante. Assim, por exemplo, Mattanando Bhikkhu explica que um encontro "inter-religioso" não só muitas vezes se limita a uma retórica que objetiva manter a sua própria tradição, mas também é realizado com a intenção de *reclamar a outra religião para si*, depois de tê-la conhecido completamente. Por isso, observa, os budistas devem cuidar para não revelar sua identidade no diálogo. A história comprova que o Hinduísmo teve muito sucesso na aplicação dessa estratégia. Por esse motivo, atualmente o diálogo inter-religioso deve ser protegido por determinados mecanismos.[27]

---

[26] Cf. Santikaro: Ajahn Buddhadasa and Inter-Religious Understanding. online: http://www. suanmokkh.org/ archive/pdf/TW_2.pdf, acesso 07/01/2009.

[27] Cf. Mattanando Bhikkhu: The Role of Buddhism in Inter-religious Dialogue, *Buddhist Himalaya: A Journal of Nagarjuna Institute of Exact Methods*, vol. II, n. 1 & 2, 1989, online: http://ccbs.ntu.edu.tw/FULLTEXT/ JR-BH/bh117496. htm, acesso 29/12/2008.

3. Cenários da relação entre o Budismo e o Judaísmo

3.1. Considerações preliminares

Como o Hinduísmo, o Judaísmo é uma religião "de nascença" (ou seja, o indivíduo "nasce" judeu), tradicionalmente desinteressada de atividades proselitistas voltadas à aquisição de adeptos fora da própria comunidade. Uma das maiores diferenças entre os dois sistemas em sua relação com o Budismo reside no fato de que o Hinduísmo se apercebe como religião naturalmente relacionada à coletividade indiana. Tal disposição é anterior ao próprio Budismo na Índia e em nenhum momento, naquele país, a religião perdeu seu privilegiado status em termos de número de seguidores. O Judaísmo, por sua vez, nunca foi vinculado a ambições expansionistas ou colonialistas em regiões de predominância budista. Enquanto o Budismo se expandia sobre todo o continente asiático, o Judaísmo permanecia em limites geográficos posteriormente dominados por cristãos e muçulmanos. A indiferença mútua típica da história da relação Budismo versus Judaísmo tem suas raízes na restrição de contatos diretos entre as duas religiões.[28] Nesse sentido, vale também lembrar que a presença do Budismo

---

[28] Cf. Obadia, Lionel: Bouddhisme et judaïsme. Entre traces et récits, légende et histoire. *Socio-Anthropologie*. 2004, n. 12, online: http://socio-anthropologie.revues.org/document.html?id=151; acesso 30/01/2009.

em Israel é relativamente recente e estatisticamente pouco relevante.[29]

Judeus encontraram budistas individualmente (sobretudo por ocasião de negócios) ou como membros de comunidades dispersas, minoritárias religiosamente, autossuficientes e autogovernadas, preocupadas com a manutenção da sua identidade religiosa na diáspora.[30] A assimilação de costumes e particularidades linguísticas do ambiente que os recebeu não representou qualquer ameaça à sua autopercepção como cultura particular e como "povo eleito" por Deus.[31] Na medida em que, no passado, o Judaísmo se abriu para um intercâmbio com o Budismo, o processo se restringiu a estímulos na área de literatura. Apenas no contexto do "Judaísmo da Nova Era" – movimento que se desenvolveu particularmente no âmbito da contracultura ocidental – o interesse pelo Budismo teve um impacto mais profundo sobre a vida religiosa propriamente dita dos judeus, majoritariamente norte-americanos, envolvidos.[32]

---

[29] Cf. Obadia, Lionel: Buddha in the Promised Land. Outlines of the Buddhist Settlement in Israel. In Prebish, Charles S.: Baumann, Martin (eds.): *Westward Dharma. Buddhism in Beyond Asia*. Berkely: University of California Press 2002, p. 177-188.

[30] Cf. Baumann, Martin: Hindus und Juden in globaler 'Zerstreuung', in: Klimkeit, Hans-Joachim (org.): *Vergleichen und Verstehen in der Religionswissenschaft*, Wiesbaden: Harrassowitz, 1997, p. 185-200, especialemente p. 190ss.

[31] Cf. Miletto, Gianfranco: Der jüdische Blick auf andere Religionen, in: Tworuschka, Udo (org.): *Die Weltreligionen und wie sie sich gegenseitig sehen*, Darmstadt: Primus, 2008, p. 65-87, especialmente p. 65-66.

[32] Cf. Salkin, Jeffrey K.: New Age Judaism, In. Neusner, Jacob; Avery-Peck, Alan J. (eds.): *The Blackwell Companion to Judaism*, Meldon, 2003, p. 354-369.

Do ponto de vista do Budismo, portanto, a história da inter-relação com o Judaísmo tem sido menos complexa e problemática do que os contatos com qualquer das três outras religiões mundiais.

3.2. Contatos entre Budistas e Judeus na Antiguidade e na Idade Média

O antigo reino de Israel travou contato com diversas culturas asiáticas. Tais contatos, porém, são de difícil rastreamento na atualidade. A pesquisa sobre as relações entre judeus e budistas na Antiguidade e na Idade Média padece de incertezas devido à terminologia usada nas antigas fontes. Na literatura indiana há uma forte tendência de denominar todos os estrangeiros *yavanas*, termo que primeiramente se referia aos gregos e, mais tarde, também aos árabes. De maneira analógica, antigos textos judaicos usam a palavra *hindu'a* para designar todos os indianos, sem descriminação entre hindus e budistas.[33] Conhecimentos históricos limitam-se à contribuição dos viajantes judeus, que tinham contato com o Budismo nas rotas de comércio estabelecidas. Além disso, sabe-se que, com os processos de migração ao longo da Rota de Seda, estabeleceram-se diversas colônias judaicas na Ásia. Pressionados a expatriar-se por razões político-reli-

---

[33] Cf. Facetas da relação entre Budismo e Judaísmo, Entrevista de Frank Usarski com Nathan Katz, *REVER – Revista de Estudos da Religião*, 2007 (junho), p. 128-132, especialmente p. 129-130.

giosas, migrantes judeus seguiram os antigos caminhos via Turquia e Pérsia, bem como os da Ásia Central através dos atuais Turcomenistão e Quirguistão. Outros, ainda, optaram pela via marítima – os dois destinos privilegiados, nesses casos, eram a Índia[34] e a China.[35] Outros países asiáticos onde os primeiros judeus se estabeleceram apenas na primeira parte do século XIX, como Birmânia e Japão, são historicamente menos relevantes.[36]

A primeira indicação de judeus na Índia encontra-se no livro bíblico de Ester, compilado por volta do século II a.C. O texto faz referência à dispersão de judeus na época do rei persa Xerxes (Ahasuerus [519-465 a.C.]), cujo império incluía 127 províncias em um território que se estendia até as margens do Subcontinente Indiano. Nenhum grupo posterior, porém, identificou-se como sucessor da comunidade à qual corresponde esse relato. A situação é diferente no caso da comunidade dos Bene Israel (*filhos de Israel*), que se declaram descendentes de um pequeno conjunto de sobreviventes de um navio naufragado perto do litoral do Konkan que fundou um vilarejo chamado Navgaon, próximo a Bombaim (sudoeste da Índia).

---

[34] Cf. Katz, Nathan: Contacts Between Jewish and Indo-Tibetan Civilizations Through the Ages: Some Explorations, *The Tibet Journal*, vol. 16, n. 4, 1991, p. 90-109; Ibid.: From Legend to History: India and Israel in the Ancient World, *Shofar*, vol. 17, n. 3, 1999, p. 8-22.

[35] Cf. Mendelssohn, S.: *Jews of Asia*, London & New York: Kegan Paul & E.P. Dutton, 1920.

[36] Cf. Katz, Nathan: Judaism in Asia, *Encyclopedia of Religion*, vol. 7, Detroit: Thompson/Gale 2005, p. 5004-5011.

Conforme a narrativa do próprio grupo, os Bene Israel tinham fugido de Galileia devido à perseguição de Antiochus Epiphanes (175-163 a.C.). Uma vez que não haviam resgatado nenhum texto religioso, logo substituíram o hebreu pelo idioma local marathi; continuaram, porém, a circuncidar seus filhos e a guardar o sábado, bem como alguns feriados judaicos. A integração ao sistema de subcastas (*jāti*) ajudou a manter sua identidade religiosa até o presente.[37]

Entre os séculos IV e VIII, outros imigrantes judeus estabeleceram-se em Cranganore (hoje Kodungallur) e Cochin (Kochi), ambas cidades portuárias do atual Estado de Kerala (sul da Índia).[38] Vale lembrar que, também nesses casos, os grupos eram pequenos. A comunidade em Cochin, provavelmente fundada entre 974 e 1020 d.C., por exemplo, não contava com mais de 2,5 mil pessoas, que se dividiram em três subunidades que não praticavam sua religião juntas.[39] A presença de comunidades judaicas naquela época é também indicada por inúmeras cartas de negociantes judeus que fizeram negócios com a Índia e os viajantes como Benjamin de Tudela (século XII), Marco Polo (1254-1324) e Abu'Abdallah Muhammad ibn Idris, conhecido como Idrisi (1099-1154). Conforme os relatos de Benjamin de Tudela,

---

[37] Cf. Johnson, Paul: *A History of the Jews*, New York: Harper & Row 1987, p. 561; Blady, K.: *Jewish Communities in Exotic Places*, Northvale & Jerusalem, Jason Aronson, 2000, p. 215.
[38] Cf. Mendelssohn, S.: op. cit., p. 99-100.
[39] Cf. Johnson, Paul: op. cit., p. 561.

na segunda metade do século XII havia também uma comunidade judaica de aproximadamente 23 mil pessoas em Kandy, então a capital do Ceilão (Sri Lanka). Segundo Idrisi, naquela época quatro dos dezesseis ministros do gabinete do rei da ilha eram judeus.[40]

Na China, comunidades judaicas estabeleceram-se entre os séculos VII e X como consequência da imigração de judeus persas via Rota de Seda e de judeus vindo de rotas marítimas da Índia. A prova mais antiga aparece em um manuscrito de 718 escrito por um judeu persa e descoberto em escavações perto do antigo reino budista de Khotan, no atual noroeste da China. Outro manuscrito, do século VIII ou IX, foi achado na província Kansu (Gansu), noroeste da China. Textos árabes informam sobre revoltas entre 875 e 878 d.C. em Shandong, província no leste da China, e na cidade de Cantão, no sul do país, durante as quais integrantes de várias minorias, entre elas a dos judeus, perderam suas vidas.[41] Outra comunidade judaica antiga é a de Kaifeng, cidade no leste da China localizada na atual província de Henan, cuja sinagoga foi construída em 1126.[42] Outras indicações da existência de judeus na China aparecem em relatos de viajantes

---

[40] Cf. Katz, Nathan: Buddhist-Jewish Relations, in: Schmidt-Leukel, Perry (ed.) *Buddhist Attitudes to Other Religions*, St. Ottilien, 2008, p. 269-293, especialmente p. 272.

[41] Cf. Chang, Yung-Ho: *The Development Of Chinese Islam During The T'ang and Song Dynasties (618-1276 A.D.)*, MA-Thesis, Montreal Institute of Islamic Studies, McGili University 1999, p. 39.

[42] Cf. Katz, Nathan: Judaism in Asia, op.cit.

muçulmanos que palmilharam a China no século IX.[43] Conforme Marco Polo, o governo imperial da China do século XIII contava com o apoio de conselheiros judeus.[44]

Além de evidências etimológicas referentes a determinadas palavras incorporadas do tamil e do sânscrito à bíblia hebraica, bem como comentários favoráveis sobre a cultura e religião indianas em textos do pensador judeu helenizado Filon de Alexandria (aprox. 20 a.C. até aprox. 50 d.C.) e do historiador judaico Flávio Josefo (37 até aprox. 101 d.C.), aparecem na antiga literatura judaica alguns elementos mais especificamente associados ao Budismo. Não se sabe ao certo, porém, se os paralelos em questão têm sua origem no Budismo ou no próprio Judaísmo. São concordâncias entre a lenda de Buda e contos sobre o rei Salomão, entre o *Mahoshadha Jātaka* e o Livro de Reis, bem como entre o *Dhammapada* e a *Mishná*.[45] Há, também, especulações sobre raízes comuns entre o *Kalachakra Tantra* e o messianismo judaico.[46]

A tradução da literatura budista por sábios judeus teve início no século XI. No âmbito das adaptações iniciais de partes da biografia de Buda na Europa da Idade Média, sob o título "Barlaam e Josaphat", o personagem legendário do rei

---

[43] Cf. Obadia, Lionel: Bouddhisme et judaïsme, op. cit.
[44] Cf. Katz, Nathan: Buddhist-Jewish Relations, op. cit., p. 273.
[45] Cf. Derrett, J.; Duncqan M.: Mischnāh, `Avôt 5:13 in early Buddhism, in: *Bulletin of SOAS* 67, 1 (2004), p. 79-87.
[46] Cf. Katz, Nathan: Meeting of Ancient Peoples: Western Jews and The Dalai Lama of Tibet, in: *Jerusalem Letters of Lasting Interest*, 01/03/1991, online: http://www.jcpa.org/jl/hit20.htm, acesso 02/01/2009.

que foi advertido pelos sábios sobre a possibilidade de que o seu filho pudesse abrir mão de seu status profano a favor de uma vida religiosa consequente entrou no Judaísmo. Em uma adaptação moderna, o tema surgiu no século XIX no conto "O príncipe e o monge", do rabi Abraham Ibn Hisdai, que trabalhava em Barcelona. A versão hebraica da história moral logo se expandiu e, em 1874, também foi editada em ídiche.[47]

Além disso, especialistas em Cabala confirmam que há uma série de influências e referências diretas à cultura religiosa indiana nos manuscritos cabalistas – caso, por exemplo, de técnicas de meditação e mandalas. Nesse contexto, assume-se que o cabalista Abraham Abulafia (1240-1291) tenha adotado práticas místicas, ideias e símbolos budistas em seu sistema. Mais recentemente, o cabalista Asher Halevi (1849-1912) defendeu a ideia de que há paralelos entre a Cabala e o Tantrismo tibetano.[48]

3.3. O intercâmbio entre o Budismo e o Judaísmo na Modernidade

Por muito tempo centrado na aquisição de bagagem cultural, no decorrer do século XX, o interesse dos judeus pelo Budismo foi complementado por uma orientação mundana.

---

[47] Cf. *The Monks and the Mishnah*, in: Jewish Free Press, 06/02/1997, p. 8.
[48] Cf. Katz, Nathan: Buddhist-Jewish Relations, op. cit., p. 273.

Nesse contexto, a conversão de Charles T. Strauss no âmbito do Parlamento Mundial das Religiões (realizado em Chicago em 1893) é frequentemente citada como data simbólica,[49] ainda que a popularização do Budismo tenha demorado mais algumas décadas, especialmente nos círculos judaicos na América do Norte. Um exemplo é Allen Ginsberg, que nos anos 1950 se interessou pelo Budismo, não só como protagonista típico da "geração *beat*", simpatizando com o zen, mas como vanguarda do mais tarde denominado fenômeno "JuBu".[50] Do ponto de vista da história recente, o JuBu é relacionado ao interesse da contracultura ocidental pela espiritualidade oriental e da busca de uma parte do Judaísmo norte-americano não-ortodoxo por novas formas de organizar e praticar sua vida religiosa. Esse movimento não apenas resgatou o misticismo judaico, mas descobriu também a relevância de técnicas e doutrinas alternativas relacionadas ao *Human Potential Movement,* bem como o valor de correntes orientais, entre elas o Sufismo, o Hinduísmo e – *last but not least* – o Budismo.[51]

---

[49] Cf. Fields, Rick: Divided Dharma: White Buddhists, Ethnic Buddhists, and Racism, in: Prebish, Charles S.; Kenneth, K.Tanaka (eds.): *The Faces of Buddhism in America*, Berkeley, Los Angeles, London: University of California Press 1998, p. 196-207; Seager, Richard Hughes. *Buddhism in America*, New York. Columbia University Press, 1999, p. 226.

[50] Cf. Finney, Henry C. American Zen's 'Japan Connection': A Critical Case Study of Zen Buddhism's Diffusion to the West. *Sociological Analysis* 52, n. 4 (1991), p. 379-396.

[51] Cf. Salkin, Jeffrey K., op. cit., p. 360ss.

O acrônimo "JuBu" ganhou popularidade em 1994 com a publicação do livro *The Jew in the Lotus*, de Rodger Kamenetz.[52] Ele denominava os praticantes do Budismo de base étnica ou religiosa judaica. Dentre os JuBus mais citados estão personagens como os fundadores da *Insight Meditation Society*, Joseph Goldstein, Jack Kornfield, Sharon Salzberg e Jacqueline Schwartz,[53] e também "celebridades" do *show business*, como Leonard Coehen, Phillip Glass e Goldie Hawn. O número exato de JuBus nos EUA é difícil de estimar. Levantamentos informam que a participação dos judeus americanos no Budismo está entre 6% e 30%.

O encontro entre o Budismo e o Judaísmo ou a discussão de budistas judeus com sua religião tradicional ocorrem, em sua maior parte, por meio de publicações típicas. Cada vez mais se destacam dessa forma de diálogo os primeiros encontros dos altos representantes do Budismo tibetano e do Judaísmo norte-americano, no final dos anos 80 ou início dos anos 90. O início desses encontros ocorreu na recepção de Dalai Lama pelos rabis e sábios judeus pouco antes de o religioso tibetano ter sido agraciado com o Prêmio Nobel no ano de 1989. Nessa breve visita, Dalai Lama agradeceu a ajuda que o *American Jewish World Service* prestou às comunidades exiladas tibetanas. O

---

[52] Cf. Kamenetz, Rodger: *The Jew in the Lotus*. A Poet's Rediscovery of Jewish Identity in Buddhist India, New York: Harper Collins, 1994.

[53] Cf. Brodey, Deborah A.: *From Judaism to Buddhism: Jewish Women's Search for Identity*, MA-Thesis, University of Toronto: Department of Adult Education, Community Development, and Counseling Psychology, Ontario Institute for Studies in Education, 1997, p. 24.

forte interesse de Dalai Lama pelo Judaísmo levou, em 1990, a uma visita de retorno de um grupo de judeus (cuja composição, até certo ponto, refletia a diferenciação interna do Judaísmo) a Dharamsala. Abrangendo uma temática muito mais ampla, a conferência trouxe uma série de questões sintomáticas das perspectivas a partir das quais o Budismo visualiza aspectos do Judaísmo também de outras proveniências.

4. Cenários da relação entre o Budismo e o Cristianismo

4.1. Considerações preliminares

Assim como o Budismo, o Cristianismo é uma religião universal. Nos dois casos, o público-alvo é irrestrito tanto em termos geográficos quanto em termos étnicos. Uma vez que compartilham o ímpeto de se espalhar pelo mundo, era apenas uma questão de tempo para que representantes de ambas as religiões – fundadas em épocas diferentes e regiões distantes – se encontrassem. O primeiro representante da Igreja que se referiu explicitamente ao Buda e seus seguidores foi Clemente de Alexandria (150-215).[54] Logo depois, ganharam relevo as primeiras atividades missionárias cristãs realizadas em regiões onde o Budismo já desempenhava um papel cultural significante. A frequência, qualidade e densidade dos

---

[54] Cf. Pereira, A. B. de Bragança: *Etnografia da Índia Portuguesa*, New Delhi: Asian Educational Services, 1991, p. 115.

contatos entre cristãos e budistas dependiam de uma série de fatores. Além de configurações internas de cada partido envolvido e seus interesses espirituais propriamente ditos, as situações de intercâmbio foram moldadas por constelações socioeconômicas e ambições políticas "externas" constitutivas para o "horizonte" em que os contatos inter-religiosos ocorriam. Consequentemente, o seguinte levantamento de cenários da relação Budismo x Cristianismo não apenas se interessa pelo intercâmbio imediato entre as duas religiões, como também pelas determinantes subjacentes das respectivas relações.

4.2. Cenários da relação entre o Budismo e o Cristianismo na Índia

Em sua expansão pelo Oriente via Índia e, a partir de lá, através da Rota de Seda para o Norte, o Cristianismo teve seus contatos iniciais com países budistas já em seus dois primeiros séculos de existência. Em muitos casos dessa fase inicial eram apenas contatos esporádicos, realizados por representantes cristãos individuais que traziam as visões de determinadas ordens cristãs. Mas havia, também, alguns esforços bem-sucedidos de fundar comunidades cristãs locais.[55]

Os primeiros grupos cristãos foram estabelecidos na Índia. Enquanto os relatos sobre as atividades do apóstolo

---

[55] Cf. Koschorke, Klaus: Indien: Christentumsgeschichte, Religion in *Geschichte und Gegenwart*,[4] vol. 4, Tübingen: Mohr Siebeck 2001, colunas 95-98.

São Tomé no sul do subcontinente são lendários, há indícios claros da existência de cristãos indianos desde o século III. Na metade do século IV, um delegado do imperador romano Constantino II (337-340) viajou ao Sul da Índia para reformar as comunidades cristãs já existentes na região, conforme a prática romana. Por volta de 550, o autor e viajante grego Kosmas Indikopleustes (século VI d.C.) relata a presença de comunidades nestorianas florescentes no litoral sul da Índia. Sabe-se também de uma minoria cristã em Kerala, também na porção meridional do subcontinente, estabelecida por volta do ano 800.

Em uma época em que o Budismo já estava quase extinto no subcontinente, o franciscano italiano Giovanni di Montecarvino (1264-1328) batizou em 1291 os primeiros católicos em Kerala, seguido pelo dominicano francês Jordanus Catalani, que atuou na mesma região entre 1324 e 1328. Mais importantes para a missão cristã foram os portugueses. Incentivados pelo descobrimento da rota marítima para o Oriente (em 1498), eles exportaram o Catolicismo para um território limitado centrado em Goa. Logo depois, os jesuítas Francisco Xavier (1506-1542) e Roberto de Nobili (1577-1656) lançaram projetos proselitistas em Madurai (a partir de 1542) e Tamil Nadu (a partir de 1706), respectivamente.

Apenas recentemente a relação Budismo versus Cristianismo ganhou nova relevância na Índia. Entre as últimas décadas do século XVIII e a Primeira Guerra Mundial, missões protestantes, particularmente batistas, tiveram especial sucesso entre os sem-casta e os representantes das castas mais baixas. Muitas dessas conversões foram motivadas pelo desejo, por parte dos conversos, de deixar um status desprivilegiado no sistema social hindu. Essa tendência, válida até os dias de hoje,[56] coloca o Cristianismo (que em 2001 era a religião de cerca de 2,4% da população indiana)[57] em uma situação de concorrência com o Neobudismo de Bhimrao Ramji Ambedkar. O movimento criado por este último tem atraído uma clientela semelhante e representa uma parcela considerável dos cerca de 8% budistas no país atualmente.

Foi explicitamente essa constelação de competição que, no outono de 1981, levou o *Gurukul Lutheran Theological College* em Madras a sugerir uma série de diálogos entre budistas e cristãos indianos. Uma das justificativas da proposta residia no argumento de que, devido ao movimento de Ambedkar, o Budismo tinha adquirido novo significado social na Índia, compartilhando com o Cristianismo o status de minoria religiosa em um país majoritariamente hindu. Foi sugerido que as programações dos encontros não se restringissem a um intercâmbio acadêmico. Seria necessário incluir nas agendas, também, cursos de meditação e projetos sociais como plataforma para ações conjuntas. Na primeira metade dos anos 1980, vários encontros desse tipo foram realizados. Mais tarde, outros ramos religiosos, entre eles a Igreja Católica, associaram-se a essa iniciativa. A última foi representa-

---

[56] Cf. Farquhar, J. N.: *Modern Religious Movements in India*, New York; London: Garland Publishing 1980, p. 1-24.
[57] Cf. http://www.censusindia.net/, acesso 10/02/2006.

da pela *Catholic Shantivanam Ashram*, no Estado de Tâmil Nadu, cujo mentor espirtitual, Bede Griffiths, organizou uma série de encontros análogos organizados no próprio *Ashram*. Todos os encontros mostraram-se relativamente desinteressados de temas teológicos clássicos, típicos dos diálogos eruditos. Em vez disso, salientaram assuntos relacionados a problemas sociais, políticos e culturais relevantes tanto para cristãos quanto para budistas.

Com o deslocamento de uma parte considerável da população do Tibete, inclusive o Dalai Lama e os membros do seu gabinete, para Índia, o presente oferece oportunidades inéditas para um encontro entre o Cristianismo e o Budismo Tibetano. Do ponto de vista histórico, contatos com o Tibete, devido à sua localização geográfica, eram relativamente raros. Os poucos missionários que, nos séculos XVII e XVIII, venciam as condições geográfico-climáticas extremamente difíceis não deixaram marcas significativas no "País das Neves". Somente nas regiões do Himalaia que pertenciam à cultura tibetana protegidas pelo governo colonial britânico, como Ladakh, Darjeeling e Sikkim, foram constituídas pequenas comunidades cristãs. Com a anexação do Tibete à China em 1949 e a fuga subsequente de 80 mil tibetanos para Uttar Pradesh, Himachal Pradesh, Orissa, Arunachal Pradesh, Karnataka e outros Estados indianos, a situação mudou, oferecendo novas condições para encontros *in loco* entre cristãos e budistas da tradição tibetana.

As primeiras experiências foram feitas antes do lançamento da Declaração sobre a Igreja e as Religiões não-cristãs do Concílio Vaticano II (1962-1965) e tiveram impacto negativo. Logo depois da chegada da primeira leva de fugitivos na Índia, diversos jovens tibetanos estudaram em escolas relacionadas a missões cristãs e tiveram de obrigatoriamente participar do ensino religioso cristão. A medida provocou protestos na comunidade tibetana. Os primeiros contatos em nível monástico entre católicos e integrantes de mosteiros budistas da tradição tibetana já ocorreram em um espírito completamente diferente. Um dos protagonistas dessa nova onda de diálogo foi Thomas Merton (1915-1968), monge trapista e poeta norte-americano que em 1968 visitou o Dalai Lama na sua residência em Dharamsala. Foram encontros desse tipo que contribuíram sucessivamente para a formação de opinião do líder político-religioso tibetano acerca das intenções e condições mentais de cristãos ocidentais interessados em um intercâmbio com o Budismo. Os primeiros eventos em maior escala na Índia ocorreram nos anos 1981 no mosteiro de Será, no sul da Índia, e em 1982 no *Tibet House*, em Nova Délhi, e na sede do governo tibetano, em Dharamsala, durante os quais teólogos cristãos se engajaram em debates com monges tibetanos eruditos. Simultaneamente, foi firmado um convênio entre Dalai Lama e o *North American Board for East-West Dialogue* referente a um programa de intercâmbio de longa duração entre integrantes de mosteiros budistas e cristãos.[58]

---

[58] Cf. Lai, Whalen: Brück, Michael v.: *Christianity and Buddhism. A Multi-cultural History of Their Dialogue*, Maryknoll: Orbis 2001, especialmente p. 15-38.

4.3. Cenários da relação entre o Budismo e o Cristianismo na China

Os primeiros cristãos que levaram sua fé para a China eram nestorianos.[59] Eles vieram da Mesopotâmia para o Oeste do país em 635. Três anos depois, fundaram um mosteiro em Xianfu, cidade no leste da China. Uma inscrição no chamado "monumento nestoriano" construído em 781 d.C. demonstra que, na época, já tinham lançado uma missão cristã entre os chineses. No século IX, a religião desapareceu temporariamente da China. Durante o reino dos mongóis (Dinastia Yuan, 1271-1368), a igreja mostrou novo vigor. Segundo fontes da época, havia cerca de 30 mil cristãos nestorianos na China, com as comunidades mais ativas instaladas no oeste do país. Finalmente, pela metade do século XIV (durante a Dinastia Ming), os nestorianos foram definitivamente expulsos, sem que tivessem deixado impacto marcante e douraduro sobre a cultura chinesa.[60]

Em um primeiro momento, no entanto, o grupo imigrante não pôde ser reconhecido como proponente de uma religião "estranha", uma vez que adaptou rapidamente seu simbolismo e sua liturgia, assemelhando-se externamente

---

[59] Nesse parágrafo oriento-me especialmente em Neill, Stephen C.; Mullins, Mark R.: Christianity in Asia, *Encyclopedia of Religion*, vol. III, Detroit: Thompson/Gale, 2005, p. 1725-1731.
[60] Cf. Overmyer, Daniel L.; Adler. Joseph A.: Chinese Religion: An Overview, *Encyclopedia of Religion*, vol. III, Detroit: Thompson/Gale, 2005, p. 1580-1613, especialmente p. 1598-1599.

aos seus novos vizinhos budistas. Eles vestiam-se como se fossem chineses. Há indicações de que os missionários se apropriavam do vocabulário budista para traduzir e divulgar sua mensagem. O missionário nestoriano Alopen, por exemplo, usou a termo budista *śunyatā* para expressar que a ideia de deus cristão transcende as limitações de qualquer conceito substancial.[61] Além disso, símbolos adotados do Budismo surgiram no âmbito do Nestorianismo na China. Vale lembrar a existência de uma pintura em seda, feita por volta do ano 1000 em Dunhang, noroeste do país, que mostra Jesus na forma de um *bodhisattva*.[62] Muitas cruzes que os nestorianos deixaram são ornamentadas com uma flor de lótus, uma das metáforas mais conhecidas do Budismo. Havia até mesmo uma igreja cristã em Shuipang, cidade no oeste da China, cuja torre foi construída de acordo com a arquitetura em que a construção de santuários budistas (*stūpas*) se baseia.[63] Essas e outras concessões dos nestorianos ao seu ambiente, assim como a dificuldade do público de identificar o diferencial da oferta cristã, podem ter contribuído para o declínio gradual e desaparecimento completo da primeira comunidade cristã no país.

---

[61] Cf. Scott, D. A. Christian Responses to Buddhism in Pre-medieval Times, *Numen*, 32: 1 (1985), p. 88-100, especialmente p. 93-94.

[62] Cf. Fleming, Kenneth: The Crossing of Two Ways: An Overview of the Asia Christian Encounter with Buddhism, *Studies in World Christianity*: 7:2 (2001), p. 178-198.

[63] Cf. England, John C.: Reclaiming our Christian History. *Inter-Religio* 19, Summer 1991, p. 21-38, especialmente p. 26.

Os franciscanos foram responsáveis pela segunda onda cristã na China, que começou em 1246 com a chegada do italiano Giovanni da Piano di Carpine (1182-1252), seguido pelo francês William de Rubruk (cerca de 1220 até cerca de 1293), que entre 1253 e 1255 esteve ativo na região. Os dois outros franciscanos que se destacaram na época em questão são Giovanni da Montecorvino (já mencionado em relação à missão franciscana na Índia), que permaneceu na China em 1294, e, vinte e oito anos mais tarde, o italiano Odorico da Pordenone (1286-1331), ativo no país em 1322. A missão franciscana foi mal-sucedida e terminou em 1368.

Depois do trabalho missionário curto do dominicano Gaspar da Cruz em Cantão em 1556, começou a terceira onda do proselitismo cristão realizado pelos jesuítas durante um período de cerca de 150 anos. Entre os missionários encontravam-se Michele Ruggieri (1543-1607) e Matteo Ricci (1552-1610), que chegaram a Macau em 1579 e 1582, respectivamente, onde estabeleceram os primeiros contatos diretos com a China. Em 1583, os jesuítas fundaram uma pequena igreja em Chao-ch'ing, aproximadamente a 80 quilômetros de Cantão, lugar que serviu como ponto de partida de viagens de Matteo Ricci para Nanking (1595) e Pequim (1598). Quando chegou pela segunda vez a Pequim, em 1602, Ricci decidiu fixar-se permanentemente na cidade.[64]

---

[64] Cf. Huang, Ray: The Lung-ch'ing and Wan-li reigns, 1567-1620, *The Cambridge History of China*, edited by Frederick W. Mote & Denis Twitchett, Vol. 7, The Ming Dynasty, 1368-1644, Part I, Cambridge: Cambridge University Press 2007, p. 511-584, especialmente p. 562.

Um elemento decisivo para a história dos jesuítas na China foi o posicionamento de Ricci e seu grupo diante da herança cultural do país, particularmente no que diz respeito ao Confucionismo, fonte primária para a organização do Estado e elemento constitutivo da mentalidade da população. Consciente da importância fundamental do papel formativo desse sistema para todas as dimensões da vida no Reino de Meio, Ricci e a maioria dos seus colegas optaram pelo método missionário de acomodação,[65] destinado a diminuir as tensões culturais entre o Cristianismo e os princípios tradicionais do seu público-alvo. Uma das consequências dessa estratégia foi a incorporação da veneração de Confúcio e do culto aos ancestrais na liturgia da Igreja.

Durante os primeiros anos, os missionários jesuítas não tentaram chamar atenção para as diferenças entre o Budismo e o Cristianismo. De acordo com o método da acomodação, vestiam-se como se fossem membros da *sangha*, referiam-se a si próprios usando o termo chinês que significa monge budista (*seng*) e moravam ou em mosteiros budistas ou ao lado deles. No início, aceitavam também que os chineses confundissem a atitude ascética dos jesuítas diante dos prazeres mundanos com o estilo de vida de um recluso budista, e também não se incomodavam com o fato de Jesus ser visto como emanação do *bodhisattva* Avalokiteshvara. A tendência de igualar Cristianismo e Budismo não se restringia ao publico geral, mas

---

[65] Cf. Madeira, João: Os Jesuítas, a Acomodação e a Tolerância, *Revista Brasileira de História das Religiões*, Ano I, n. 3, Jan. 2009, p. 205-211.

valia também para os eruditos, o que pode ser exemplificado por um debate realizado em 1604 entre o jesuíta italiano Niccolò Longobardo (1565-1654) e um dos monges budistas do zen-chinês mais célebres da época, Han-shan Te-ch'ing (1546-1623). Depois dessa conversa, Han-shan Te-ch'ing declarou que tudo o que Langobardo lhe havia dito estava em harmonia com o Budismo. Essa afirmação é um exemplo claro de que os budistas chineses estavam acostumados a lidar com o pluralismo religioso, integrando a variedade das religiões em um sistema de níveis diferentes de espiritualidade. Até a chegada do Cristianismo, essa postura havia se manifestado apenas no sentido da convivência harmoniosa entre Taoísmo, Confucionismo e Budismo.

Com o tempo, porém, o tom entre os dois partidos mudou. Isso já é demonstrado pela publicação *Tianzhu Shiyi* ("O verdadeiro significado do senhor do Céu"), lançada por Matteo Ricci em 1603, primeira obra de uma série de trabalhos de autores jesuítas com o objetivo de chamar a atenção dos chineses eruditos para a fé católica como religião diferenciada. Entre esses trabalhos encontravam-se também livros posteriores de Matteo Ricci, inclusive o *Chi-jen shih-p'ien* ("Dez ensaios sobre um homem extraordinário"), publicado em 1608.[66]

---

[66] Cf. Lancashire, D.: Buddhist Reaction To Christianity In Late Ming China, *Journal of the Oriental Society of Australia.* Vol.6, n.1&2, 1968-1969, p. 82-102; Kern, Iso: Buddhist Perception of Jesus and Christianity in the Early Buddhist-Christian Controversies in China during the 17th Century. In: Schmidt-Leukel, Perry; Götz, Thomas Josef; Köberlin, Gerhard (eds.). *Buddhist Perceptions of Jesus.* St. Ottilien: EOS 2001, p. 32-41.

Na obra *Tianzhu Shiyi*, Matteo Ricci não apenas apontou incompatibilidades entre Confucionismo, por um lado, e Budismo e Taoísmo, por outro, como também criticou fortemente determinados aspectos taoístas e budistas. Entre os conceitos budistas rejeitados encontravam-se a doutrina de *śunyatā*, o imaginário de infernos e céus e a ideia de reencarnação sem alma. O ponto crucial da crítica foi a acusação de que o Budismo identificava a consciência humana como realidade última, dessa maneira negando a existência de um criador superior do mundo. Esse conceito seria um resultado da influência diabólica.

No início, o Budismo não se pronunciou a respeito dos ataques dos jesuítas, mas finalmente as hostilidades foram registradas e provocaram reações tanto em controvérsias orais quanto através de artigos e panfletos. No que diz respeito às controvérsias, vale a pena lembrar dois debates sobre os méritos do Cristianismo e da religiosidade chinesa protagonizados por Matteo Ricci e Hsueh-lang Hung-en (1545-1608), em Nanking, e entre Ricci e Huang Hui,[67] em Pequim. Entre os budistas que lançaram publicações contra os argumentos de Ricci e seus colegas destacavam-se Yu Shun-hsi (?-1621), funcionário público aposentado e budista leigo, e o abade Chu-hung (1535-1615), mentor de Yu Shun-hsi e um dos quatro mais renomados budistas chineses da época.

A primeira articulação de Yu Shun-hsi teve a forma de uma carta datada de 1608 ou 1609 que reagia à obra *Chi-jen*

---

[67] Datas de vida desconhecidas.

shih-p'ien, de Ricci, e acusava o jesuíta de incentivar os confucionistas a atacar os budistas e, assim, contaminar a atmosfera pacífica entre as tradicionais religiões chinesas. Quanto às opiniões de Ricci a respeito do Budismo, Yu Shun-hsi afirmou que um pronunciamento qualitativo do jesuíta sobre uma religião tão profunda necessitaria o estudo da coleção inteira de escrituras budistas. Se Ricci não tivesse tempo suficiente, precisaria estudar ao menos cinco obras, dentre elas o *Tsung-ching lu* ("Compêndio de doutrina budista") e o *Fa-yuan* ("Enciclopédia do sistema budista"). Além disso, a carta de Yu Shun-hsi a Matteo Ricci registra a suspeita de que a Igreja Católica premiasse cristãos chineses que conseguissem convencer seus conterrâneos a se converterem ao Cristianismo. Quanto maior o status social do novo adepto, maior seria o prêmio. Matteo Ricci respondeu também mediante uma carta em que destacava diversos aspectos críticos do Budismo. Entre outras falhas, a religião violaria o primeiro mandamento cristão, uma vez que Buda ocuparia um lugar mais nobre do que Deus. Para expor esse pecado grave não seria preciso estudar tantas escrituras budistas. Além disso, o Budismo já existia há cerca de dois mil anos na China, mas não havia sinais de que tivesse contribuído para melhorar a vida ou o caráter do povo chinês. Ao contrário, muitos chineses reclamavam de que, na comparação com o passado, houvera um declínio cultural.

Logo depois a morte de Matteo Ricci, em 1610, o abade Chu-hung, informado por seu seguidor Yu Shun-hsi sobre os detalhes da disputa anterior, acabou atacando os jesuítas por meio de uma coletânea de quatro artigos curtos intitulada *T'ien shuo* ("Sobre o Céu"). Os textos de Chu-Hung retomam os assuntos principais do debate estimulado pelas publicações de Ricci e sua equipe, por um lado, e os disputantes e autores budistas por outro. Entre os assuntos abordados, encontravam-se a questão do imaginário budista de esferas celestiais, as contradições implícitas do conceito do Deus cristão e a controvérsia sobre a legitimidade de matar animais, princípio veementemente defendido por Ricci a partir da ideia de soberania do Homem sobre os seres criados por Deus.

Apesar de os quatro artigos de Chu-hung terem representado um potencial estímulo para os budistas e mesmo que os jesuítas continuassem a lançar livros com críticas ao Budismo, não há evidência de reações budistas contra os cristãos entre cerca de 1615 – data da morte de Chu-hung – e os anos de 1630. Pode-se constatar um aumento do interesse apenas a partir de 1633, ano da chegada do jesuíta italiano Giulio Aleni (1582-1694) em Chekiang (leste da China), cidade do leigo budista Huang Chen. Este se sentia extremamente incomodado com a crescente influência dos cristãos e com a própria falta de argumentos para contestar as doutrinas dos jesuítas. Consequentemente, ele se dedicou à elaboração de um raciocínio crítico conciso, processo que originou alguns textos contra os jesuítas. Paralelamente, procurou o apoio de autoridades religiosas locais, inclusive budistas, apontando a presença maciça de seguidores do Cristianismo e destacando a urgência de persuadir os chineses da região a manter sua fidelidade para com o Budismo. Incentivado por esses apelos, o monge Yuan-wu, do mosteiro de T'ien-t'ung (Província de Chekiang, leste da China), escreveu, provavelmente em 1635, três artigos anticristãos reunidos no panfleto *Pien-t'ien shuo* ("Debate sobre o Céu"), dando continuidade aos debates sobre os temas que tinham estado na pauta desde o início da disputa entre jesuítas e budistas.

As estimativas sobre o crescimento numérico da Igreja indicam que a decisão de endurecer o discurso diante do Budismo havia sido tomada em um momento histórico certo. Em 1605, apenas cerca de 200 chineses tinham-se convertido ao Cristianismo. Em 1663, a Igreja podia contar com cerca de 100 mil membros locais.[68] A situação ficou ainda mais confortável quando, em 1692, o imperador Kangxi (1654-1722) lançou seu "Édito da Tolerância", que autorizou a prática livre do Cristianismo na China.

O clima geral mudou quando, em 1704, o Vaticano proibiu a estratégia de acomodação. Onze anos mais tarde, confirmou a proibição. A oposição vaticana contra os ritos chineses, a repercussão negativa dessa rejeição na China e a suspeita de que por trás das atividades religiosas dos jesuítas e de outros grupos missionários estivessem escondidos interesses políticos de poderes europeus incentivaram o imperador chinês Yongzheng (1678-1735) a tomar medidas oficiais contra o Cristianismo em 1724. Em seguida, a missão cristã foi proibida. Com algumas exceções, os jesuítas tiveram de

---

[68] Cf. Overmyer, Daniel L.; Adler. Joseph A., op. cit., p. 1608.

sair do país. As propriedades católicas foram confiscadas. Por volta da metade do século XVII, havia perseguições anticristãs em diversos lugares. Apesar disso, algumas comunidades conseguiram sobreviver. Durante os cento e vinte anos seguintes, o Cristianismo foi oficialmente considerado um culto heterodoxo. Sacerdotes cristãos tiveram de trabalhar clandestinamente. O mesmo valeu para a prática das comunidades cristãs. Durante o governo do imperador Qianlong, os cristãos sofreram algumas perseguições, a mais séria nos anos de 1784 e 1785.

Por volta da metade do século XIX manifestou-se a quarta onda de missão cristã na China.[69] Depois da Guerra do Ópio (1840-1842), o governo imperial chinês fechou contratos bilaterais com poderes ocidentais que beneficiaram indiretamente as missões cristãs. Uma das vantagens foi a abertura de algumas cidades chinesas para residentes estrangeiros, o que facilitou o acesso de missionários ao país. Já antes desses incentivos estruturais, tinha-se articulado um interesse da Igreja Católica em retomar atividades proselitistas na China. Nas duas décadas seguintes (e apesar de algumas ações anticristãs oficias, inclusive perseguições, lançadas pelo imperador xenófobo Hsien-feng [1831-1861]) cresceu consideravelmente o número de padres católicos que se deslocaram para a China.

---

[69] Cf. Cohen, Paul A.: Christian missions and their impact to 1900. In: *The Cambridge History of China*, edited by Frederick W. Mote And Denis Twitchett, Vol. 10, Late Ch'ing, 1800-1911, Part 1, Cambridge: Cambridge University Press 1995, p. 543-590.

Simultaneamente, cresceu em ambientes protestantes o desejo de iniciar um trabalho evangelizador no país. Comparado com o progresso missão católica, iniciativas protestantes realizadas no mesmo período permaneceram relativamente modestas, sobretudo pela concorrência das denominações evangélicas entre si e pela falta de experiências anteriores na região.[70] Não há relatos sobre encontros entre budistas e missionários protestantes no início do século XIX. Caso tenham existido contatos pessoais entre representantes dos dois lados, eles foram raros e não estimularam um intercâmbio intelectual duradouro e substancialmente marcante.

Há varias razões para essas falhas. O motivo mais importante foi que nenhum dos dois lados estava preparado para conversações profundas. Era uma época em que as instituições monásticas budistas, dominadas pela tradição devocional da Terra Pura e pelo ramo "antirracional" do *Ch'an* (jap. *Zen*), não mostravam interesse na formação intelectual dos seus integrantes. Uma boa parcela do trabalho cotidiano dos monges era absorvida pelo atendimento no nível religiosidade popular. Devido à negligência do cultivo da erudição monástica, a vida intelectual budista tinha se deslocado para círculos de leigos ocupados com questões irrelevantes para o diálogo religioso da época.

Quanto aos missionários protestantes, a situação era a seguinte: a maioria dos representantes das denominações

---

[70] A primeira (porém mal-sucedida) iniciativa protestante na China foi realizada em 1807 pela London Missionary Society.

evangélicas na China era proveniente de classes sociais menos privilegiadas. A formação intelectual desse grupo, portanto, não podia ser comparada com a formação poliglota e o horizonte cosmopolita dos jesuítas. Além disso, havia uma diferença fundamental no que diz respeito à abordagem proselitista. Enquanto as missões católicas caracterizavam-se por uma orientação sacramental, os protestantes da época representavam a ala tradicionalista das suas congregações e uma "militância missionária" que se manifestava na convicção da urgência da "salvação" das almas chinesas a qualquer custo. Não o diálogo com interlocutores eruditos, mas a distribuição de bíblias para o povo era considerada a ferramenta infalível para "civilizar" os chineses e convertê-los.[71]

Todavia, havia uma discrepância sensível entre a teoria e a prática: em 1840, cerca de vinte missionários protestantes associados a uma meia dúzia de sociedades missionárias trabalhavam na China. O impacto desses esforços implicou na conversão de menos de cem chineses. Em 1858 havia oficialmente 81 missionários protestantes no país, sem que esse aumento se refletisse em um número elevado de novos adeptos.

Vale a pena lembrar que houve algumas exceções nessa tendência missionária desinteressada em um intercâmbio intelectual entre cristãos e budistas da época. Uma delas envolveu o missionário batista Timothy Richard (1845-1919) e o budista leigo Yang Wen-hui (1837-1911). O cruzamento

---

[71] Lai, Whalen: Brück, Michael v., op. cit., p. 73-75.

de caminhos desses dois personagens foi determinado pelo Parlamento Mundial das Religiões, realizado em Chicago em 1893. Timothy Richard participara pessoalmente do evento. Yang Wen-hui, por sua vez, tivera apenas contato indireto, através de Anagarika Dharmapala (1864-1933), cingalês representante do Budismo reformador que interrompera seu regresso ao Ceilão para uma escala na China, onde encontrou Yang. Richard e Yang tinham a ideia de traduzir um determinado texto do Budismo *Mahyāna*. O missionário batista dedicou-se a esse trabalho para comprovar sua hipótese de que o Budismo *Mahāyāna* tinha sido influenciado pela missão indiana do apóstolo São Tomé. Embora Yang tenha discordado e, finalmente, desistido da colaboração, o trabalho em conjunto havia criado um ambiente de discussões intensas sobre convergências e divergências entre as duas crenças. Além disso, o contato entre Richard e Yang tinha atraído outros interessados, cujas obras independentes também contribuíram para o diálogo intelectual entre o Cristianismo e o Budismo. Um integrante dessa pequena rede social era K'ang Yu-wei (1858-1927), leigo mahayanista e autor de um livro em prol da unidade das religiões. Outro membro do grupo era T'an Ssu-t'ung, que entrou em contato com Richard em 1894, depois de ter estudado com o missionário John Fryer (1839-1928), cuja orientação espiritual foi semelhante a do Richard. Por volta da virada do século XIX para o século XX, T'an Ssu-t'ung, que tinha grande simpatia pelo apelo de Lutero em favor do individualismo e da autor-responsibilidade, lançou um livro (atualmente inexistente) no qual apresentou uma simbiose dos ensinamentos confucionistas, budistas e cristãos, a partir da hipótese de que as três religiões se encontram na defesa da unidade de todos os seres, no apelo para um amor altruísta e na exigência de uma vida eticamente íntegra.[72]

Entre os últimos anos do século XIX e a primeira metade dos anos 1920, o Cristianismo chinês passou por uma crise severa, iniciada em 1898 com a chamada Rebelião dos Boxadores. A nomenclatura refere-se ao papel das artes marciais na vida dos protagonistas desse movimento. Sua repercussão em escala nacional explica-se pela miséria causada por calamidades naturais pela preocupação com a posição internacional enfraquecida da China em relação aos poderes ocidentais. No decorrer da revolta, uma massa descontrolada assassinou cerca de 23 mil chineses convertidos ao Cristianismo, suspeitos de colaboracionismo com os "exploradores" estrangeiros. Apesar desses acontecimentos, as missões católicas continuaram a se expandir nos anos após a revolta popular. Em 1901 contavam-se 700 mil católicos na China, atendidos por 1.075 padres estrangeiros e 500 padres chineses.[73]

Desde as últimas décadas do século XIX, mas, independentemente do movimento sectário chinês, alguns intelectuais chineses começaram a se orientar segundo as tendências

---

[72] Cf. ibid., p. 75-78.
[73] Cf. Feuerwerker, Albert: The foreign presence in China. In: *The Cambridge History of China*, edited by Denis Twitchett & John K. Fairbank, Volume 12, Republican China 1912-1949, Part 1, Cambridge: Cambridge University Press, 2005, p. 128-207, especialmente p. 165-177.

científicas e filosóficas europeias. Foram essas inclinações que estimularam uma série de manifestações de estudantes em Pequim contra o conservadorismo da cultura chinesa. Tais sentimentos culminaram nas articulações iconoclastas, anticlericais e antitradicionais do chamado *Movimento de 4 de maio* (de 1919), considerado uma das mais claras indicações de uma revolução intelectual na China moderna. Uma característica desse movimento residia em seus sentimentos antirreligiosos, que não se restringiam às tradições chinesas. Atingiram também o Cristianismo, que, então, contavam com aproximadamente dois milhões de fiéis chineses, entre 1,5 mil e dois mil padres europeus ativos no país e cerca de mil padres chineses, além de um número considerável de monjas estrangeiras e nativas, além de alunos matriculados em escolas católicas.[74] Preocupadas com essa crescente influência alienígena, as autoridades chinesas tomaram ações concretas contra instituições cristãs e seus representantes em 1922. A partir de 1924 foi proibido o ensino religioso em nome do Cristianismo. Até o fim desse movimento, em 1927, quase todos os missionários cristãos estrangeiros tiveram de deixar o país.

A guerra sino-japonesa (1937-1945) significou um novo impedimento às atividades missionárias. Apesar disso, estima-se que, em 1949 (ano do início do regime comunista), havia 840 mil cristãos protestantes organizados em 20 mil

---

[74] Cf. ibid.

igrejas locais e atendidos por cerca de 21 mil pastores. Os números referentes ao Catolicismo – mais de três milhões de fiéis e cerca de 2,7 mil padres chineses – são ainda mais auspiciosos.[75]

No período da chamada Revolução Cultural (1966-1976), o Cristianismo sofreu o mesmo destino das outras religiões na China, fossem elas importadas ou autóctones. Porém, apesar de proibições, ameaças e, até mesmo, perseguições de cristãos praticantes, membros de comunidades católicas e protestantes reuniam-se clandestinamente. Em função da distensão geral iniciada em 1976 e que incluiu as atividades religiosas, o Cristianismo recuperou-se gradualmente. Em 1980, algumas igrejas foram reabertas e um Conselho Cristão Nacional se constituiu. Todavia, o controle governamental das denominações e igrejas cristãs maiores continuou motivado pela suspeita de que as comunidades colaborassem com forças políticas externas inimigas do regime comunista.[76] Estimativas indicam que, no fim dos anos de 1990, cerca de dez milhões de cidadãos da República Popular da China eram membros de alguma igreja protestante e cerca de quatro milhões pertenciam à Igreja católica.

É curioso observar que as circunstâncias políticas problemáticas para qualquer organização religiosa no país

---

[75] Ng, Peter Tze Ming: Christentumsgeschichte: China. In: *Religion in Geschichte und Gegenwart*⁴, Band 2, Tübingen: Mohr, 1999, colunas 157-162, especialmente colunas 159-161.

[76] Cf. Overmyer, Daniel L; Adler. Joseph A., op. cit., p. 1610-1611.

contribuíram para uma atmosfera relativamente favorável à criação de alianças inter-religiosas. Isso tem a ver com a sensação generalizada da necessidade de defender o terreno reconquistado e não sacrificar a liberdade religiosa por causa de brigas entre as comunidades que poderiam chamar a atenção (e a repressão) do regime comunista. Nesse sentido, há uma espécie de ação conjunta contra o espírito ateísta oficialmente propagado. Em termos institucionais, a colaboração entre as religiões é promovida pelos chamados "conselhos políticos consultivos do povo chinês", regularmente organizados nos níveis local e nacional e que estabelecem um espaço oficial para encontros de líderes religiosos de todos os tipos.[77]

4.4. Cenários da relação entre o Budismo e o Cristianismo no Japão

O Catolicismo foi introduzido no Japão em 15 de agosto de 1549, com o desembarque, em Kagoshima, de jesuítas liderados pelo navarrense Francisco Xavier (1506-1542).[78] Depois da chegada de dois ou três negociantes portugueses a Tanegashima (sul do Japão) em 1543, os missionários constituíram o segundo grupo de europeus a colocarem seus pés

---

[77] Ariarajah, S. Wesley: Religion in China: Some Impressions, *Inter-religio* 10 / Fall, 1986, p. 50-65.
[78] Cf. também o item 4, sub. 4.2., do cap. 2.

em uma das ilhas do arquipélago.[79] Com Xavier e sua equipe iniciaram-se esforços missionários que viriam a ter sucesso durante as nove décadas seguintes e que resultariam na conversão de centenas de milhares de japoneses ao Cristianismo, especialmente na região de Nagasaki. O período compreendido entre 1540 e 1630 é conhecido como "século cristão", expressão idealizadora face à complexa situação enfrentada pelos representantes da primeira onda do proselitismo cristão no País do Sol Nascente. Na verdade, foi uma época politicamente complicada, como indica a expressão nipônica *Sengoku* ("país em guerra"), termo mais realista em relação às características do período em questão. O Japão era subdividido em domínios autônomos administrados por regentes locais (*daimyos*) em busca de vantagens próprias – seja em termos de alianças, seja no sentido de ações militares contra qualquer vizinho que, por algum motivo, tivesse se tornado um adversário. O destino dos jesuítas dependia diretamente da simpatia desses senhores feudais. Mas, mesmo que um ou outro tivesse franqueado seus domínios para os estrangeiros e dado autorização para a divulgação da fé cristã, o sucesso da empreitada não era garantido. Para diminuir o risco de perder a simpatia de poderes seculares sempre interessados em boas relações mercantis, Xavier optou por trabalhar, so-

---

[79] Cf. Elisonas, Jurgis: Christianity and the Daimyo. In: *The Cambridge History of Japan*, Volume 4: Early Modern Japan, edited by John Whitney Hall, Cambridge: Cambridge University Press, 2006, p. 301-372. Diversas informações resumidas a seguir são oriundas dessa obra.

bretudo, em cidades portuárias preferidas pelas naus portuguesas, estratégia mantida pelos jesuítas até 1639, ano de expulsão dos missionários do país.

Outro fato favorável foi que Xavier tinha vindo da Índia (terra do Buda Sakyamuni e primeira estação do jesuíta na Ásia), o que contribuiu para reforçar o carisma e a reputação do missionário junto a alguns *daimyos* e, em um primeiro momento, inclusive aos superiores de templos budistas. Além disso, a experiência indiana fez com que Xavier iniciasse a transmissão da sua mensagem apropriando-se de conceitos imediatamente plausíveis para o público local. Ele não hesitou, por exemplo, em associar o Deus pessoal cristão como o *dharmakāya*-Buda *Dainichi Nyorai* (*Mahāvairocana*). Algo semelhante vale para elementos "estilísticos" religiosos (como a vida celibatária dos jesuítas, compatível com a conduta dos monges budistas) ou aspectos do imaginário/iconografia católicos (como Nossa Senhora, espontaneamente associada a *Kannon*, emanação feminina do *bodhisattva Avalokiteśvara*).

Todavia, na medida em que os jesuítas progrediam no domínio da língua japonesa, a postura diante dos budistas e suas doutrinas tornou-se mais resoluta. Provocada por essa atitude e devido aos primeiros sucessos de uma missão numericamente humilde, a oposição das autoridades religiosas nativas contra os jesuítas aumentou. Consequentemente, a busca por *daimyos* dispostos a proteger os cristãos e promover a divulgação do Evangelho tornou-se medida indispensável para os missionários, mesmo que essa ajuda fosse instável devido à dinâmica política da época. Um exemplo da precariedade das respectivas circunstâncias é a aliança passageira que os jesuítas conseguiram estabelecer com Ouchi Yoshitaka (1507-1551), um dos mais poderosos regentes regionais no oeste do Japão. Ele, depois de uma aproximação frustrada do ponto de vista de Xavier, acabou dando apoio às missões católicas em seu território. Esse suporte inclui também a doação de um mosteiro confiscado a budistas locais. Apesar de contra-ataques furiosos do clero local, os jesuítas batizaram cerca de quinhentos japoneses, muitos deles membros de famílias nobres. O empreendimento auspicioso iniciado em abril de 1551, porém, não durou mais do que cinco meses, uma vez que em setembro do mesmo ano Yoshitaka cometeu suicídio em meio a uma revolta contra ele. Em todo caso, a opção de um *daimyo* pelos jesuítas geralmente significava uma posição contra as religiões nativas, inclusive o Budismo. Em sentido contrário, regentes regionais favoráveis ao Budismo tomaram medidas para impedir o progresso da missão cristã em seus territórios. Geralmente, essas medidas eram fortemente motivadas por interesses políticos e necessidades estratégicas.

Um exemplo de senhor feudal favorável aos jesuítas é Omura Sumitada (1533-1587), regente de Sonogi, província de Nagasaki, frequentemente citado na literatura especializada como o primeiro *diamyo* a se converter ao Cristianismo. Batizado em 1563, assumiu o nome cristão Bartolomeu. Pressionado por uma forte oposição militar entre 1572 e 1574 e consciente da possibilidade de desfrutar o apoio (e a tecnologia) militar dos portugueses – cujos navios frequentavam o porto da cidade –, tomou a decisão de incinerar os templos budistas e santuários xintoístas de seu território. O enfraquecimento dos cleros locais contribuiu para uma onda inédita de conversões ao Cristianismo. Estima-se que, em curto espaço de tempo, os jesuítas ganharam cerca de 60 mil novas "almas". Algo semelhante pode-se relatar acerca de Amakusa Shigehisa (?-1582), regente de Ura, na ilha de Amakusa, no sul do país. Em 1577, ele, que desde seu batismo (em 1571) chamava-se Miguel, lançou um projeto de cristianização que confrontava o clero budista da região com a alternativa de se converter ou deixar a ilha. Paralelamente, destruiu templos e mosteiros, construindo igrejas sobre as ruínas. As ações radicais beneficiaram os jesuítas: foram registrados entre 11 mil e 12 mil batismos. Acontecimentos semelhantes são associados a Arima Yoshisada (nome cristão, André, 1521-1576), *daimyo* da região de Takaku, área de Nagasaki, batizado em 1576, e a seu filho Arima Harunobu (nome cristão, Protásio, 1567-1612), que se converteu em 1580. Devido à opção pela religião dos jesuítas, Takaku permaneceu como bastião do Cristianismo mesmo após a perseguição geral lançada depois de 1614.[80]

Entre os regentes regionais que se opuseram aos jesuítas, encontrava-se a figura mais poderosa da região de Kyo-

---

[80] Cf. Ohashi, Y.: New Perspectives on the Early Tokugawa Persecution. In: Breen, J.; Williams, M. (eds.). *Japan and Christianity: Impacts and Responses*. Macmillan Press: London, 1996, p. 46-62.

to, Matsunaga Hisahide (1510-1577). Seguidor fervoroso do Budismo de Nichiren, ele se mostrou sensível aos pedidos das autoridades budistas locais de expulsar os jesuítas não apenas da cidade de Kyoto, mas também de todas as províncias sobre as quais possuía influência política. Outro lugar problemático para os cristãos era a cidade de Matsuura, cidade da província de Nagasaki, no sudeste do país. Em 1558, os missionários tiveram de interromper seu trabalho depois que o padre Gaspar Vilela (1526-1572) propusera ao *daimyo* Takanobu (1529-1599) queimar os livros e destruir as imagens budistas locais. Em reação, o padre foi expulso da província e, pelos cinco anos seguintes, qualquer atividade em nome do Cristianismo foi proibida.

O regime Tokugawa, ditadura militar feudal (Xogunato) estabelecida em 1603 por Tokugawa Ieyasu (1543-1616), inaugurou uma fase histórica inédita em termos de estabilidade política e social baseada em princípios neoconfucionistas.[81] A postura explicitamente anticristã do novo regime deu continuidade à política cada vez mais rigorosa contra os missionários que havia caracterizado os últimos anos do período anterior. Por outro lado, durante grande parte do regime Tokugawa – que acabou em 1868 com a restauração Meiji –, o Budismo desfrutou a proteção governamental devido a seu status de religião quase-nacional. Instrumentalizados para os

---

[81] Cf. Thelle, Notto R.: *Buddhism and Christianity in Japan. From Conflict to Dialogue*, 1854-1899, Honolulu, University Of Hawaii Press, 1987. Diversas informações resumidas a seguir são oriundas dessa obra.

objetivos administrativos do Estado, as instituições budistas e seus protagonistas desempenharam papel importante na luta oficial – característica do período em questão – contra o Cristianismo. Estima-se que até a metade dos anos 1640 a população cristã no Japão foi praticamente aniquilada. Cristãos que sobreviveram às perseguições, especialmente em regiões com grande número de crentes – como a área de Nagasaki –, tiveram de praticar sua religião de maneira clandestina.

O argumento central das campanhas contra o Cristianismo era de que a religião seria uma aliada clandestina de poderes imperialistas ocidentais interessados em desintegrar a nação. Para fortalecer os sentimentos patrióticos, o Japão foi declarado terra dos *kamis* (divindades xintoístas) e dos budas. No contexto de medidas oficiais para controlar e intimidar os inimigos dos seres sagrados autóctones, templos budistas locais, responsáveis por tarefas como o censo anual e a supervisão de atividades religiosas locais, assumiram uma função crucial. A medida mais drástica era a chamada cerimônia de *efumi,* iniciada em 1631. O termo significa, literalmente, "figuras a serem pisadas" e refere-se à prática da identificação de "cristãos ocultos" (*kakure kirishitan*) mediante a ordem de violar, diante de um comitê local, imagens e figuras sagradas, especialmente as de Cristo e Nossa Senhora.[82] Ex-cristãos deveriam jurar que haviam abandonado o Cristianismo e se associar, como praticantes, a um templo

---

[82] Cf. Turnbull, Stephen. *The Kakure Kirishitan of Japan: A Study of their Development, Beliefs and Rituals to the Present Day*. Surrey: Curzon, 1998.

budista. As cerimônias de *efumi* eram frequentemente realizadas em templos budistas e supervisionadas por sacerdotes budistas. Até 1857, ano em que a prática foi abandonada, o método foi frequentemente aplicado em templos budistas.

Outra expressão do forte sentimento anticristão por parte do Budismo durante o regime Tokugawa aparece em obras de autores budistas cujas críticas alimentaram os debates públicos. A primeira publicação desse tipo foi o livro *Daiusu* ou *Ha-Deusu* (Refutação de Deus), de Fabian Fucan (1565-1621), escrito em 1620. Um motivo para o sucesso da obra era a biografia religiosa do autor. Nascido em uma família de praticantes do Budismo zen, Fucan tinha se convertido, ainda como jovem, ao Cristianismo. Porém, depois de um tempo, reconverteu-se, suficientemente informado para elaborar uma crítica detalhada refutando aspectos como o conceito cristão de criação ou a doutrina do pecado original. No mesmo espírito, o budista zen Suzuki Shōsan (1579-1655) escreveu seu livro *Ha-Kirishitan* (Refutação do Cristianismo), no qual discute criticamente temas como a teoria da criação e acusa os cristãos de falta de respeito pelo Budismo. Em 1681, um autor chamado Sessō, outro budista zen, lançou a obra *Taji jashūron* (Aniquilação do apego ao mal), afirmando que Jesus tinha secretamente estudado o Budismo, mas não o entendeu em profundidade, razão pela qual o Cristianismo deveria ser caracterizado como heresia budista. Faz também parte da literatura anticristã a coleção de narrativas *Kirishitan monogatari* (Histórias sobre cristãos, de 1639), compilada por um monge zen cujo nome é desconhecido.

Nessa obra, o Cristianismo é descrito como uma perversão da doutrina budista. Embora o número de publicações desse tipo seja pequeno, elas tiveram um impacto significativo sobre o público.

Quando o regime Tokugawa cedeu espaço à recuperação do poder imperial e, finalmente, à chamada restauração Meiji (1868), a situação do Cristianismo permaneceu crítica – isso, apesar da pressão dos poderes ocidentais e das concessões parciais de liberdade concedidas pelo governo japonês. Um passo importante para mudar o tratamento oficial do Cristianismo como "religião do mal" (*jashū*) foi a inclusão do tema em contratos bilaterais com países ocidentais a partir dos anos 1850. Nesse período, o regime Tokugawa havia se comprometido a garantir liberdade de culto a trabalhadores e funcionários estrangeiros no país. Embora o direito se estendesse unicamente à vida religiosa privada, uma maior visibilidade pública do Cristianismo – por exemplo, por ocasião de funerais – foi inevitável. O mesmo vale para os missionários que – no início, em pequeno número – voltaram ao Japão a partir de 1859 para oficialmente atender os fiéis estrangeiros nas cidades portuárias, mas cujas atividades em áreas como a da educação tinham um impacto maior que o desejado pelo governo japonês. Essa visibilidade também foi expressa quando da implantação de templos: a primeira igreja protestante, inaugurada em 1861 em Nagasaki, seguida pela abertura de uma igreja católica, em 1862, serviam para atender os cristãos norte-americanos e europeus, mas despertaram a curiosidade da população local, inclusive a dos "cristãos ocultos" da região. Encorajados pelas circunstâncias aparentemente favoráveis, eles timidamente começaram a sair do anonimato – mas não da clandestinidade. Como as severas perseguições em 1868 a "cristãos ocultos" na região de Nagasaki (inclusive com a captura e, em alguns casos, com a execução de líderes) comprovaram, a mudança do governo não significava automaticamente uma alteração da linha geral da política religiosa pública. Foram necessárias pesadas intervenções diplomáticas internacionais para que, em 1873, a administração imperial repensasse sua postura rigorosa e anunciasse a abolição das medidas anticristãs contra os crentes japoneses.

Independentemente do discurso oficial, as relações entre o Budismo e o Cristianismo permaneceram tensas. Uma das razões para a continuidade dessa situação foi um aumento da pressão sobre o próprio Budismo, perceptível desde a fase final do período Tokugawa e alimentada pelo discurso nacionalista – crítico de tudo o que não possuísse um suposto "espírito autenticamente nipônico" – por parte do Confucionismo e do Xintoísmo. Estimulado pelo clima xenofóbico generalizado e pela acusação de que a religião fundada pelo indiano Siddhartha Gautama estava supostamente em desacordo com os valores autóctones – sendo corresponsável pelo declínio do país –, o regime Tokugawa acabou perseguindo seu antigo aliado. Um aliado que, por sinal, já estava espiritualmente corrompido devido à proximidade com os governos e à realização de serviços "administrativos" para o xogunato.

Em 1840 foram registrados severos ataques contra o Budismo. Eles fizeram com que duzentos templos budistas fossem abandonados e um grande número de monges voltasse à vida secular. Ações semelhantes voltaram a acontecer em 1860. O aumento do apreço oficial pelo Xintoísmo reflete-se na proibição de funerais budistas e cremações, golpe severo contra uma religião que, do ponto de vista do povo japonês, era especializada em oferecer serviços relacionados à morte. Diante dessas medidas, foi apenas uma consequência lógica o fato de, em 1870, o governo Meiji ter declarado o Xintoísmo como religião nacional. A política oficial inspirou uma série de movimentos antibudistas em todo o país. Um exemplo drástico é a campanha de 1869 na cidade de Satsuma, onde 1.066 templos foram destruídos, 2.964 monges "secularizados" e todos os objetos nos templos e mosteiros confiscados.

Nessa situação precária, o Cristianismo foi encarado como referência negativa preferencial para os críticos do Budismo por dois motivos. Em primeiro lugar, porque com a chegada de uma nova geração de missionários e o reaparecimento de cristãos, um velho rival estava de volta ao horizonte imediato do Budismo japonês; em segundo lugar, porque o resgate da já conhecida acusação de que o Cristianismo colaborava com poderes imperialistas era capaz de desviar a atenção pública para a religião alheia e tirar o Budismo da mira. Nesse sentido, em contrapartida à condenação do Cristianismo como o verdadeiro inimigo do Estado, autores budistas elogiaram o papel construtivo da própria religião em prol do bem-estar da nação. O foco não tornou obsoletos os argumentos religiosos propriamente ditos que se concentraram em pontos conhecidos das campanhas anticristãs do passado, entre eles os relativos à teoria da criação, à imagem de Deus, à ética dos dez mandamentos e aos milagres inacreditáveis de Jesus.

Todavia, a velha literatura apologética budista, elaborada a partir dos confrontos com os jesuítas do século XVII, não era mais pertinente. Além da falta de profundidade, os textos eram exclusivamente compostos para combater o Catolicismo. Para fornecer novos argumentos à luta ideológica de então, uma série de budistas começou a se engajar em um estudo mais intenso e abrangente do Cristianismo. A partir de 1867, as correntes do Budismo Amida (Terra Pura) tomaram providências para que seus membros se inscrevessem em aulas com missionários cristãos. Em 1868, o estudo do Cristianismo foi integrado ao currículo de seus seminários. No mesmo processo, os budistas tornaram-se conscientes da relevância dos descobrimentos da ciência moderna, interpretados como confirmações da cosmovisão budista e prova da impertinência de ideias cristãs.

Paralelamente, diversas escolas do Budismo japonês começaram a estabelecer contatos diretos com países ocidentais. Em 1872, uma primeira delegação mandada pelo ramo *Nishi Honganji* (Terra Pura) fez uma extensa viagem ao Exterior, que incluiu a França, Inglaterra, Alemanha, Holanda, Suíça, Itália e Grécia. Logo depois, o *Higashi Honganji*, outro ramo amidista, foi para a Europa e os Estados

Unidos. Essas e outras excursões, porém, não foram realizadas com a intenção de fomentar uma maior empatia com o Cristianismo. Pelo contrário, entre os viajantes que nas décadas de 1870 e 1880 visitaram países ocidentais estavam os críticos antibudistas mais fervorosos da época, tendência também promovida pelo fortalecimento do Cristianismo no Japão como expressão de uma mudança do clima mais geral no "País do Sol Nascente".

Na busca de relações internacionais mais favoráveis, o Japão submeteu-se a um processo de modernização e ocidentalização que implicou no reconhecimento do Cristianismo como religião legítima, ainda que o princípio da liberdade religiosa só tenha sido sancionado pelo Artigo 28 da Constituição de 1889. A maior abertura, nesse período, teve impacto sobre o desenvolvimento quantitativo do Cristianismo. Estatísticas referentes ao Protestantismo no Japão entre o início dos anos 1870 e o início dos anos 1890 revelam que, em 1872, 26 missionários estavam ativos no país; quatro anos mais tarde, esse número tinha crescido para 1.004. Em 1879, foram contados 2.701. Consequentemente, os anos 1880 representam um período inédito de crescimento em termos de fiéis. O número de protestantes japoneses aumentou de 5.634, em 1882, para 32.334, em 1891.

Não é por acaso que a campanha budista anticristã chegou ao seu auge – tanto em frequência quanto em intensidade de ações – entre os anos de 1889 e 1894. Entre outras medidas, estavam a perturbação de missas e encontros de cristãos, palestras e pregações contra a "religião do mal ocidental" e viagens de sacerdotes e leigos budistas pelo país em prol da propaganda anticristã. Em alguns lugares, autoridades budistas locais insistiam para que as pessoas assinassem um contrato garantindo que elas jamais se tornariam cristãs.

Foi menos a frustração diante da inutilidade do conjunto de medidas anticristãs adotadas e mais a repercussão de um novo espírito inter-religioso global que fez com que as relações entre o Budismo e Cristianismo no Japão ganhassem nova qualidade na época da passagem do século XIX ao XX. Nesse contexto, o famoso Parlamento Mundial das Religiões, realizado no âmbito da chamada *Columbian Exposition* de 1893 em Chicago, desempenhou um papel paradigmático.[83] Entre os 195 representantes das maiores tradições religiosas do mundo encontravam-se, também, quatro budistas japoneses – um deles, o monge zen Shaku Sōen (1859-1919). O evento em geral e a participação de uma delegação nipônica em particular despertaram comentários positivos na mídia nipônica, alimentando expectativas de uma convivência mais harmônica das religiões também em nível nacional. Um resultado indireto foi a primeira conferência entre budistas e cristãos no Japão, organizada por uma equipe da qual Shaku Sōen também fez parte. O encontro de 42 budistas e cristãos ocorreu no dia 26 de setembro de 1896 perto de Tóquio, revelando um clima mais propício para intercâmbios desse tipo, embora

---

[83] Cf. Snodgrass, Judith: *Presenting Japanese Buddhism to the West. Orientalism, Ocidentalism and the Columbian Exposition*, Chapel Hill: University of North Carolina Press, 2003.

diversos participantes ainda não tivessem sepultado mágoas acumuladas no decorrer de uma história marcada por polêmicas e desrespeito mútuos. A conferência de Tóquio inspirou uma série de encontros posteriores, entre eles uma conferência em Nagano (em 1908) com cerca de seiscentos participantes. Evento ainda mais paradigmático da mudança da atmosfera relativa à coexistência das religiões no Japão[84] foi uma conferência sobre o intercâmbio Budismo x Xintoísmo x Cristianismo, promovida e financiada pelo governo japonês em 1912.

Uma consequência fundamental do processo de modernização do país incentivado pelo governo Meiji foi a ocupação da inteligência japonesa com a filosofia ocidental, algo que já se tinha intensificado na segunda metade do século XIX.[85] Um dos maiores problemas enfrentados pelos pensadores japoneses residia na tradução do vocabulário técnico da filosofia ocidental. A respectiva discussão atingiu, também, a questão relativa às fronteiras conceituais entre "filosofia" e "religião", em geral, e o status do Budismo a esse respeito, em particular. Motivado pelo interesse de comprovar que Japão possuía uma filosofia autóctone de qualidade análoga – se não superior –, havia forte tendência de tratar o Budismo em termos filosóficos. Intelectuais que seguiram essa tendência adotaram a lema

---

[84] Cf. Noble, Colin: Christians and the State in Early Twentieth Century Japan: from confrontation to collaboration and back again, *Japanese Studies*, Volume 25, n. 1 (May, 2005), p. 65-79.
[85] Cf. Godart, Gerard Clinton: 'Philosophy' or 'Religion'? The Confrontation with Foreign Categories in Late Nineteenth Century Japan, *Journal of the History of Ideas*, vol. 69, n. 1 (January, 2008), p. 71-91, especialmente p. 72-73.

"espírito oriental – técnicas ocidentais" (*wakon yosai*), em conformidade com o programa de reformular conteúdos tradicionais, como os constitutivos para o Budismo, em termos metodológicos científicos modernos.[86]

O círculo intelectual japonês considerado internacionalmente a expressão mais sofisticada de *wakon yosai* tornou-se famoso sob o rótulo de Escola de Kyoto. Entre seus principais expoentes estão o fundador do grupo, Nishida Kitaro, Hajime Tanabe e Masao Abe.

Nishida Kitaro (1870-1945) buscou desenvolver uma lógica não-dualista (chamada lógica *basho* ou lógica do lugar ou *topos*) a partir das categorias da escola *Yogacara*. Como já afirmado,[87] a última parte do conceito central de vacuidade mostra forte inclinação a relativizar a validade da "realidade" convencional. Em conformidade com essa ideia, Nishida identificou o *self* como o *nada absoluto* e relacionou esse conceito com a filosofia da liberdade em Heidegger. Em contraposição a Nishida, que foi bastante influenciado pelo Budismo *zen*, Tanabe Hajime (1885-1962) teve como principal influência a escola da Terra Pura, que destaca a graça e força soteriológica do Buda Amida.[88] Tanabe concebeu a conversão espiritual no sentido de *metanoia* como a transformação da consciência através de Amida, reforçando o papel

---

[86] Cf. Ornatowski, Gregory K.: Transformations of "emptiness" on the idea of sunyata and the thought of Abe and the Kyoto school of philosophy (Abe Masao), *Journal of Ecumenical Studies*, vol. 34, n. 1 (Winter, 1997), p. 92-115.

[87] Cf. item 2, sub. 2.3., do cap. 1.

[88] Cf. item 2, sub. 2.2., do cap. 1.

e voto de *bodhisattva* e buscando na teologia dialética um espaço de discussão com o Cristianismo.

Masao Abe (1915-2006), além de ter dado continuidade ao trabalho de Nishida, tornou-se uma figura-chave no contexto do diálogo inter-religioso, particularmente com o Cristianismo. Tendo estudado nos Estados Unidos com teólogos como Paul Tillich e Reinhold Niebuhr, Abe fundamentou seu pensamento na identificação entre a *kenósis* cristã e a *śunyata* zen-budista.[89] Um resumo dessa abordagem está no quinto capítulo do presente trabalho.

Uma análise da relação entre o Budismo e o Cristianismo nos países asiáticos seria incompleta se não trouxesse ao menos um parágrafo sobre o Sri Lanka (o antigo Ceilão). Tanto a existência de indícios de que entre os séculos VI e VIII existiram comunidades nestorianas na ilha[90] quanto o fato de que em 1518 um grupo de missionários franciscanos aportou lá indicam que, em determinados momentos, a história do Cristianismo nessa região assemelha-se à da China. Do ponto de vista sistemático, porém, a relação entre Budismo cingalês e o Cristianismo mostra diversas particularidades não encontradas no restante do Extremo Oriente. Ao mesmo tempo, são perceptíveis elementos específicos, absolutamente próprios do país, na comparação com outras partes do Sul e do Sudeste da Ásia.

---

[89] Cf. Heisig, James W. Sunyata and Kenosis. In: *Spirituality Today*, vol. 39 (Autumn, 1987), p. 211-224.
[90] Cf. Klaus, Konrad: Sri Lanka, *Religion in Geschichte und Gegenwart*..., Band 7, Tübingen: Mohr, 2004, colunas 1629-1632.

4.5. Cenários da relação entre o Budismo e o Cristianismo no Sri Lanka

A diferença principal entre o Sri Lanka, até hoje o "centro" do Budismo *Theravāda*, e os países *mahāyānistas*, China e Japão, reside na simbiose particular entre Cristianismo e os poderes coloniais que, entre 1505 e 1948, marcou os destinos político, cultural e religioso da ilha. São condições incomparáveis às que definem o status minoritário do Cristianismo chinês e japonês e sua dependência do instável espírito do tempo, de posturas imprevisíveis dos governos e da capacidade momentânea da oposição budista de traduzir sua crítica ideológica em ações anticristãs concretas. Quanto às dissemelhanças com outros países do "Budismo do Sul", vale lembrar que o impacto profundo da presença cristã em termos socioestruturais e o número de convertidos não se comparam com a atuação missionária, muito mais humilde, na Tailândia, Birmânia, Laos, Camboja e Vietnã,[91] países onde as conversões – abstraindo de um maior sucesso desde o século XX – concentraram-se sobretudo em determinadas etnias.[92]

A história do colonialismo europeu e do Cristianismo no Sri Lanka pode ser subdivida em três fases. O primeiro

---

[91] Cf. Neill, Stephen C.; Mullins, Mark R.: Christianity in Asia, *Encyclopedia of Religion*, vol. III, Detroit: Thompson/Gale, 2005, p. 1725-1731, especialmente p. 1728.
[92] Cf., por exemplo, Smith, Martin: *Ethnic Groups in Burma*: Development, Democracy and Human Rights, London, Anti-Slavery International, 1994.

período (1505-1658) é caracterizado pelo domínio dos portugueses sobre as províncias litorâneas, inclusive em Colombo, primeira sede da administração colonial. Inicialmente, o país era subdividido em três reinos. Enquanto Jaffna, no norte, e Kotte, no sul da ilha, logo sucumbiram aos portugueses, o reino de Kandy, estrategicamente localizado na região montanhosa central, resistiu.[93]

Uma vez que "o Portugal do século XVI era 'inspirado' por um Catolicismo triunfalista e nacionalista",[94] a missão cristã foi um fator intimamente relacionado ao colonialismo. Com efeito, mostrou-se extremamente útil como ferramenta de destruição da identidade coletiva dos cingaleses enraizada no Budismo. A eficácia da estratégia reflete-se, entre outros fatos, no de que, junto com batismo, o convertido assumia nome cristão e, muitas vezes, também o sobrenome de uma família portuguesa. Nas regiões da ilha sob influência direta dos portugueses, a missa católica progrediu consideravelmente. Em determinados momentos e locais o sucesso era mesmo impressionante, como demonstra, por exemplo, o batismo de 70 mil habitantes do litoral, realizado pelos franciscanos em 1556. Outros acontecimentos foram menos impactantes em termos quantitativos, mas altamente signi-

---

[93] Cf. DeVotta, Neill: *Singhalese Buddhist National Ideology*: Implications for Politics and Conflict Resolution in Sri Lanka, Washington: East-West Center Washington, 2007, p. 13.
[94] Cf. Lai, Whalen: Brück, Michael v.: *Christianity and Buddhism. A Multi-cultural History of Their Dialogue*, Maryknoll: Orbis, 2001, p. 41.

ficativos do prisma simbólico. O exemplo mais retumbante nesse contexto é o batismo de Dharmapāla (1551-1597), rei de Kotte e sucessor de Bhuvanaika Bahu (1521-1551).[95] Este último é conhecido por sua disponibilidade de colaborar com os portugueses e se beneficiar das vantagens econômicas e "logísticas" dessa relação. Essa "familiaridade", confirmada mediante um pacto oficial entre Bhuvanaika Bahu e o rei de Portugal, criou um clima propício para a conversão de seu filho ao Cristianismo. Em 1557, Dharmapāla foi batizado com o nome Dom João Periya Bandara. Outros integrantes da classe regente do Kotte seguiram seu exemplo, entre eles a rainha, a partir de então chamada Dona Catherina, em homenagem à rainha do Portugal. Essas conversões, que atingiram o extrato superior da sociedade de então, obviamente fortaleceram os laços entre os colonialistas e o reinado do Kotte; quando "Dom João" faleceu, quarenta anos depois de seu batismo, transmitiu seus domínios ao rei de Portugal, o que fez com que os portugueses se tornassem os soberanos do antigo reino de Kotte.

Acontecimentos verificados na corte de Kotte por volta de 1557 foram sintomáticos da simbiose entre interesses políticos e ambições religiosas por trás do projeto colonialista. Ao mesmo tempo, apontam para o efeito erosivo da

---

[95] Cf. Codrington, Humphrey W: *A Short History of Ceylon*, London: MacMillan, 1939; Strathern, Alan: *Kingship and Conversion in Sixteenth-Century Sri Lanka*. Portuguese Imperialism in a Buddhist Land. Cambridge: University of Cambridge Press, 2007.

presença dos portugueses – inclusive das missões cristãs –, cujas estratégias provocaram rupturas com os padrões do passado, ou seja, com a reciprocidade "natural" entre os soberanos seculares e as autoridades religiosas. Como o caso de Dharmapāla (nome que, literal e ironicamente, significa "guardião dos ensinamentos budistas"!) comprovou, a *sangha* não podia mais contar com o apoio automático dos reis em termos de promoção da doutrina e com subvenções da comunidade budista em resposta à legitimação simbólica do poder secular oferecida pelo Budismo.[96]

A partir do início do século XVII, os holandeses – incentivados por motivos mercantis genéricos e por um particular interesse em especiarias – fizeram-se presentes no Sri Lanka por meio da *"Verenigde Oost-Indische Compagnie"* (ou *VOC*, "Companhia Holandesa das Índias Orientais"). Todavia, para ganhar o monopólio sobre a área, eles tiveram que se juntar à resistência cingalesa e expulsar os portugueses da ilha. Em 1656 foi conquistada a fortaleza de Colombo. A conquista de Jaffna, dois anos mais tarde, marcou o fim da presença colonial portuguesa. Uma vez que tentativas posteriores de incorporar o reino de Kandy ao seu território fracassaram, os holandeses se mantiveram no país até 1796, nas mesmas regiões antes controladas pelos portugueses.

Devido à frequência crescente dos contatos com o país, o impacto dos holandeses sobre a cultura cingalesa superou

---

[96] Cf. DeVotta, Neill: op. cit., p. 13.

a influência cultural dos portugueses na ilha, inclusive na religião. Enquanto os últimos haviam enviado uma média de seis navios por ano para a Ásia (sessenta, portanto, em média a cada década), cerca de duzentos navios por década partiram dos portos holandeses para a região na segunda parte do século XVII.[97] A *VOC* havia sido fundada em 1602 como entidade voltada ao lucro mercantil internacional. Apesar de seu foco materialista, veio a ser posteriormente um veículo importante para a expansão da *Nederlandse Hervormde Kerk* (Igreja Reformada dos Países Baixos), igreja protestante mais antiga da Holanda, baseada nos princípios de João Calvino e desde 1619 desfrutando do status de religião privilegiada pelo governo. Em cada navio da *VOC* que partia para a Ásia (inclusive para o Sri Lanka) havia pregadores da Igreja Reformada que atendiam os marinheiros a bordo ou nos portos. Dessa maneira, o Protestantismo foi introduzido no Sri Lanka. A primeira missa foi realizada em 1642 na cidade litorânea de Galle, no sudeste da ilha, mas demoraria mais três anos até o estabelecimento da primeira congregação local em Colombo, marcando o início oficial da denominação no Sri Lanka. Uma medida proselitista mais eficaz, porém, foi a abertura de escolas cujos currículos não apenas fami-

---

[97] Cf. Linton, Derek S.: Asia and the West in the New World Economy – The Limited Thalassocracies: The Portuguese and the Dutch in Asia, 1498-1700. In: Embree, Ainslie T.; Gluck, Carol (eds.): *Columbia Project on Asia in the Core Curriculum. Asia in Western and World History*. Armonk, New York; London: M. E. Sharpe, 1997, p. 63-78.

liarizaram os alunos cingaleses com a cultura europeia, mas também ofereciam uma excelente oportunidade de, sistematicamente, promulgar ensinamentos protestantes.[98]

Em 1776, os ingleses tomaram posse do território até então controlado pelos holandeses. Finalmente, em 1815, ganharam também soberania sobre o reinado de Kandy. A unificação política do país foi uma ocorrência inédita da história nacional. Como os holandeses, os ingleses se apropriaram das instituições pedagógicas e social-caritativas em prol de um acesso imediato à mentalidade do povo cingalês. Buscavam divulgar valores europeus e virtudes cristãs,[99] tarefa ambiciosa também assumida por sociedades missionárias protestantes anglo-saxônicas, incentivadas pelas condições favoráveis criadas pela administração inglesa no país. A denominação de vanguarda era a dos batistas, cujos representantes começaram a atuar no Sri Lanka em 1812. Dois anos mais tarde, chegaram os primeiros missionários metodistas. O resultado mais notável do seu trabalho residia em um "redirecionamento" das almas cristãs batizadas na tradição religiosa promovida pelos holandeses. Em outras palavras, a maior parte dos cingaleses que havia abraçado o Calvinismo e não se reconvertera ao Budismo acabou absorvida pela Igreja Anglicana. Em termos de conquista de espaço adicional, o sucesso dos missionários ativos na fase do colonialismo britânico foi relativamente humilde. Por volta

---

[98] Cf. Crosby, Kate: Persecutions, in: *Encyclopedia of Buddhism*, edited by Robert E. Buswell, Jr., New York: Thompson/Gale, 2004, p. 640-647, especialmente p. 645.
[99] Cf. Ibid..

da passagem do século XIX para o XX, os cristãos representavam um pouco menos de 10% da população nacional. Desse segmento, cerca de quatro quintos eram católicos. Os maiores grupos no espectro do Protestantismo eram os anglicanos e os metodistas (ambas as denominações com menos de 1% da população). Quanto aos presbiterianos, batistas e congregacionalistas, cada uma das denominações tinha de se contentar com menos de 0,1% da população.[100]

Não devemos esquecer-nos, porém, de que o Cristianismo era um elemento integral da identidade europeia[101] e que o impacto das medidas estruturais tomadas conforme essa simbiose não se reflete adequadamente em estatísticas do tipo acima citado. Ele aparecia, sim, em sintomas como a decrescente vitalidade da religião autóctone, a decadência progressiva da vida monástica, a perda da autoestima pelos intelectuais budistas nativos e a predominância de instituições cristãs públicas, especialmente na área da educação primária, em concorrência com os colégios budistas associados aos mosteiros locais. Alarmados com a desvalorização da vida monástica, a erosão dos velhos padrões comportamentais e o crescente sentimento de inferioridade dos antigos guardiães da tradição face à potência macropolítica dos europeus e suas instâncias, alguns observadores domésticos

---

[100] Cf. Ceylon. In: *Catholic Encyclopedia*, online http://www.newadvent.org/cathen/03547c.htm, acesso 22/01/2009.
[101] Cf. Silva, K. M. de: Religion and Nationalism in Nineteenth Century Sri Lanka: Christian Missionaries and Their Critics – A Review Article, *Ethnic Studies Report*, vol. XVI, n.1, January, 1998, p. 103-139, especialmente p. 108.

anteciparam, até mesmo, que em breve toda a ilha seria cristianizada. A seguinte citação comprova a existência dessas preocupações: "Por volta de meados do século XIX, o Budismo no Ceilão estava quase definhando, seus templos se desintegravam, havia cada vez menos monges: tudo indicava a morte próxima do [...] Budismo".[20]

Contra essa tendência tão pessimista finalmente se desenvolveu uma resistência budista que pode ser classificada, grosso modo, em duas "facções". De um lado, havia a facção dos "tradicionalistas", que entrou na ativa cedo, procurando a revitalização da própria herança ou o fortalecimento das instituições monásticas, bem como em um melhor nível da educação nas escolas conventuais. Essas tentativas foram complementadas por uma tendência mais inspirada pelo pensamento europeu presente no Budismo moderno, posteriormente cada vez mais influente no ambiente asiático. É um fato curioso que este último se apropriava especificamente de elementos do repertório das denominações europeias, estratégia curiosa que aponta para a polissemia da caracterização desse movimento como "Budismo Protestante".[102]

---

[20] Cf. Sinthern, Peter: *Buddhismus und buddhistische Strömungen in der Gegenwart. Eine apologetische Studie*, Münster: Alphonsus-Buchhandlung 1905, S. 116.

[102] Desde a sua introdução por Obeyesekere, Gananath: Religious Symbolism and Political Change in Ceylon, *Modern Ceylon Studies*, 1, 1, (1970), p. 43-63, a expressão é frequentemente usada como um termo técnico na literatura especializada. Cf. Gombrich, Richard F.: *Theravāda Buddhism A Social History from Ancient Benares to Modern Colombo*, London & New York: Routledge 2006; Matsudo, Yukio: Protestant Character of Modern Buddhist Movements, *Buddhist-Christian Studies*, vol. 20 (2000), p. 59-69.

Em termos internacionais, o mais conhecido integrante da ala "tradicionalista" da resistência budista foi o monge Migettuwattē Guṇānanda (1824-1891), que ficou famoso devido a seu papel no chamado "debate Pānadura"[103] com o metodista David de Silva e o anglicano F. S. Sirimanne. O evento foi realizado em agosto de 1873 próximo a Colombo. Gunānanda era especialista na arte do debate, área de estudos reputada no âmbito de diversas correntes budistas. Fatores como domínio técnico, conhecimento da religião de seus adversários e um estilo populista na apresentação de argumentos diante da multidão fizeram com que o monge budista saísse do debate como "vencedor". Vitória, aliás, celebrada pelos cingaleses como um bálsamo para as almas frustradas com a situação precária da sua religião tradicional da época.

A figura-chave da facção "modernista" foi David Hewāvitārane (1864-1933), posteriormente conhecido como Anagārika Dharmapāla. Filho de pais financeiramente bem posicionados e budistas praticantes, ele formou-se em diversos colégios cristãos de Colombo, sua cidade natal. Em função dos currículos escolares permeados pelo pensamento protestante e de seus estudos particulares de autores ingleses, bem como por visitas ao templo local onde Migettuwattē Gunānanda ministrava regularmente fervorosas palestras anticristãs, David havia acumulado conhecimento abrangente que o qualificaria como um protagonista competente e bem-sucedido do Budismo *Theravāda* modernizado. Ainda como aluno de missioná-

---

[103] Cf. também item 1, sub. 1.5.2., do cap. 3.

rios cristãos, engajou-se em polêmicas diárias com seus professores, exigindo respostas a questões sobre a discrepância entre as pretensões pacifistas da Bíblia e o envolvimento das instituições eclesiásticas em duvidosos projetos colonialistas. Enquanto David era considerado um jovem "complicado" por seus educadores, no decorrer dos anos 1880 ele se tornou uma grande esperança para os fundadores da Sociedade Teosófica (1875), Helena Petrovna Blavatsky (1831-1891) e Henry Stelle Olcott (1832-1907). Os dois principais protagonistas de um movimento esotérico que buscava uma *sabedoria perene* nas religiões, sobretudo nas orientais, visitaram o Sri Lanka em maio de 1880. Sob circunstâncias normais, a estada teria sido ignorada pela população cingalesa, mas a conversão pública dos dois teosofistas ao Budismo apenas oito dias depois de sua chegada chamou a atenção da mídia, que transformou o ato religioso em evento de importância internacional. Ostensivamente simpatizando com a causa do Budismo da ilha, Blavatsky e Olcott reconheceram o talento de David Hewāvitārane e começaram a promovê-lo. Sob a tutela dos teósofos, ele aperfeiçoou sua competência retórica cada vez mais, assumindo o papel de porta-voz auspicioso de um movimento que buscava revigorar o Budismo como religião tradicional e relevante de seu país. A participação de Anagārika Dharmapāla no já mencionado Parlamento Mundial das Religiões em Chicago (1893) contribuiu para sua fama internacional, que, por sua vez, facilitou-lhe o trabalho doméstico de recuperar a tradicional simbiose entre Budismo, interesses nacionais e o orgulho do seu povo destruído pela intervenção de potências europeias. Foram as ambições de personagens como Anagārika Dharmapāla e seus resultados que justificam a avaliação do século XIX, por pesquisadores e crentes posteriores, como divisor de águas na história do Budismo no Sri Lanka.[104]

4.6. Cenários da relação entre o Budismo e o Cristianismo no Ocidente

Um esboço de momentos constitutivos da relação Budismo x Cristianismo em contextos ocidentais contribui em dois sentidos para o tratamento sistemático das constelações sob as quais ambas as religiões mundiais têm se encontrado no decorrer da história.

Primeiro porque, na Ásia, o Budismo se tornou uma força civilizadora de extrema importância. Esse fato se reflete na posição central dessa religião nas sociedades asiáticas e, mesmo, nas frequentes simbioses entre *sangha* e poderes seculares das regiões em questão – mesmo que, em determinadas épocas, essa relação "natural" tivesse sofrido perturbações que obrigaram o Budismo a defender ou recuperar sua posição sociocultural anterior. Muitas vezes, na história da Ásia, a situação privilegiada desfrutada pelo Budismo serviu como pretexto para encontros e desencontros com o Cristianismo. Budistas tornaram-se conscientes das vantagens implícitas da posição do mais forte, sobretudo em momentos de crise, como, por exemplo, no caso de Sri Lanka entre o início

---

[104] Cf. Gombrich, Richard F., op. cit., p. 171.

do século XVI e a metade do século XX, quando o pêndulo da História pendeu para o lado do Cristianismo. A situação no Ocidente tem sido marcada por uma inversão dos papéis do mais forte e do mais fraco. Aqui, o Cristianismo tem desfrutado o papel de protagonista capaz de impor suas regras sobre o jogo, algo mais difícil ou até mesmo impossível para uma religião que sofre de escassez de capital simbólico público e de poder político. Além disso, muitos budistas que se relacionam sob essas condições com o Cristianismo são conversos, ou seja, internalizaram, no decorrer de sua socialização primária, ideias e valores relacionados a convicções, atitudes e posturas enraizadas na lógica ocidental, que, por sua vez, é impensável sem levar em consideração o papel constitutivo da tradição judaico-cristã.

A segunda contribuição específica de um olhar para os encontros e desencontros nas relações entre o Budismo e o Cristianismo em ambientes ocidentais reside em uma sensibilização para a versatilidade dos pretextos históricos sob as quais as relações têm sido realizadas. Não há dúvida de que, atualmente, o Budismo desfruta uma imagem muito positiva junto ao público e à mídia ocidentais. Além do interesse devido à atribuição de um caráter "exótico" ao Budismo, ele é considerado uma das grandes tradições religiosas mundiais, apreciação que impede sua marginalização no âmbito ocidental.[105] Tudo isso promove um clima propício para o diálo-

---

[105] Cf. Coleman, James William: *The New Buddhism. The Western Transformation of an Ancient Tradition*, Oxford: Oxford University Press, 2001, p. 220.

go inter-religioso propriamente dito, também alimentado por visitas de representantes internacionais, sobretudo do Dalai Lama, que ganha seus auditórios com humor inteligente, discursos tolerantes e apelos em nome da paz.

A disponibilidade por parte do público ocidental de receber representantes orientais do Budismo, porém, não se restringe ao líder tibetano, sendo a expressão geral de uma atmosfera propícia, característica do caráter construtivo das relações contemporâneas entre as duas religiões. Vale lembrar que mudanças dentro do Cristianismo oficial – particularmente, a disposição da Igreja Católica em reconhecer a validade das religiões não-cristãs – também contribuíram sensivelmente para a atual situação.

Do ponto de vista histórico, porém, percebe-se que essa tendência harmoniosa representa uma conquista relativamente recente. Na verdade, podemos apenas falar de um diálogo *sistemático* que se aprofunda e se alastra sucessivamente, de partes que se respeitam mutuamente após a Segunda Guerra Mundial. Além de conferências acadêmicas, as atividades mais ambiciosas nesse sentido foram realizadas em nível monástico e por iniciativas socialmente engajadas. Muitas vezes, os três tipos de fóruns se sobrepõem, como foi o caso da sétima conferência internacional budista-cristã, organizada pela *Society of Buddhist Christian Studies* na Universidade Loyola Marymount (Califórnia), em junho de 2005, que abordou o tema "*Hear the Cries of the World: Buddhism and Christianity in Dialogue Toward Global Healing*".

Um exemplo de iniciativa voltada a um intercâmbio primeiramente acadêmico é o *International Buddhist-Christian Theological Encounter*, institucionalizado na metade dos anos 1980 e que segue o lema "qualidade em vez de quantidade", no que diz respeito à escolha dos participantes de suas reuniões. A iniciativa é informalmente conhecida como o *"Cobb-Abe Group"* – uma homenagem a seus "mentores", o teólogo cristão metodista John Cobb (1926-) e o já mencionado expoente da Escola de Kyoto, Masao Abe.[106] Também academicamente qualificados, mas em termos temporais e temáticos mais pontuais, foram os diálogos de alto nível entre membros da Faculdade de Teologia Protestante da Universidade Phillips e representantes da escola budista japonesa Higashi Honganji (Terra Pura) de Kyoto, realizadas na primavera de 1999, na cidade de Marburg, Alemanha.[107] Em termos monásticos, pode-se citar o *"Dialogue Interreligieux Monastique"*, incentivado no fim dos anos 1970 por um grupo de monges europeus beneditinos e por seus pares *zen*-budistas do Japão. Para garantir a qualidade dos encontros, foram escolhidos integrantes da comunidade interessados nas espiritualidades ocidental e oriental, com experiência na meditação *zen* e capazes de praticá-la durante várias ho-

---

[106] Gross, Rita M.: The International Buddhist-Christian Theological Encounter: Twenty Years of Dialogue, *Buddhist-Christian Studies* 25 (2005), p. 3-7.
[107] Cf. Pye, Michael: The study of religions and the dialogue of religions, Marburg Journal of Religion: Volume 6, n. 2 (June, 2001), online: http://web.uni-marburg.de/religionswissenschaft/journal/mjr/pdf/2001/pye2-2001.pdf, acesso 12/12/2008.

ras nas reuniões. Devido ao sucesso do primeiro evento, em 1979, o intercâmbio existe até hoje.[108] Iniciativa semelhante foi lançada pelo mosteiro trapista de Gethsemani (Kentucky, EUA).[109] Entre os casos sintomáticos dos esforços afins estão as atividades da *Buddhist Alliance for Social Engagement (BASE)*, fundada em 1995, que tem como objetivo incentivar a prática da não-violência baseada nas ricas heranças dos ensinamentos espirituais tradicionais budista e ocidental.[110]

Todas as atividades acima mencionadas refletem um respeito mútuo dos partidos envolvidos e a disposição de seus representantes de colaborar e aprender com o outro. Esse espírito é típico da maioria dos encontros budo-cristãos mais recentes. Ela não se compara, porém, com a situação pré-guerra, especialmente com a fase inicial do Budismo ocidental, por volta da penúltima virada do século.

Tal observação questiona, indiretamente, até mesmo a imagem idealizadora do já citado "Parlamento Mundial das Religiões", realizado em Chicago em 1893. Apesar de o encontro ter sido retoricamente instituído como favorável à comunicação universal dos povos, o planejamento do parlamento baseou-se no sentimento de superioridade velado

---

[108] Bragt, Jan van: East-West Spiritual Exchange, *Nanzan Bulletin* n. 8, 1984, p. 10-23, especialmente p. 16.
[109] Cf. Ryan, Thomas: Gethsemani II: Catholic and Buddhist Monastics Focus on Suffering, *Buddhist-Christian Studies* 24 (2004), p. 249-251.
[110] Cf. Jones, Ken.: *The New Social Face of Buddhism. A Call to Action*, Boston: Wisdom Publications, 2003, p. 202.

evolucionista de americanos protestantes e seu entendimento específico da religião. Nesse aspecto, é correta a avaliação de que o evento em Chicago teria sido "agressivo". Em relação aos budistas, devemos comentar que o evento não apenas coincidiu com um período de reorganização e fortalecimento do Budismo nos países asiáticos, mas também com as ambições geopolíticas do Japão. Nesse sentido, os representantes budistas enviados do "País do Sol Nascente" a Chicago não se sentiam, em hipótese alguma, como obsequiosos suplicantes, mas como embaixadores de uma cultura não somente igual, mas também que se sentia superior à do Ocidente.[111]

O exemplo mais óbvio da ausência de um espírito verdadeiramente ecumênico nas décadas a partir dos anos 1870 são as confrontações duras entre budistas alemães e representantes do Cristianismo, particularmente os da Igreja Luterana de então. Vale recordar aspectos-chave dessa complicada constelação, uma vez que ela representa o extremo oposto da tendência harmoniosa característica dos encontros budo-cristãos na contemporaneidade.

Logo depois das primeiras articulações públicas de budistas alemães, por volta de 1880, autores afins começaram a atacar verbalmente conceitos e instituições cristãos. Em fontes de qualquer tipo – periódicos, artigos, panfletos e livros -, autores budistas designaram, muitas vezes em tom

---

[111] Cf. Snodgrass, Judith: *Presenting Japanese Buddhism to the West. Orientalism, Ocidentalism, and the Columbian Exposition*, Chapel Hill and London: The University of Carolina Press, 2003

abertamente hostil, uma imagem negativa do Cristianismo. As criticas miravam virtualmente qualquer aspecto do Cristianismo, seja no sentido histórico, doutrinário, ético ou institucional. Essa agressividade explica-se por três razões. Primeiro: os próprios cristãos não eram inocentes no que dizia respeito à intensificação da contenda inter-religiosa. Pastores luteranos, em especial, agiam de maneira análoga, desqualificando o Budismo com termos e metáforas tão pejorativos quanto os usados por budistas para criticar o Cristianismo. Na maioria das publicações de autoria cristã, o Budismo foi caracterizado como uma religião inferior e perigosa, como inimigo de qualquer cultura, força paralisante ou mesmo hipnótica, como prática que destruía a energia individual e doutrina desprovida de ética verdadeira. Segundo: uma série de protagonistas do Budismo alemão da época tinha um *background* biográfico cristão. É provável que a conversão ao Budismo não tivesse sido isenta de tensões emocionais e de uma dissonância cognitiva. Desse ponto de vista, a crítica radical ao Cristianismo cumpriu uma função psicológica importante no sentido de construção "dialética" de uma nova identidade religiosa. Terceiro: o Budismo, sendo uma religião originalmente estrangeira no Ocidente, estava em tensão com os padrões da sociedade alemã de então. Para ter sucesso, o Budismo teve de ser parcialmente reinterpretado de acordo com as circunstâncias vigentes, mostrando-se capaz de oferecer uma abordagem religiosa legítima para um público mais amplo. Ao fazer essas concessões, porém, corria o risco de perder sua identidade. Do ponto de vista da teoria de sistemas, o problema era a discriminação do Budismo como subsistema face à sociedade. Nesse sentido, pode-se afirmar que, quando budistas alemães firmaram posição contra outras ideologias existentes no mesmo contexto histórico-social, impuseram limites ao seu próprio subsistema.[112]

5. Cenários da relação entre o Budismo e o Islã

5.1. Considerações preliminares

Já na primeira *sura* do Alcorão aparece uma alusão à separação da humanidade em duas facções, ou seja, a dos "amigos" e "inimigos" de Deus. Essa afirmação encontra correspondência em uma diferenciação "geográfico-simbólica" de territórios. O primeiro é o território do Islã *(dar al-islam)*. O segundo é o território onde o não-conhecimento da mensagem autêntica de Allah é responsável pela falta de paz. Essas regiões constituem o território da guerra *(dar al-harb)*. Conforme o ímpeto universalista do Islã, é tarefa dos muçulmanos transformar o mundo em um lugar governado pela lei islâmica *(sharia)*, visão que determina o objetivo de contínua

---

[112] Cf. Notz, Klaus-Josef: *Der Buddhismus in Deutschland in seinen Selbstdarstellungen.* Eine religionswissenschaftliche Untersuchung zur religiösen Akkulturationsproblematik, Frankfurt/M.: Peter Lang, 1984.

expansão do *dar al-islam*. A estratégia pela qual as regiões do *dar al-harb* são sucessivamente incorporadas é a chamada *jihad*. Nesse termo técnico repercutem fortes conotações marciais, especialmente quando se pensa na primeira fase de existência do Islã, durante a qual a religião foi difundida por meio de expedições militares. Nesses momentos, a assunção da nova fé aconteceu de maneira coletiva nos territórios conquistados geralmente pela pressão sobre os descrentes. Em determinados casos, sobre os quais havia dissonâncias entre as diferentes escolas da lei islâmica, os povos incorporados à *Casa do Islã* optaram pela fé muçulmana diante da alternativa de perder sua vida ou acabar na escravidão. A única exceção categórica referia-se aos chamados "possuidores de Livro", segmentos populacionais dos territórios cuja religião se concentrava, como no caso do Islã, em um livro sagrado. Membros das respectivas comunidades, em primeiro lugar judeus e cristãos, desfrutavam do status de "legalmente protegidos" *(dhimmis)* e, com isso, de determinados privilégios, sobretudo o direito de construir templos e igrejas próprios. Mas, mesmo no que dizia respeito à população local que não se enquadrava na categoria de *dhimmis*, havia alguns territórios em que – pelo menos, durante determinados períodos – registrava-se certa tolerância por parte dos invasores muçulmanos.

  Mais tarde, as intermediações de negociantes que levaram o Islã para outras partes do mundo, inclusive para a China e a Indonésia, tornaram-se geralmente mais importantes do que as ações bélicas. Nesse período, o casamento de um muçulmano com uma mulher de outra fé também ganhou significância para a expansão do Islã. Uma vez que os filhos desses casais nasciam como muçulmanos, surgiram gradualmente minorias islâmicas em diversos países asiáticos. Além dos negociantes, os místicos muçulmanos contribuíram para a expansão do Islã, sobretudo nas regiões marginais à "Casa do Islã".[113] Todas essas constelações foram constitutivas do ambíguo cenário de contato entre budistas e muçulmanos na Ásia, que resumiremos a seguir.

5.2. Cenários históricos da relação entre o Budismo e o Islã

Em sua rota de expansão em direção ao leste, os muçulmanos passaram por diversos territórios budistas, entrando em conflito em diversas frentes a partir do século VII. Provavelmente os primeiros contatos entre as duas religiões começaram quando a região dos atuais países Afeganistão, Irã, Uzbequistão, Turquemenistão e Tadjiquistão foi incorporada ao território do califado árabe dos Omíadas (661-750). Um resultado material das primeiras relações foi um relatório detalhado do autor árabe ʿUmar ibn al-Azraq al-Kermāni (?-786) sobre o mosteiro budista *Nava Vihāra,* no Afeganistão, e os costumes religiosos de seus integrantes. A descrição compara a arquitetura do sítio com

---

[113] Cf. Heine, Peter: Mission V. – Islam. *Religion in Geschichte und Gegenwart*[4], Band 5, Tübingen: Mohr, 2004, colunas 1296-1298.

a da *Caaba,* em Meca, e salienta os paralelos com os costumes islâmicos. A circumbulação dos monges ao redor do mosteiro, por exemplo, recorda ao autor os ritos realizados por peregrinos no mês islâmico do *hajj*.[114] O relato de Al-Kermani's indica uma postura construtiva dos árabes diante dos budistas. Outra relação positiva na mesma região entre representantes das duas religiões ocorreu na segunda metade do século VIII, quando dois califas da dinastia das Abássidas (750-1258), a saber, Al Mahdi (gov. 775-785) e Harun al-Rashīd (gov. 786-809), convidaram monges eruditos do *Nava Vihāra* para Bagdá, onde uma comissão ajudou os visitantes a traduzir textos sobre medicina e astronomia do sânscrito para o árabe. O interesse pelo Budismo por parte de autores muçulmanos reflete-se, também, em livros árabes como o *Kitāb al-Budd,* sobre as vidas anteriores do Buda, compilado a partir de outras referências budistas, inclusive a obra *Buddhacarita,* do poeta e filósofo indiano Aśvaghosa (cerca de 80-150 d.C.). [115]

Há uma série de outros exemplos históricos do relacionamento pacífico entre o Islã e o Budismo. É comprovado que, em determinados momentos, a minoria budista – não somente da Índia ou de regiões da Ásia Central como o Afe-

---

[114] Cf. Melikian-Chirvani, Assadullah Souren: The Buddhist Ritual in The Literature of Early Islamic Iran. In: Allchin, Bridget (ed.): *South Asian Archeology 1981*. Cambridge: Cambridge University Press, p. 272-279.
[115] Cf. Berzin, Alexandre: Buddhist-Muslim Docrinal Relations: Past, Present, and Future. In: Schmidt-Leukel, Perry (ed.): *Buddhist Attitudes to Other Religions*, St. Ottilien: EOS 2008, p. 212-236.

ganistão – gozou a mesma liberdade dos "possuidores do Livro" e foi tratada como os súditos quase que equivalentes aos muçulmanos. O mesmo vale para o tratamento dispensado à população budista do Sind (atualmente, uma das quatro províncias do Paquistão), quando o território foi conquistado por Muhammad bin Qasim Al-Thaqafi (gov. 695-715), ou aos budistas da Caxemira durante o reino de Zayn as-'abadīn (1420-1470).

Característico dessa linha de desenvolvimento é, também, o fato de que no antigo idioma uzbeque o conceito de *dharma* foi atribuído à palavra grega *nom,* que não só significa literalmente "Lei", mas também "livro". Mais tarde, a equivalência *nom* x *dharma* foi assumida por outros idiomas da Ásia Central, e é comum ainda hoje em áreas mongólicas.[116]

Sabe-se também que budistas e muçulmanos conviveram sem maiores conflitos também no vale de Bāmiyām (hoje, parte do Afeganistão) e no antigo reino de Gandhāra (hoje, parte do Paquistão).

Vale lembrar, ainda, de relacionamentos frutíferos entre círculos budistas e grupos de místicos muçulmanos (*sufis*), geralmente tratados com simpatia. Traduções de obras budistas indianas para o árabe refletem o engajamento entre budistas e muçulmanos. O *Kitāb Bilawhar wa Yūdāsaf* ("O

---

[116] Cf. The Dharma of Islam: A Conversation with Snjezana Akpinar and Alex Berzin, *Inquiring Mind* (Berkeley, California), vol. 20, n. 1 (fall, 2003), online: http://www.berzinarchives.com/web/en /archives/ study/islam/general/common_ features_islam_buddhism.html, acesso 12/01/2009

livro sobre Bilawar e Yudasaf"), do século VII ou VIII d.C., por exemplo, é uma compilação de diversas fontes referentes à biografia de Buda, que se tornou posteriormente o protótipo da lenda cristã sobre Barlaão e Josafá. Nesse contexto, é curioso o fato de que, durante o século X – e apesar da orientação iconoclasta islâmica –, muçulmanos se engajaram em negócios com ícones budistas. Com o tempo, a palavra *bot* ("ídolo", provavelmente derivado da palavra Buda) perdeu seu significado original e se tornou metáfora para "beleza idealizada" na poesia persa.[117]

Além disso, sabe-se de contatos harmoniosos e inspiradores entre o Budismo e o Islã na Ásia por meio de relatórios benevolentes de autores muçulmanos, entre eles Ibn-a-Nadim (falecido em 995), que em sua obra *Fihris,* lançada em 987, expressou respeito pela generosidade, simpatia e compaixão dos budistas. Há relatos positivos publicados na mesma época por autores muçulmanos famosos, como Al-Biruni (séculos X-XI), Al-Shahristani (século XII)[118] e Rasheeduddin Fadlullah (século XIV).[119]

---

[117] Cf. Elverskog, Johan: Islam and Buddhism, in: *Encyclopedia of Buddhism*, vol. 1, New York etc.: McMillan, 2004, p. 380-382, especialmente p. 381.
[118] Cf. Waardenburg, Jacques: The Medieval Period: 650-1500. In: Idem. (ed.): *Muslim Perceptions of Other Religions*. A Historical Survey. New York; Oxford: Oxford University Press, 1999, p. 18-69.
[119] Cf. Muzaffar, Chandra: *Muslims and Buddhists in Asia*, Interfaith Dialogue Issues – article collection, *The American Muslim*, Dec 10, 2002, http://www.theamericanmuslim.org/2003jan _comments.php?id=Ř237_0_17_0_C, acesso 5/4/2005.

Olhando para determinadas regiões como, por exemplo, Ladakh (na porção norte da atual Índia), onde a cronologia relativamente pacífica dos relacionamentos budo-islâmicos era esporadicamente interrompida por fortes conflitos, podemos sensibilizar-nos pelo fato de que a situação geral historicamente complexa, que depende de inúmeras condições, não pôde ser reduzida aos termos do estereótipo do "Islã guerreiro".[120]

Porém, não se pode negar as atrocidades que também marcaram a história do relacionamento Budismo x Islã na Ásia. Quando Bukhara (hoje Uzbequistão) foi conquistado pelos árabes em 696 d.C., eles destruíram o mosteiro budista da região e construíram uma mesquita no mesmo lugar.

O tratamento violento sofrido por budistas devido à expansão bélica do Islã se devia ao fato de que, em várias regiões, os muçulmanos eram mais "cautelosos" em atribuir o status de *dhimmis* a determinadas parcelas da população autóctone. Isso fazia com que considerassem os budistas como idólatras – certamente devido às suas estátuas e pinturas iconográficas opulentas e devido à falta de um centro de fé teísta. Um argumento a favor de tal teoria é que a palavra "Buda" foi incorporada ao idioma persa como *but,* com o significado de "ídolo". Isso mostra que os budistas, muitas vezes, eram considerados descrentes que deviam decidir pela conversão ao Islã, expulsão

---

[120] Cf. Sikand, Yoginer: *Muslim-Buddhist Clashes in Ladakh: The Politics Behind the Religious´ Conflict*, countercurrents.org, 13/02/2006 http://www.countercurrents.org/commsikand130206. htm, acesso 27/12/2008.

do território ou execução. Um exemplo de consequência dessa atitude é a ação guerreira contra centros budistas em Turfan, na China, onde a população foi submetida e teve de assumir o Islã coletivamente. Reconversões posteriores foram avaliadas como apostasia e censuradas.

Quando os muçulmanos intensificaram sua influência na Índia, a partir do século X, o Budismo local já estava em declínio. Como religião predominantemente monástica, tinha perdido o respaldo da sociedade e, em termos geográficos, estava limitada ao leste do país. A conquista de Magadha, região de origem do Budismo, por tropas de turushkhas (etnia turca) e os severos danos infligidos a uma série de mosteiros budistas foram mais um passo na direção da extinção quase completa da religião.[121] A destruição dos mosteiros budistas, inclusive das renomadas universidades dos mosteiros de Nalanda e Vikramasil, nos séculos XI e XII, teve impacto ainda mais sério sobre a situação do Budismo da região.[122] O avanço do Islã com a derrota das dinastias Pāla e Sena em Bengala e Bihar, nos séculos XII e XIII, intensificou ainda mais a pressão sobre o Budismo na Índia. Consequentemente, muitos budistas fugiram para regiões mais seguras no Himalaia e no Sudeste da Ásia.[123]

---

[121] Cf. Wink, André: *Al-Hind. The Making of the Indo-Islamic World*, vol II.: The Slave Kings and the Islamic Conquest 11th-13th Centuries, Leiden: Brill 2002, especialmente p. 334-347.

[122] Cf. Gómez, Luis O.: Buddhism in India, *Encyclopedia of Religion*, vol. II, Detroit: Thompson/Gale 2005², p. 1101-1131.

[123] Crosby, Kate: Persecutions, in: *Encyclopedia of Buddhism*, edited by Robert E. Buswell, Jr.New York: Thompson/Gale, 2004, p. 640-647.

O pavor diante de ações guerreiras por parte do Islã também deixou rastros em textos de motivação budista. Já em um documento do ano 751 consta que o peregrino coreano Ou-'kong, em seu caminho da Ásia Central para a Índia, evitava as regiões do Afeganistão, pois estas já haviam sido tomadas pelo Islã. Verdadeira aversão aparece em uma escritura tântrica do século IX, que versa sobre um homem de Bagdá denominado Madhumati (Mohammed), um impostor (sic!) que teria prejudicado seriamente o mundo budista. Outro exemplo é um texto do entreposto comercial de Khotan, na Rota da Seda, que se refere à ameaça do Budismo pelas tropas persas, ou seja, islâmicas. Também em escrituras posteriores (século XIV) originárias da Mongólia, os fundadores religiosos muçulmanos são descritos como "maus", e é expressa a esperança de que Maitreya (o Buda do Mundo Futuro) logo apareça para conseguir uma vitória sobre o reino de Bagdá.

Medidas agressivas ou mesmo abertamente violentas, porém, não foram privilégio dos muçulmanos. A mais importante fonte budista a se posicionar explicitamente contra o Islã é o *Kālacakra* ("Roda do Tempo"). A obra foi compilada na Índia no início do século XI, isto é, em uma época marcada por intensa imigração de muçulmanos para a Índia, sobretudo de grupos xiitas. A escritura esboça as leis e doutrinas muçulmanas, por exemplo as referentes à circuncisão, ao casamento ou à natureza de Deus. Além disso, o *Kālacacra* apresenta uma fusão entre ideias apocalípticas budistas e a mitologia hindu, inclusive a narrativa sobre Kalkin, emanação *(avatar)* de Visnu Um trecho da obra relata que Kalkin chega a Shambala, reino mitológico budista onde são preservados os ensinamentos finais do Buda. Para salvar o mundo, porém, Kalkin precisa matar todos os muçulmanos. Com a morte dos inimigos, a época do "dharma puro" começa a florescer. Além disso, há relatos que informam sobre a inversão da relação agressor x vítima na Ásia Central, no século XII, ou seja, em um momento histórico no qual o Budismo conseguiu recuperar seu status político na região. Entre as forças que revoltaram contra o Islã estavam os kara khitais, povo turco oriundo da região de Ugyur, lembrados por suas ações ferozes contra os muçulmanos.[124]

5.3. Cenários mais recentes da relação entre o Budismo e o Islã

Em comparação especialmente com o diálogo budo-cristão (e seu amplo espectro de assuntos, bem como a profundidade alcançada), o encontro entre Budismo e Islamismo apresenta lacunas de conteúdo e demanda de elaborações futuras. Até mesmo vínculos promissores por parte do misticismo islâmico foram, até o momento, insuficientemente incentivados por budistas ou muçulmanos. Um obstáculo no caminho de um diálogo mais qualificado e amplo pode ser o problema da não-centralização de estruturas institucionais

---

[124] Cf. Elverskog, Johan: Islam and Buddhism, in: *Encyclopedia of Buddhism*, op. cit., p. 381.

do Islã, que dificulta o contato com parceiros muçulmanos reconhecidos, em geral, como representativos. Além disso, existem desafios especificamente relacionados à religião, por exemplo, na incompatibilidade básica de concepções não teístas em comparação com a ideia de uma revelação divina que se declara absoluta e universalmente válida.

Ao mesmo tempo, cresce a consciência sobre a necessidade de conversas mais frequentes e profundas em tempos da intolerância e discriminação. Espera-se, de ambos os lados, que um entendimento mútuo mais profundo possa levar à solução de problemas sociais.[125] É um sinal auspicioso que, desde a destruição dos colossais Buda de pedra de Bāmiyān, em março de 2001,[126] e, sobretudo, o atentado contra o World Trade Center, em 11 de setembro do mesmo ano, venha articulando-se de maneira mais clara o desejo de budistas de maior intercâmbio com o Islã. Um exemplo disso é a série de simpósios organizada pelo mestre de dharma taiwanês Hsin Tao e promovida pela UNESCO.[127] A sucessão de eventos teve início em março de 2002 com uma conferência na Columbia University, em Nova York. Além de Hsin Tao, participaram dos debates, entre outros, o imã da mesquita local, Masjid al-Farah, e o diretor do Forum for Muslim Dialogue.

---

[125] Hirota Megumi: *Muslims and Buddhists Dialogue*, Unitarian Universalist Fellowship 10/11/2002 online: http://www.uufrankfurt.de/MuslimsBuddhists021110.htm, acesso 19/02/2009.
[126] Cf. Crosby, Kate, op.cit., p. 640.
[127] Conforme http://www.gflp.org/Buddhist-Muslim.html, acesso 19/02/2009.

Entre os expositores na segunda conferência, realizada no mesmo ano em Kuala Lumpur, encontraram-se também Ustaz Uthman El-Muhammad, do Institute of Islamic Understanding, e Chandra Muzaffar, presidente do International Movement for a Just World.

3

O espectro de posturas do Budismo diante de desafios inter-religiosos

Ao longo de uma história de mais de dois mil e quinhentos anos, o Budismo adquiriu um rico repertório de figuras retóricas e estratégias argumentativas que lhe permitiram firmar posição em situações inter-religiosas. Essa pluralidade tem a ver com os seguintes fatos: conforme a teoria de Niklas Luhmann,[1] *sistemas abertos* como os sociais mantêm suas identidades através da demarcação nos ambientes em que se desenvolvem. Isso significa, nos termos da Sociologia da Religião, que qualquer comunidade religiosa convicta de possuir uma oferta espiritual válida e especial (no sentido de distinguir o próprio corpo social de outros) tem interesse em proteger sua herança espiritual contra infiltrações externas que poderiam erodir a "estrutura de plausibilidade"[2] e a integridade do grupo em questão.

---

[1] Cf. Luhmann, Niklas : *Soziale Systeme*, Frankfurt/M.: Suhrkamp, 1984.
[2] Quanto à expressão, cf. Berger, P.L.: Secularization and Pluralism. *International Yearbook* for Sociology of Religion, 2 (1966), p. 73-84.

Dentro desse quadro geral, o Budismo primitivo enfrentou a situação de que, desde a morte de Siddhartha Gautama, a comunidade não possuía mais um único porta-voz ou uma hierarquia institucional cuja cúpula pudesse falar em nome oficial de uma religião relativamente homogênea. Como exposto no capítulo anterior, além de divergências internas, o Budismo foi transplantado para regiões fora da sua terra de origem e teve de se adaptar linguística, doutrinária e simbolicamente às modalidades de novas culturas anfitriãs.[3] Em todos os casos, o Budismo foi exposto a uma rede complexa de fatores geográficos, socioeconômicos e políticos, além de interesses religiosos multilaterais. A variedade de opções retóricas acumulada pelo Budismo corresponde à variedade das circunstâncias. Foram, portanto, os desafios implícitos nas situações dadas que estimularam o Budismo a elaborar, aperfeiçoar e modificar respostas adequadas, seja em conceitos apologéticos, argumentos em prol de sua autojustificativa e raciocínios proselitistas, seja em termos de consenso com um interlocutor alheio sobre um determinado tópico. Entre as constelações que desafiaram o autorreconhecimento do Budismo como credo representativo de algo especial ou mesmo único, há três que o leitor deve recordar durante a leitura deste capítulo. São elas:

---

[3] Makransky, John: Buddhist Perspectives on Truth in Other Religions: Past and Present, *Theological Studies Journal*, vol. 64, n. 2 (2003), p. 334-361.

a) os esforços do Budismo, como sistema religioso recém-fundado, de se impor em um ambiente ideologicamente pré-definido pelo Bramanismo (então, a tradição religiosa "oficial" da Índia);

b) atividades proselitistas budistas em novos territórios onde o Budismo inicialmente assumiu uma posição minoritária;

c) no processo da expansão do Budismo para o Ocidente, a confrontação do Budismo com contextos multirreligiosos contemporâneos.

1. Caracterização e exemplificação de posturas inter-religiosas do Budismo

1.1. Problematização

A seguir encontra-se um panorama das opções retóricas tomadas por pensadores budistas em situações inter-religiosas. Em termos gerais, a organização dos respectivos parágrafos orienta-se com base na discussão sobre as relações entre diferentes religiões, especialmente no contexto de diálogos inter-religiosos. Na literatura especializada sobre o tema, é frequentemente citada uma tipologia de três posturas inter-religiosas, a saber: o "inclusivismo", o "pluralismo" e o "exclusivismo".

O caráter estereotipado desse modelo provocou uma série de críticas que também alcançou a área de estudos sobre o Budismo.[4] Mesmo assim, o esquema não se tornou obsoleto. Em vez disso, sugeriu-se uma aplicação mais cuidadosa,[5] preocupação levada a sério neste trabalho conforme três observações preliminares quanto à aplicabilidade do modelo à análise do Budismo. Primeiro: em vários momentos não se pode distinguir, de maneira não ambígua, as posturas do inclusivismo e do pluralismo. Segundo: algumas figuras retóricas típicas do Budismo, entre elas a rejeição do Buda a responder uma pergunta feita por um interlocutor não budista, não podem ser inequivocamente relacionadas a uma das três posturas inter-religiosas. O termo técnico associado a essa atitude é *avyakata,* que pode ser traduzido como "perguntas não respondidas". Terceiro: mesmo que a classificação em termos de inclusivismo, pluralismo ou exclusivismo seja evidente, é preciso perguntar a que dimensão religiosa a postura se refere. Trata-se de um posicionamento diante de um elemento doutrinário, de uma prática espiritual ou de um objetivo soteriológico?

Norteados por essas observações, temos que as três modalidades discursivas "inclusivismo", "pluralismo" e "exclusivismo" servirão apenas como ferramental heurístico em prol da identificação genérica e da apresentação lógica de uma série de posturas inter-religiosas articuladas por pensadores budistas em determinados momentos da história do Budismo.

---

[4] Cf. Muck, Terry C.. Instrumentality, Complexity, and Reason: A Christian Approach to Religions. *Buddhist-Christian Studies* 22 (2002), p. 115-121.
[5] Cf. Straus, Virginia: Beyond the Usual Alternatives? Buddhist and Christian Approaches to Other religions, *Buddhist-Christian Studies* 22 (2002), p. 123-126.

A dificuldade de decidir se, em determinados casos, encontramos ou uma postura inclusivista ou pluralista tem a ver com o fato de que ambas as atitudes baseiam-se nos mesmos pré-requisitos. Comparado com correntes religiosas caracterizadas por um rigorismo orto*doxo* comprometido com a formulação exata e fixação de doutrinas, o Budismo tem frequentemente mostrado dúvidas sobre a pertinência da razão e da linguagem como meios de capturar a verdade última. Conforme o conceito da *gênese condicionada*,[6] o *Kalaha-vivada-Sūtra*[7] argumenta que brigas, inclusive aquelas sobre divergências doutrinárias, têm suas raízes no apego dos contendores em opiniões particulares que, por sua vez, são condicionadas por impressões sensoriais subjetivas.

Um raciocínio semelhante encontra-se no *Madhupindika-Sūtra*,[8] que interpreta a desarmonia entre partidários à luz das três raízes do sofrimento – apego, ódio e ignorância. No mesmo espírito, o *Cūla-Viyūha-Sūtra*[9] adverte para a supervalorização da própria posição e do menosprezo de outras, ou seja, de uma polarização inadequada entre a "verdade" e um

---

[6] Cf. as informações dadas nos itens 1.2 e 2.2 do capítulo 1 deste livro.
[7] O texto que faz parte do cânone páli encontra-se na chamada "coleção de sūtras" (*Sutta Nipata*), que, por sua vez, representa o quinto livro da chamada "coleção menor" (*Khuddaka Nikāya*).
[8] O texto encontra-se na coleção de discursos de tamanho médio (*Majjhima Nikāya*) que faz parte do cânone páli.
[9] O texto que faz parte do cânone páli encontra-se na chamada "coleção de sūtras" (*Sutta Nipata*), que, por sua vez, representa o quinto livro da chamada "coleção menor" (*Khuddaka Nikāya*).

"engano" ou entre "conhecedores" e "ingênuos". A implícita relativização das próprias doutrinas encontra-se também na analogia budista da jangada apresentada no *Alagadupamā-Sūtra*,[10] um dos mais antigos textos do cânone páli. O trecho adverte os integrantes da comunidade budista primitiva acerca dos riscos soteriológicos resultantes de uma inclinação a qualquer tipo de ensinamento, inclusive os fundamentais da própria religião. Conforme a analogia, doutrinas ganham real significado apenas por seu potencial de contribuir para a libertação do adepto. Portanto, ensinamentos são instrumentos para progredir na direção do *nirvāna*. O sūtra sintetiza, em termos alegóricos, essa posição com as seguintes palavras:

> Um homem, viajando, chega à margem perigosa e assustadora de um rio de vasta extensão de água. Então vê que a outra margem é segura e livre de perigo. Pensa: "Esta extensão de água é vasta e esta margem é perigosa, aquela é segura e livre de perigo. Não há embarcação nem ponte com que eu possa atravessar. Acho que seria bom juntar troncos, ramos e folhas e fazer uma jangada com a qual, impulsionada por minha mão e meus pés, passe com segurança à outra margem" [...]. Tendo alcançado a margem oposta, ele pensa: "Esta jangada me foi muito útil e me permitiu chegar a esta margem. Seria bom carregá-la à cabeça ou às costas onde quer que eu

---

[10] O texto encontra-se na coleção de discursos de tamanho médio (*Majjhima Nikāya*) que faz parte do cânone páli.

vá". [...] Tendo atravessado para a outra margem, esse homem deveria pensar: "Esta jangada me foi de grande auxílio e graças a ela cheguei com segurança; agora seria bom que eu a abandonasse à sua sorte e seguisse o meu caminho livremente".[11]

Todas as argumentações acima esboçadas já foram elaboradas no âmbito do Budismo primitivo. Posteriormente ganharam um significado mais profundo, a partir da epistemológica mahayanista que discrimina entre duas verdades (*satyadvaya*), a verdade das convenções mundanas (*lokasamvrti*) e a verdade superior (*paramārtha*).[12] Embora seja a última que conta do ponto soteriológico, a divulgação da verdade superior depende da linguagem conceitual vinculada à verdade relativa. Devido à incomensurabilidade da última realidade, porém, nenhuma tentativa de verbalizá-la pode reivindicar validade absoluta, um axioma incompatível com articulações "dogmáticas" que buscam apresentar e defender princípios universais e inegáveis.[13] Em vez disso, a doutrina budista representa apenas um instrumental auxiliar em função de um objetivo que transcende qualquer meio discursivo.

---

[11] Apud. Homenko, Rita e Silva, Georges da: *Budismo: Psicologia do Autoconhecimento*, São Paulo: Pensamento 1995, p. 30.
[12] Cf. item 2, sub. 2.3., do cap. 1.
[13] Keenan, John P.: A Mahayana Theology of the Real Presence of Christ in the Eucharist, *Buddhist-Christian Studies*. 24 (2004), p. 89-100.

A relativização da validade de uma doutrina comunicada mediante termos e conceitos cultural e historicamente determinados encontra uma outra justificativa no chamado teorema escatológico dos "últimos dias da lei" (em japonês, *mappō*), elaborado no contexto do Budismo do Extremo Oriente. A expressão indica que, diferentemente do que ocorria nos tempos do Buda histórico e das primeiras gerações budistas, os ensinamentos atuais, "erodidos" pela ação do tempo, experimentam uma decadência gradual no que diz respeito à sua autenticidade e eficácia em levar o adepto ao *nirvāna*. Seria inconsistente se multiplicadores contemporâneos do *dharma*, conscientes das distorções presentes na própria doutrina, comportassem-se de maneira excessivamente ciosa e "ciumenta" de seus conteúdos.

1.2. Estratégias budistas tendentes à abertura substancial

Diferentemente de afirmações budistas que demonstram uma atitude tendente ao exclusivismo, pluralismo ou à inclusão, há diversos trechos do cânone páli que deixam em aberto a posição do Buda diante de determinado problema filosófico, divergência intelectual ou pergunta relacionada à prática espiritual. Nesses casos, a desistência do Buda de se articular não aponta para uma lacuna em seu conhecimento, mas exprime uma estratégia retórica. Essa estratégia se articula a partir de dois subtipos: um é a figura retórica chamada *avyakata*, pela qual o Buda demonstra sua indiferença diante de determinados assuntos; o outro se caracteriza no apelo do Buda à razão de seu público, com o objetivo de induzir dúvidas sobre a suposta naturalidade da fé em dogmas convencionais.

1.2.1. A figura retórica de avyakata

O termo *avyakata* significa perguntas não respondidas. Trata-se de uma figura discursiva deliberadamente aplicada pelo Buda com o objetivo de despertar um *insight* no interlocutor.

O texto-chave relativo a esse método é o *Avyakata-Sūtra*. O trecho relata uma conversa entre o Buda e um brâmane que deseja saber por que os membros da *sangha* não mostram nenhum interesse por determinadas questões. O Buda explica que tal indiferença é resultado de treinamento mental que permite ao adepto controlar os impulsos que condicionam a mente a produzir atividades intelectuais. Em vez de se direcionar ao mundo fenomenológico e seus enigmas, a atenção do monge é voltada para dentro. Consciente dos processos mentais que condicionam perguntas irrelevantes, o adepto avançado está livre de angústias, dúvidas e inquietações que caracterizam os ignorantes.

Uma manifestação do intuito de Buda despertar essa atitude em seu público está na já citada parábola da seta envenenada, narrada no *Cūlamālunkya-Sutra*.[14] A moral da história desse trecho e de *sūtras* semelhantes está em destacar a irrelevância

---

[14] Cf. item 2, sub. 2.1, do cap. 1.

de determinadas questões para a trilha óctupla, assim como no fato de que as respostas buscadas em nada contribuem para a libertação do sofrimento. Pelo contrário, a preocupação com esse tipo de problemas pode ser contraproducente para o caminho ao *nirvāna*. Portanto, a função do método de *avyakata* aplicada a um discurso é transformar o interlocutor, a fim de que ele considere essas perguntas e respostas como algo sem importância, ajudando-o a se desapegar da curiosidade do gênero.

Um trecho representativo desse motivo encontra-se no *Aggivacchagotta-Sūtra*,[15] que relata a relação entre o Buda e um de seus contemporâneos, Vacchagotta. Tal personagem insistia sempre nas mesmas perguntas ao Buda, como se fosse obcecado com os problemas a elas relacionados. Ao ter inquirido mais uma vez pelo asceta, Buda optou pelo silêncio. Esse silêncio exerceu sobre Vacchagotta um efeito mais intenso do que uma explanação detalhada, o que fez com que, na sequência, ele alcançasse a iluminação.

1.2.2. A estratégia de apelar à razão do interlocutor

A expressão mais conhecida da estratégia indicada pelo subtítulo encontra-se no *Kalama-Sūtra*,[16] texto que resgata um discurso do Buda aos kalamas, integrantes

---

[15] O texto encontra-se na coleção de discursos de tamanho médio (*Majjhima Nikāya*) do cânone páli.
[16] O texto encontra-se na chamada "coleção gradual de discursos" (*Anguttara Nikāya*) que faz parte do cânone páli.

de um grupo de habitantes de Kesaputta, antiga cidade do atual Estado indiano de Bihar. O texto é considerado uma expressão do incentivo ao fim da fé cega nas autoridades religiosas de então[17] e aposta na capacidade dos ouvintes de descobrir, no longo prazo, a validade de ensinamentos religiosos, inclusive as doutrinas apresentadas por Siddhartha Gautama. Conforme o relato, os kalamas procuravam o Buda confusos em função do pluralismo de opiniões e doutrinas religiosas em seu meio, muitas das quais contraditórias entre si. Devido às circunstâncias, Buda lhes deu o seguinte conselho:

> É claro que vocês estão confusos, kalamas. É claro que vocês têm dúvidas. Porque a dúvida surge com relação a qualquer assunto que cause a perplexidade. Dessa forma, kalamas, nesse caso não se deixem levar pelos relatos, pelas tradições, pelos rumores, por aquilo que está nas escrituras, pela razão, pela inferência, pela analogia, pela competência (ou confiabilidade) de alguém, por respeito por alguém ou pelo pensamento, "Este contemplativo é o nosso mestre." [...] Quando vocês souberem, por vocês mesmos que "Essas qualidades são inábeis; essas qualidades são culpáveis; essas

---

[17] Cf. Grünschloss, Andreas: Buddhistische Jesusbilder. Zeitgenössische Beispiele einer buddhistischen Hermeneutik des Christentums", in: U. Berner, et. alii. (orgs.), *Das Christentum aus der Sicht der Anderen*. Frankfurt/M.: Lembeck, 2005, p. 133-166.

qualidades são criticáveis pelos sábios; essas qualidades quando postas em prática conduzem ao mal e ao sofrimento" – então vocês devem abandoná-las. Assim foi dito. E em referência a isso é que foi dito.[18]

Outro exemplo está no *Tevijja-Sūtra*,[19] que relata uma conversa entre o Buda e Vasettha, um brâmane jovem que busca o caminho correto para a unificação mística com uma das mais altas divindades do panteão hindu, Brahma. Em vez de deixar claro desde o início que a busca de Vasettha é norteada por um conceito errôneo, o Buda entabula um diálogo que, por meio de observações e comparações, leva seu interlocutor a tal conclusão. Observemos um pequeno trecho dessa conversa:

> "Vasettha, nenhum desses Brâmanes, mestres nos três Vedas, viu Brahma cara a cara, tampouco um dos mestres desses Brâmanes ou os mestres dos mestres, nem mesmo as últimas sete gerações ancestrais de um dos mestres. Nem mesmo um dos antigos sábios poderia dizer: 'Nós sabemos e vemos, quando, como e onde Brahma aparece'. Então aquilo que es-

---

[18] Citação da versão portuguesa exposta no portal "Acesso ao Insight", http://www.acessoaoinsight.net/sutta/ANIV.65.php, acesso 10/01/2009.
[19] O texto está na chamada "coleção de discursos longos" (*Dīgha-Nikāya*), que faz parte do cânone páli..

ses Brâmanes, mestres nos três Vedas, estão dizendo, é: 'Nós ensinamos este caminho para a união com Brahma que nós não conhecemos nem vemos, este é o único caminho correto... conduzindo à união com Brahma'. O que você pensa, Vasettha? Sendo esse o caso, aquilo que esses Brâmanes declaram não se mostra sem fundamento?" – "Sim, de fato, Mestre Gotama." [...] "Vasettha, é como se este Rio Aciravati estivesse cheio de água até a borda, de forma que um corvo pudesse nele beber, e um homem viesse desejando cruzar até a outra margem, até o outro lado, e, estando em pé na margem, ele chamasse: 'Venha para cá outra margem, venha para cá!' O que você pensa, Vasettha? A outra margem do Rio Aciravati viria para esta margem por conta do chamado, pedido, súplica ou sedução daquele homem?" – "Não, Mestre Gotama."[20]

Dessa forma "maiêutica" o Buda aborda, passo a passo, cada elemento da "fé cega" de Vasettha, despertando, progressivamente, *insights* em seu interlocutor. Esses *insights* desnudam a inutilidade de suas crenças.

---

[20] Citação da versão portuguesa exposta no portal "Acesso ao Insight", http://www.acessoaoinsight.net/sutta/DN13.php , acesso 17/01/2009.

1.3. Atitudes budistas tendentes à inclusão

Uma atitude *inclusivista* tem como pré-requisito a disposição de concordar com posições e conteúdos presentes em sistemas alheios sem abandonar a pretensão da superioridade da própria religião. Em outras palavras: quem se apropria da figura retórica do inclusivismo está aberto à presença de verdades e valores em outros contextos, mas "filtra" esses elementos de acordo com os critérios fornecidos pela comunidade religiosa a que pertence. Aspectos que passam pelo "filtro" são vistos como enriquecedores para o sistema referencial. Todavia, são geralmente incorporados em um "segundo patamar", ou seja, devem contentar-se com um lugar provisório, subordinado ou suplementar em comparação com as doutrinas, os princípios e as práticas "autóctones".[21]

A descrição e exemplificação de tendências inclusivistas no âmbito do Budismo serão feitas a partir de uma discriminação de três subtipos que a figura retórica pode assumir: incorporação tácita de elementos alheios, valorização explícita de elementos alheios e reinterpretação de elementos alheios, conforme a lógica do próprio sistema.

---

[21] Kiblinger, Kristin Beise: Using Three-Vehicle Theory to Improve Buddhist Inclusivism *Buddhist-Christian Studies*, vol. 24, 2004, p. 159-169.

1.3.1. Incorporação tácita de elementos alheios

A forma mais simples de atitude inclusivista reside na incorporação tácita de elementos alheios, postura que vale especificamente para a fase inicial do Budismo em relação a diversos elementos típicos do antigo Hinduísmo (Bramanismo). Entre eles, podemos mencionar as ideias de *carma* e do *samāsara*, a busca metódica pela libertação, a opção por uma vida itinerante (*śramana*), a ênfase na ascese (*tapas*) e na renúncia (*samnyāsa*).[22] Esses e diversos outros aspectos e ideais foram adotados pelo Buda histórico sem que o cânone páli mostrasse uma preocupação do mestre em explicar e justificar aspectos aparentemente tomados como garantidos por ele e seus interlocutores. É essa concordância implícita com o Hinduísmo da época de Siddhartha Gautama que qualifica o Budismo primitivo como religião tipicamente indiana.

1.3.2. Valorização explícita de elementos alheios

Conforme indicações do cânone páli, o Buda não se contentava com a incorporação tácita de elementos autoexplicativos pré-formulados no ambiente cultural convencional da época, mas se apropriava do paradigma inclusivista também de maneira explícita. Em todos esses momentos, o Iluminado

---

[22] Cf. Bechert, Heinz: Die Ethik der Buddhisten, in: Antes, Peter et alii.: *Ethik in nichtchristlichen Kulturen*, Stuttgart: Kohlhammer, 1984, p. 114-135, especialmente p. 115ss.

mostrou-se convicto da superioridade do seu sistema. Nesse sentido, a tomada da postura inclusivista era, em primeiro lugar, uma expressão da concessão do fundador de uma nova religião às rupturas socioestruturais e ideológicas ao seu redor. Tais rupturas demandavam de Siddharta Gautama sensibilidade não apenas para as preocupações dos seus ouvintes com a insegurança generalizada, mas também para os interesses das autoridades religiosas de então, desconfiadas de potenciais "arrivistas", capazes de auferir vantagens da reputação declinante dos portadores de tradição antiga. Uma das consequências foi a de que, dentro do movimento budista, estabeleceu-se relativamente cedo, como princípio básico da sua ética social, determinada discrição em lidar com outras religiões. Isso significava que os monges deveriam transmitir os ensinamentos, mas nunca se impor a alguém, ou seja, deveriam esperar até que fossem solicitados a pregar. Analogamente, os leigos observavam o mandamento de serem caridosos não somente perante a elite de sua própria religião, mas também para os discípulos de outras religiões.[23]

Uma alusão à tendência da *sangha* primitiva de valorizar elementos presentes em sistemas alheios é dada pela polissemia do termo *dhamma* (sânscrito: *dharma*) em textos do cânone páli, nos quais a expressão é usada para designar os ensinamentos do Buda.[24] Em vários desses trechos, a formulação assume um sentido *comparativo*, ou seja, serve tan-

---

[23] Cf. Bechert, Heinz, op. cit., p. 127.
[24] Uma referência alternativa seria "fatores existências" (cf. item 2, sub. 2,2., do cap. 1).

to como *auto*designação quanto como *alo*designação. Isso significa que protagonistas do Budismo primitivo admitiram que diversas comunidades não-budistas eram suficientemente dignas para ser qualificadas em um patamar próximo ao do próprio grupo.[25] A aplicação do termo *dhamma* a sistemas alheios indica, portanto, que desde cedo pensadores budistas contavam com a possibilidade de que, além da *sangha*, outras comunidades religiosas da época tinham algo válido a oferecer.

Por outro lado, exemplos dessa atitude encontram-se particularmente em *sūtras* em páli que abstraem o lado sociológico-institucional do movimento budista e destacam questões soteriológicas de um ponto de vista antropológico universal. Tais trechos não mencionam a *sangha*, mas admitem que existem formas legítimas de ascese fora da comunidade budista. Nesses textos, portanto, o ideal não é o monge (*bikkhu*) como constituinte de um determinado grupo espiritual, mas o asceta que merece reconhecimento por sua diligência individual. O que conta não são aspectos como o caráter e a intensidade dos laços estabelecidos com um conjunto social baseado em normas religiosas coletivas, mas o compromisso pessoal com o caminho da salvação.

Um exemplo que indica que o Buda estava disposto a reconhecer a pertinência de determinados exercícios e dou-

---

[25] Cf. Haussig, Hans-Michael: *Der Religionsbegriff in den Religionen. Studien zum Selbst- und Religionsverständnis in Hinduismus, Buddhismus, Judentum und Islam*, Berlin & Bodenheim: Philo, 1999, p. 113.

trinas é o *Mahaparinirvāṇa-Sūtra*,[26] um dos textos mais compridos do cânone páli, que relata uma conversa entre Siddhartha Gautama e o asceta itinerante Subhadda. Nesse texto, o *Iluminado* afirma que o grau de validade de uma trilha espiritual depende de sua concordância com o nobre caminho óctuplo. Como o *Samaññaphala Sūtra*[27] indica, não apenas monges e monjas, mas também adeptos leigos budistas, foram advertidos a se mostrar generosos com ascetas não-budistas.[28] Outro exemplo dessa disposição aparece no *Upali Sūtra*,[29] que relata um debate entre Upali, seguidor de Mahāvira (o fundador do Jainismo), e o Buda. Durante a conversa, Upali fica impressionado com a profundidade dos ensinamentos de Siddhartha Gautama. No final, afirma seu desejo de se converter e entrar na *sangha*. Buda, porém, adverte seu interlocutor a não seguir as emoções do momento e sugere que Upali volte para casa e reavalie sua decisão. Mas a determinação de Upali permanece firme e Buda o aceita como discípulo, com a condição de que o novo membro da comunidade não mude sua rotina de apoiar os ascetas jainistas em termos de doações.

---

[26] O texto está na chamada "coleção de discursos longos" (*Digha-Nikāya*), que faz parte do cânone páli.

[27] O texto encontra-se também no *Digha-Nikāya*.

[28] Freiberger, Oliver: Profiling the Sangha – Institutional and Non-Institutional Tendencies in Early Buddhist Teachings, *Marburg Journal of Religion,* vol. 5, n. 1 (July, 2000), p. 1-6.

[29] O texto encontra-se na coleção de discursos de tamanho médio (*Majjhima Nikāya*) do cânone páli.

1.3.3. Reinterpretação de elementos alheios conforme a lógica do próprio sistema

Outra espécie da postura inclusivista é a estratégia de "colonizar" ideologicamente aspectos de uma religião alheia mediante sua reinterpretação à luz da lógica do próprio sistema. Essa modalidade retórica é menos favorável a outras religiões do que os dois outros subtipos acima abordados. Enquanto a incorporação tácita e a valorização explícita de elementos alheios implicam em uma apreciação do valor genuíno de constituintes de outras religiões, a estratégia de reinterpretação extrai o significado original de elementos adotados, atribuindo-lhes um novo sentido conforme o horizonte simbólico do sistema adotante.

Vários textos do cânone páli indicam os esforços do Buda de "endireitar" ou "retificar" conceitos e práticas da religião então dominante (o Hinduísmo antigo ou Bramanismo). Um exemplo dessas reinterpretações aparece em um dos mais antigos textos da tradição budista, o chamado *Catusparisat Sūtra*, no qual as divindades bramânicas, entre elas a figura de Brahma, são incorporadas ao Budismo como seres de *carma* positivo e dotadas de sabedoria relativa, mas de grau inferior à libertação e ao caminho oferecido pelo Budismo.[30] Outro exemplo está no *Kevaddha Sutta*,[31] texto

---

[30] Cf. *The Sūtra of the Foundation of the Buddhist Order (Catusparisatsūtra)*, translated by Ria Kloppenborg, Leiden: Brill 1973, especialmente p. 6ss.
[31] O texto encontra-se na chamada "coleção de discursos longos" (*Digha-Nikāya* do cânone páli.

cujo título se relaciona ao nome de um chefe de família que recebe ensinamentos do Buda. O texto é cheio de alusões a mundos divinos distantes da esfera dos seres humanos e faz referência a diversos deuses védicos em seus respectivos céus hierarquizados, entre eles Brahma, que considera a mais alta das divindades. O deus é elogiado como *"Omnisciente, Todo Poderoso, Senhor, Deus e Criador, Soberano, Providência Divina, Pai de todos aqueles que são e serão"*,[32] mas o *sūtra* acaba desmentido esses atributos ao demonstrar que mesmo Brahma tem limitações – o que não acontece com Buda, cuja sabedoria transcende todas essas esferas ainda localizadas dentro do *samsāra*.

1.4. Posturas tendentes ao pluralismo

Uma atitude *pluralista* inter-religiosa qualifica-se pelo reconhecimento de uma base comum entre o "próprio" e o "outro" no sentido de uma identidade fundamental entre sistemas religiosos envolvidos ou, pelo menos, de uma analogia ou de uma relação de complementaridade entre seus elementos. A seguir, apresentaremos três articulações de uma postura pluralista, a saber: a abertura do Budismo para o diálogo inter-religioso; a busca por pontos de interseção extradoutrinária; e a figura retórica chamada *upāya*.

---

[32] Citação da versão portuguesa do *sūtra* disponível no portal "acesso ao insight", http://www.acessoaoinsight.net/sutta/DN11.php, acesso 22/12/2008.

1.4.1. A abertura do Budismo para o diálogo inter-religioso

Um diálogo inter-religioso caracteriza-se pela comunicação respeitosa entre duas ou mais pessoas comprometidas com religiões diferentes, sobre temas da relevância religiosa, em uma atitude de abertura espiritual.[33] A disposição do Budismo de se engajar sistematicamente em fóruns inter-religiosos bi ou multilaterais pode ser observada apenas a partir do fim da Segunda Guerra Mundial. As perspectivas que se desenvolveram desde então podem ser atribuídas, grosso modo, a três categorias. Elas representam, em primeiro lugar, um tipo mais orientado na experiência; em segundo lugar, um acesso majoritariamente intelectual-filosófico; e, em terceiro lugar, um princípio prioritariamente sociopolítico-pragmático. A última perceptiva se sobrepõe à busca por pontos de extradoutrinários de interseção, figura retórica que será abordada separadamente mais adiante.

A perspectiva orientada na experiência caracteriza-se por construir um vínculo com os ramos místicos em outras religiões, especialmente pela prática conjunta do zen. O acesso intelectual-filosófico busca, de forma especulativa, captar o "espírito atrás das letras" e pretende, portanto, alcançar as camadas de significado mais sutis e passíveis de consenso das mensagens religiosas. O princípio sociopolítico-pragmá-

---

[33] Cf. Dunbar, Daniel Scott: The Place of Interreligious Dialogue in the Academic Study of Religion. *Journal of Ecumenical Studies*: 35 (1998), n. 3-4, p. 387-404.

tico apresenta afinidades com o denominado Budismo socialmente engajado, que tem metas como a paz global ou a justiça social.

A perspectiva orientada pela experiência é representada, entre outros, por Yamada Koun Roshi (1907-1989). Em seu centro, o mestre zen japonês forma diversos multiplicadores ocidentais do *Zazen* (a meditação típica desse segmento do Budismo), contribuindo, assim, decisivamente para a ampliação da base de encontro com cristãos. Os cristãos gostam de lembrar do monge cisterciense dos Estados Unidos Thomas Merton (1915-1968),[34] que pertencia à abadia Getsêmane, no Estado de Kentucky. Nos anos 50, Merton interessou-se pelas religiões asiáticas, especialmente pelo Budismo, tornando-se um defensor célebre do intercâmbio inter-religioso monástico.

Um dos primeiros exemplos para a orientação na experiência é um evento realizado em março de 1967 nos arredores de Tóquio, e que por quase uma semana reuniu zen-budistas e cristãos. Aparentemente, o foco foi colocado nas questões espirituais comuns.[35] Discussões sobre questões dogmáticas foram consideradas menos importantes. Vale lembrar, também, uma sequência de encontros bilaterais entre monges zen e membros de diversas ordens europeias iniciada em se-

---

[34] Cf. Seager, Richard Hughes: *Buddhism in America*, New York: Columbia University Press, 1999, p. 222-225.
[35] Cf. Dumoulin, H.: Buddhismus, in: *Ökumene Lexikon. Kirche, Religionen, Bewegungen*, Frankfurt/M.: Lembeck, 1987², S.195-202, especialmente p. 199.

tembro de 1979, com a visita de uma delegação de trinta pessoas originárias do Japão. Esse evento durou três semanas, nas quais a delegação nipônica visitou diversos mosteiros na Alemanha, Holanda, Bélgica, França e Itália. Em outubro de 1983 a visita foi retribuída pelos intercambistas, na maioria beneditinos, que puderam participar do dia-a-dia em um mosteiro zen-budista. O programa continuou nos anos seguintes, com a participação, por exemplo, de budistas japoneses no aniversário de cem anos da arquiabadia St. Ottilien, na Alemanha, em julho de 1984.

O segundo princípio, representado paradigmaticamente pela Escola de Kyoto e pelas relações entre seus membros e integrantes de círculos ocidentais de ambições semelhantes, vai além do discurso meramente acadêmico (isso, apesar de o aumento na oferta de cursos universitários sobre Budismo em universidades ocidentais certamente ter contribuído para intensificar as respectivas tentativas).[36] A Escola de Kyoto foi fundada por Nishida Kitaro (1870-1945) e é uma associação informal de intelectuais japoneses, geralmente de orientação religiosa zen, com conhecimentos fundamentados sobre a filosofia europeia.

Nos encontros mais recentes entre budistas e cristãos, o conteúdo foi especialmente ditado por Masao Abe (1915-2006). Como resultado, Abe obteve a amizade e colaboração do teólogo norte-americano John B. Cobb, que nos anos

---

[36] Cf. Ryomin, Akizuki: Christian-Buddhist Dialogue, *Inter-Religio* 14 / Fall, 1988, p.38-54, especialmente p. 39.

80 consolidou a *Society for Buddhist-Christian Studies* com uma série de conferências e a publicação do jornal *Buddhist--Christian Studies*. É característico da orientação leiga dessa sociedade que os fóruns internacionais não tenham sido planejados somente como oportunidades para informações detalhadas. Ao contrário, os fundadores pretendiam iniciar, dentre os participantes, um processo de "autoconversão", com o conhecimento e a compreensão mútuos.[37]

A abordagem sociopolítica-pragmática é, entre outros motivos, importante para o movimento neobudista *Rissho Kosei-kai* e expressa suas tentativas de realizar uma contribuição ativa para a paz e harmonia das religiões face às crises mundiais. Essas ambições têm correspondências múltiplas também por parte dos cristãos, que analogamente – e, muitas vezes, com o mesmo conteúdo dos demais princípios – articularam-se no intercâmbio monástico. Como exemplo, podemos citar uma iniciativa do *Gurukul Theological College* de Madras, Índia, que a partir do outono de 1981 organizou diversos encontros entre representantes cristãos e budistas. O programa, que não somente abrangia questões teológicas, mas também questões mútuas sociais, políticas e culturais face aos desafios globais da uma humanidade, foi financiado conjuntamente pelo governo de exílio tibetano e pelas *Lutheran Churches of India*.[38]

---

[37] Cf. Gross, Rita M.: The International Buddhist-Christian Theological Encounter: Twenty Years of Dialogue, *Buddhist-Christian Studies* 25 (2005), p. 3-7.
[38] Cf. Lai, Whalen; Brück, Michael v.: *Christianity and Buddhism. A Multi-Cultural History of their Dialogue*, Maryknoll, New York, 2001, p. 16.

1.4.2. A busca por pontos extradoutrinários de interseção

A postura esboçada neste tópico está relativamente imune de criar tensões com outras religiões a esse perigo, uma vez que diz respeito a uma figura retórica desinteressada dos repertórios filosóficos e metodológicos das diferentes religiões. Em vez disso, chama a atenção para a capacidade de cada uma de contribuir para a solução de problemas emergentes "mundanos" nos âmbitos social, político, econômico e ambiental. Essa postura é autenticamente pluralista na razão em que busca alianças pragmáticas igualitárias, independentemente ou apesar de possíveis discordâncias dogmáticas. Quem argumenta segundo essa figura retórica não quer gastar tempo e energia com disputas religiosas propriamente ditas, mas é incentivado pela gravidade das crises atuais e pela consciência de que suas soluções requerem ações concertadas de todas as forças sociais que se sentem responsáveis e estão dispostas a contribuir na medida possível.

Um ponto de interseção extradoutrinária reside nas preocupações de diversas religiões com a intolerância contra minorias em diferentes partes do mundo. A questão repercute no discurso de protagonistas budistas que pregam a abertura e o apoio a todos os esforços coletivos e individuais que objetivem criar uma atmosfera de entendimento, confiança e respeito, e mútuo, entre os seres humanos e que, como determinados movimentos budistas, estão comprometidos com a redução de preconceitos e complexos de inferioridade e superioridade, bem como com a superação de posturas que atentem contra a dignidade humana.[39] Apelos desse tipo colocam o Budismo no mesmo patamar de qualquer outra iniciativa, religiosa ou não, engajada em prol de objetivos afins. No caso do Dalai Lama, o apelo inter-religioso para a união de forças é especialmente articulado na seguinte citação:

> Não importa de que país venhamos. O que nos une, em primeiro lugar, são nossas necessidades e ansiedades. Todos buscamos a felicidade e queremos evitar o sofrimento, independentemente das nossas características particulares no sentido étnico, religioso, político ou do nosso sexo. Todos os seres humanos têm direto à felicidade, paz e liberdade.[40]

1.4.3. A postura retórica no espírito de upāya

A postura inter-religiosa designada *upāya* pela tradição budista frequentemente assume na literatura secundária inglesa o significado *"skillfull means"*,[41] expressão aqui traduzida como "meios habilidosos". Lida mais livremente, ela

---

[39] Cf. Chau, Thich Minh: Five Principles for a New Global Moral Order, in: Paige, Glenn D.; Sarah Gilliatt [eds.]: *Buddhism and Nonviolent Global Problem-Solving. Ulan Bator Explora*tions, University of Hawaii, Center for Global Nonviolence, 1999, p. 91-102, especialmente p. 93.

[40] Dalai Lama: *Human Rights and Universal Responsibility*. Released by the Tibetan Delegation to the United Nations World Conference on Human Rights, Vienna, Austria, online http://www.tibet.com/DL/vienna.html, acesso 12/12/2008. *Tradução minha.*

[41] Cf. Pye, Michael: *Skilful Means: A Concept in Mahayana Buddhism*, London/ New York, 2003.

se refere ao talento de um falante de se aproveitar de determinadas estratégicas argumentativas. Uma vez que protótipo *upāya* implica em reconhecimento da significância soteriológica de outros sistemas religiosos, ele escapa a uma categorização inequívoca. Embora haja boas razões para associar os meios habilidosos a uma atitude pluralista, não se pode negar certas afinidades com uma postura inclusivista.

A figura de *upāya* tem suas raízes no Budismo primitivo. Foi, porém, aperfeiçoada por pensadores *mahāyānistas*, tanto pela necessidade de reagir a polêmicas articuladas por escolas antigas contra as tendências inovadoras do *grande veículo*, quanto como instrumental proselitista em um ambiente dominado por tradições respeitadas, caso, por exemplo, do Taoísmo e do Confucionismo na China. Confrontados com a situação religiosa pluralista do mundo atual, diversos representantes do Budismo contemporâneo, entre eles o Dalai Lama, apropriam-se do protótipo de *upāya*.

O termo *upāyā* aparece, de forma ligeira, em trechos mais recentes do cânone páli. É o caso, por exemplo, da atribuição a um monge de certo grau de perfeição nas técnicas que constituem o caminho óctuplo. Uma das metáforas usadas nesses trechos é a de um barqueiro que sabe muito bem conduzir seu veículo através das correntezas de um rio. O modelo para esse barqueiro foi o próprio Buda e sua habilidade de adaptar sua mensagem ao contexto em que ela foi disseminada.

Quanto à forma posterior do protótipo elaborado de *upāya*, são principalmente as seguintes ideias básicas nas quais ele se baseia:

1) a relativização da pretensão de que a própria religião representa o único caminho para a salvação;

2) a hipótese de que há um desnível entre a sabedoria do Buda e a capacidade dos seus adeptos, em particular seus primeiros discípulos, de penetrar a profundidade e a abrangência da sua doutrina;

3) o conceito de dois tipos de verdade já descrito anteriormente;

4) seres deslumbrados pela ignorância requerem a compaixão e a ajuda daqueles que conhecem o caminho para superá-la;

5) a forma da ajuda deve corresponder às condições cármicas de cada ser particular perdido no *samsāra*;

6) independentemente das diferenças do status dos seres humanos, eles são, afinal de contas, idênticos do ponto de vista da última realidade, isto é, a vacuidade (*śunyatā*).

Alguns desses princípios básicos remontam ao Budismo primitivo e foram posteriormente aprofundados ou frisados por pensadores *mahāyānistas*. Um deles é a ideia de que os discípulos do Buda diferem quanto ao grau de entendimento da mensagem do mestre,[42] o que aponta para os diferentes níveis de evolução espiritual, nos quais adeptos e pratican-

---

[42] Cf. Boriharnwanaket, Sujin: *Taking Refuge in Buddhism*, London: Zolag, 2000, p. 52-53.

tes recebem a mensagem budista.[43] O surgimento de outros constituintes da figura de *upāya* não teria sido possível se o *Mahāyāna* não tivesse acrescentado novas perspectivas ontológicas e soteriológicas aos ensinamentos das escolas antigas.

O contexto histórico decisivo para o aperfeiçoamento do protótipo argumentativo de *upāya* foi a fase em que o *Mahāyāna* adquiriu autonomia como vertente budista diferenciada, processo não apenas marcado pelos esforços de elaboração, a partir de ensinamentos tradicionais e afirmações posteriores, de um sistema doutrinário filosoficamente consistente, mas também pela apologia dos seus protagonistas em resposta a acusações de distorção da autenticidade das doutrinas pela reinterpretação equivocada de ideias tradicionais e pela incorporação de novos incompatíveis com a verdadeira mensagem de Siddhartha Gautama.[44] Nesse polêmico ambiente, o método de "meios habilidosos" tornou-se a técnica-chave para o movimento de *Mahāyāna* voltado às disputas intrabudistas. Uma vez aperfeiçoada, a postura de *upāya* começou também a desempenhar um papel no encontro com posturas e doutrinas de outras religiões.

---

[43] Quanto atriculações deste conceito no contexto do Budismo contemporâneo estão em Pöhlmann, Horst G.: *Begegnungen mit dem Buddhismus. Dialoge, Erfahrungen und Grundsatzüberlegungen. Ein Beitrag zum interreligiösen Gespräch*, Frankfurt am Main: Lembeck 1997, p. 107s.

[44] Cf. Lopez, Donald S. Jr.: Buddhism in Practice, in: Idem. (ed.): *Asian Religions in Practice*. An Introduction. Princeton, Princeton University Press, 1999, p. 56-87, especialmente p. 57-58.

No que se refere às tensões entre o pequeno e o grande veículo, o *Mahāyāna* justificava a complexidade das suas doutrinas, éticas e práticas através de argumento de que todos os princípios supostamente inovadores seriam idênticos aos elementos ensinados pelo Buda histórico. O fato de que esses aspectos não tinham entrado no repertório doutrinário das escolas antigas afirma o raciocínio *mahāyānista*, explica-se pelo horizonte limitado da *sangha* primitiva e pela incapacidade de seus integrantes de entenderem a mensagem completa de um mestre perfeito. Portanto, os contemporâneos do Buda tinham de se contentar com um acesso parcial ao verdadeiro *dhamma*, constelação da qual resulta o caráter inferior do *Hinayāna*.

Porém, comparado com o então *espírito do tempo,* o Buda é visto como um líder religioso bem-sucedido, que contribuiu na medida do possível para a evolução dos seus discípulos diretos. Isso implica em que os elementos afirmados pelo pequeno veículo são válidos, mas, do ponto de vista da segunda girada da roda do *dharma* da qual deriva o "grande veículo", apenas em sentido provisório. Isso significa que o conceito de *upāya* não deriva de especulações meta*físicas*. Trata-se de um conceito meta*prático*, ou seja, é resultado de uma reflexão sobre questões pragmáticas em prol da transmissão da sabedoria budista. A "metaprática" preocupa-se, portanto, com questões da lógica e da funcionalidade em benefício dos objetivos soteriológicos de um método religioso. Em palavras de Kasulis:

> Uma prática religiosa possui uma função participante ou transformadora. [...] Ela é transformadora na medida em que aperfeiçoa uma pessoa ou uma comunidade em determinado sentido espiritual [...]. Uma reflexão metaprática inquire o objetivo ou a eficácia da prática em questão em termos das duas funções, participante e transformadora. Alguma coisa acontece ou, pelo menos, deve acontecer mediante e durante uma prática religiosa. A metaprática analisa e avalia aquilo que acontece.[45]

Dentro de um espírito "metaprático", alguns textos do *Mahāyāna* primitivo afirmam que o Budismo oferece um número infinito de curas e remédios. Se o Buda tivesse prescrito uma única fórmula curativa a todos os seus pacientes, teria sido um péssimo "médico".[46] Todos os remédios correspondentes a determinados tipos e estágios de doenças são aplicados com o mesmo objetivo, isto é, a libertação do sofredor da sua miséria, sejam quais forem seus sintomas específicos. Do ponto do vista desse alvo, todas essas curas se complementam, cada uma cumprindo sua função em situações e momentos oportunos. Nesse sentido, a multiplicidade de

---

[45] Kasulis, Thomas P. 1992. Philosophy as Metapraxis. In: Reynolds, Frank; Tracy David (eds.): *Discourse and Practice*, Albany: State University of New York Press, 1992, p. 169-196, especialmente p. 178. *Tradução minha.*
[46] Cf. Schroeder, John: Nagarjuna and the doctrine of "skillful means", *Philosophy East and West*, vol. 50, n. 4 (October, 2000), p. 559-583, especialmente p. 561.

abordagens encaixa-se em *um* caminho marcado por desafios específicos, dependente das características de suas etapas. Trata-se de uma visão que enfatiza a homogeneidade funcional do Budismo e a legitimidade das especificidades de todas as suas facetas. Essa abordagem é conhecida como o veículo único (*ekayāna*) e se contrapõe à teoria dos três veículos (*triyāna*). Ambas as perspectivas existem no *Mahāyāna*.[47]

Um dos textos a tomar partido do conceito de *ekayāna* é o *Sūtra* do Lótus (*saddharmapundaríka*), um dos mais famosos textos da literatura mahayanista. Compilado na segunda metade do século IV d.C., o *sūtra* destaca – em diferenciação ao ideal do *arhat* e sua busca para a salvação individual – a figura do *bodhisattva* e seu papel para a salvação de todos os seres das suas condições *samsāricas*. O segundo capítulo do *Sūtra* do Lótus traz uma parábola que narra a história de um pai que deseja resgatar os filhos de uma casa incendiada. Para tanto, ele faz uso de um truque para convencer as crianças que, em sua visão do mundo infantil, não têm noção do risco e não atendem a apelos mais pragmáticos. Afirma o texto:

> Certa ocasião, irrompeu um incêndio e as chamas começaram a envolver a casa. Os filhos do velho chefe da família [...] achavam-se dentro da casa. [...] Então pôs-se ele a gritar: "Saí, filhos meus, que a casa está em

---

[47] Cf. Kiblinger, Kristin Beise: *Buddhist Inclusivism: Attitudes Towards Religious Others*, Idershot: Ashgate, 2005, p. 31.

chamas!" Mas os filhos, absorvidos pelos prazeres, não acreditaram em suas palavras, não se assustaram, não se aterrorizaram e não manifestaram vontade de sair. Não sabiam o que era a casa nem o que estavam para perder. Corriam de um lado para o outro e espreitavam o pai. [...] O pai sabia que os filhos gostavam de coisas raras e maravilhosas e então lhe falou da seguinte maneira: "As coisas que desejais, filhos meus, são raras e maravilhosas. Se vós não as tomardes agora, certamente vos arrependereis depois. Eis que fora da casa se alinham carros puxados por bodes, veados e bois, para vós brincares. Saí imediatamente dessa casa em chamas. Tudo vos será dado, segundo vossa vontade". Então os filhos [...] saíram correndo da casa, atropelando-se mutuamente, cada qual desejoso de sair primeiro do que todos.[48]

Nessa analogia, a casa é uma metáfora para o domínio da ilusão e ignorância, as alusões aos brinquedos raros representam a empatia do Buda pelo status e pela capacidade do seu público, enquanto o campo fora da casa significa a "esfera" de iluminação. Do ponto de vista de ética altruísta do *Mahāyāna*, a empatia do mestre não é fruto de mero cálculo didático, mas é impulsionada pela confluência de duas virtudes complementares, a saber: a sabedoria e a compaixão. É essa atitude que incentiva budas e *bodhisattvas* a usarem quaisquer meios adequados necessários à libertação de um

---

[48] *Textos budistas e zen-budistas*. Seleção, tradução, introdução e notas do Prof. Dr. Ricardo M. Gonçalves, São Paulo: Cultrix 1999, p. 94 s.

ser do sofrimento, mesmo que esses meios estejam em contradição com regras monásticas ou doutrinas estabelecidas.

Além da sua função apologética intrabudista, a estratégia de *upāya* tem desempenhado um papel importante no posicionamento do Grande Veículo diante de religiões não--budistas, uma vez que essa figura argumentativa permite a representantes do *Mahāyāna* um olhar construtivo diante de fundadores e protagonistas de sistemas não-budistas, interpretados como coparticipantes do trabalho salvífico universal do Buda.[49] Se essa perspectiva se contenta com o postulado de uma simultaneidade de caminhos espirituais igualmente qualificados, ela é pluralista no sentido mais estrito da palavra. Caso o reconhecimento da pluralidade de trilhas signifique que os respectivos métodos e abordagens são hierarquizados no sentido de um *ranking* que culmina nas técnicas e nos procedimentos oferecidos pelo Budismo *Mahāyāna*, a perspectiva aproxima-se de uma postura inclusivista, tendente a enxergar outras religiões como formas menos qualificadas ou preliminares na comparação com o grande veículo.

A segunda perspectiva tem afinidade com um espírito proselitista – não no sentido de uma insistência na conversão imediata de um fiel de uma outra religião ao Budismo, mas no da hipótese de que, no momento oportuno, um buscador espiritual, por ter esgotado o potencial limitado da sua religião atual, optará naturalmente pelo Budismo. Contando com a evolução orgânica de um ser humano que, no momen-

---

[49] Cf. Makransky, John: op. cit.

to certo, identificará o *Mahāyāna* como satisfação das suas mais altas aspirações religiosas, o grande veículo não requer um instrumental propagandista sofisticado. Basta colocar sua voz paciente e se fazer suavemente presente para que sua oferta discreta chegue ao público carmicamente preparado e suficientemente sensível. O estilo ameno de comunicação explica-se por dois motivos. O primeiro tem a ver com a ontologia; o segundo, com a ética *mahāyānista*.

Quanto ao primeiro aspecto, vale a pena lembrar que, conforme a filosofia de vacuidade e o teorema de *gênese condicionada*, o *Mahāyāna* concebe todos os partidos envolvidos em uma situação inter-religiosa como essencialmente idênticos. Isso vale não apenas para diálogos em uma atmosfera construtiva, mas também para situações de conflito em que o grau da hostilidade entre os partidos envolvidos é a expressão da incapacidade de enxergar o verdadeiro caráter do interlocutor, falha que o *Mahāyāna* pretende superar mediante o *insight no fato de* que em nenhum lado de uma disputa, mas sim um portador definitivo, poderia ser ofendido por argumentos em oposição à "sua" opinião. No que diz respeito ao aspecto ético, já foi mencionada a forte tendência do *Mahāyāna* de se orientar nos princípios do altruísmo e da compaixão face ao sofrimento de outros. Desse ponto de vista, a intervenção construtiva de protagonistas do grande veículo em situações inter-religiosas é incentivada por sentimentos carinhosos com interlocutores dominados por apego, ódio e ignorância, ou seja, pelos "três venenos" identificados pelo Buda como raízes do sofrimento.

São particularmente essas implicações éticas que fizeram com que a figura retórica da *upāya* tenha ganhado relevância também para o Budismo tibetano, inclusive para as publicações e os discursos públicos de um de seus mais relevantes representantes contemporâneos, o Dalai Lama. Ele se apropria dos "meios habilidosos" quando afirma que o pluralismo religioso é uma manifestação natural das diferenças entre os seres humanos cujos interesses e preferências espirituais não poderiam ser satisfeitos se existisse apenas uma oferta religiosa. Portanto, a humanidade precisa de diversas religiões.[50] Ao mesmo tempo, o Dalai Lama tem enfatizado que combinações sincréticas ou uma unidade das religiões são tendências improdutivas. Ele chegou, mesmo, a desaconselhar adeptos de outras religiões a uma conversão ao Budismo, para que não viessem a confundir as abordagens de diferentes religiões. Essa preocupação se explica pelo fato de que, embora o Dalai Lama considere legítimo o pluralismo de doutrinas e práticas religiosas, ele destaca as divergências quanto à dimensão soteriológica das religiões coexistentes. Desse ponto de vista, o Budismo é apresentado como algo especial, uma vez que só ele propaga o alcance ao *nirvāṇa* como seu fim e oferece um caminho adequado para realizá-lo.

---

[50] Ibid.

1.5. Posturas tendentes ao exclusivismo

Uma atitude *exclusivista* é caracterizada por uma diferenciação categórica entre o "próprio" e o "outro", por esforços de demarcar as fronteiras entre as duas entidades ou, pelo menos, de seus constituintes em questão, e a negação da pertinência dos conteúdos e práticas do outro sistema para a própria religião. Essa atitude pode assumir diversas formas. Os tópicos a seguir discriminam entre a rejeição explícita da posição do interlocutor, a estratégia da disputa religiosa competitiva e os esforços retóricos com o objetivo de menosprezar o "outro".

1.5.1. Rejeição explícita da posição do interlocutor

Devido à sua complexidade e à heterogeneidade substancial que reflete o impacto de diversos subgrupos da *sangha* primitiva sobre sua compilação, o cânone páli traz diversos trechos que, em tensão com *sūtras* tendentes ao inclusivismo, apresentam uma atitude exclusivista, de rejeição de abordagens e ofertas não-budistas. O paradigma exclusivista encontra-se especialmente em trechos que argumentam contra tendências filosóficas evidentemente opostas à doutrina budista, por exemplo ensinamentos que, do ponto de vista do Buda, intensificariam o apego ao mundo em vez de diminuí-lo. Diante de doutrinas desse tipo, o Buda insistiu na superioridade e no alto grau da relevância soteriológica do seu sistema.

A figura retórica em questão manifesta-se de maneira indireta em textos do cânone páli em que a palavra *dhamma*, no sentido de "doutrina religiosa", não é usada como expressão comparativa,[51] mas como qualificação do sistema de Buda como a única verdade em distinção a outros ensinamentos incompletos, inválidos ou mesmo prejudiciais para a evolução espiritual.[52] Essa denotação corresponde a uma série de outros trechos nos textos budistas canônicos que também salientam o caráter extraordinário do Budismo. A moral das respectivas histórias é a de que não é possível atingir a salvação fora do *sangha*. As demarcações acontecem em diálogo com representantes de outras religiões indianas. Os últimos são identificados como inferiores e incapazes de entender a mensagem do Buda na sua profundidade.

O questionamento de autoridades convencionais articula-se de maneira mais específica no *Virecana-Sūtra*.[53] Nesse texto, o Buda se refere a líderes de outros movimentos comparando-os a médicos incapazes de oferecer ajuda adequada a seus pacientes, uma vez que possuem apenas remédios direcionados ao tratamento de sintomas superficiais, sem que a eficácia desses procedimentos limitados seja garantida. Em comparação com essas abordagens fragmentárias, a medicina oferecida pelo Siddhartha Gautama é bem-sucedida e

---

[51] Cf. item 1, sub. 1.3.2., do cap. 3
[52] Haussig, Hans-Michael, op. cit., p. 113.
[53] O texto encontra-se na chamada "coleção gradual de discursos" (*Anguttara Nikāya*) do cânone páli.

confiável sob quaisquer circunstâncias e, mais importante ainda, vai diretamente ao ponto, isto é, cura as raízes de todos os tipos de sofrimento.

Tendências exclusivistas no sentido de rejeição explícita de posições alheias aparecem no *Sandaka-Sūtra* e no *Mahāsandaka Sūtra*,[54] que identificam quatro tipos de falso ascetismo. O primeiro tipo é representado por integrantes de escolas que atribuem toda a existência, inclusive atividades mentais, a uma base material, conceito incompatível com os teoremas budistas de *skandhas* e da *gênese condicionada*. A segunda abordagem inaceitável é defendida por grupos que negam a validade de valores morais e, com isso, a relevância dos componentes do nobre caminho óctuplo relativos à ética. O terceiro tipo rejeitado corresponde a doutrinas que prometem a seus fiéis uma salvação mediante intervenções milagrosas e que, portanto, não reconhecem a universalidade da lei do *carma*. A quarta categoria de visões errôneas é associada a escolas que estão em oposição ao Budismo por negarem o livre-arbítrio e a responsabilidade do indivíduo.[55]

Outro texto relevante é o *Mahaparinirvāna-sūtra*,[56] em que o Buda declara, pouco antes de sua morte, que apenas na sua comunidade se encontram adeptos que alcançaram

---

[54] Ambos os *sūtras* encontram-se na coleção de discursos de tamanho médio (*Majjhima Nikāya*) que faz parte do cânone páli.
[55] Cf. Jayatilleke, K. N.: Kandy: *The Buddhist Attitude to Other Religions*, Buddhist Publication Society, 1991.
[56] O texto está na chamada "coleção de discursos longos" (*Digha-Nikāya*) do cânone páli.

todos os degraus da iluminação, enquanto nenhum seguidor de um outro movimento pode orgulhar-se de ter realizada a libertação completa. Um tema mais específico é abordado no *Kutadanta-Sūtra*.[57] O texto relata uma conversa entre o Buda e o brâmane Kutadanta sobre o significado soteriológico de sacrifícios védicos. O Buda nega o valor desses ritos e aconselha seu interlocutor a abandonar essas práticas e se dedicar ao treinamento das virtudes cultivadas pelos integrantes da *sangha*. O *Brahmajala Sūtra*[58] argumenta de maneira semelhante ao mencionar uma série de especulações errôneas propagadas por diversos grupos religiosos existentes na metade do primeiro a.C. na Índia, mas explicitamente rejeitadas pelo Buda.

Apesar de suas fortes tendências inclusivista e pluralista, também se desenvolveram no contexto do *Mahāyāna* atitudes exclusivistas. Porém, nos casos em que elas se articulam, não substituem as outras duas tendências, mas enriquecem o panorama de posturas simultaneamente presentes.

Entre as escolas representativas dessa postura encontra-se o Budismo *Shin*, corrente budista japonesa caracterizada pela devoção ao *sambhogakāya*-buda Amida,[59] Senhor do "Paraíso" do Oeste (Terra Pura). Shinran (1173-1263), fundador da escola *Jodoshin-shû*, por exemplo, descreve a relação entre o fiel e Amida tanto em termos exclusivistas quanto

---

[57] O sūtra encontra-se também no *Digha-Nikāya*.
[58] O sūtra encontra-se também no *Digha-Nikāya*.
[59] Cf. as informações mais detalhadas no item 2, sub. 2.2, do cap. 1

em termos inclusivistas. O Budismo Shin pronuncia-se de maneira explicitamente exclusivista quando afirma que a verdadeira veneração de Amida exige a desistência de mostrar deferência a qualquer outra divindade. Outra expressão de atitude exclusivista é a identificação de 62 perspectivas e 49 caminhos errados ou provisórios, quando comparados com a abordagem representada pela escola *Jodoshin-shû*. Por outro lado, determinados "Hinos de Terra Pura" compostos por Shinran mostram o lado tolerante do autor. Algumas das suas estrofes dizem respeito à prática principal da sua escola, isto é, o chamado *nembutsu,* que consta na recitação da fórmula "*namu-amida-butsu*". Um texto afirma: "Quando recitamos *namu-amida-butsu*, Brahma e Indra nos veneram. Todos os deuses, benevolentes nos céus, protegem-nos dia e noite"; outro texto traz a seguinte informação: "Os deuses dos céus e da terra, todos, podem ser chamados bons, uma vez que eles protegem a pessoa do *nembutsu*".[60]

Um exemplo da tendência exclusivista no âmbito do Budismo tibetano aparece em um trecho da obra *Um tesouro de joias de bons conselhos (Sakya Legshe),* escrita no século XII ou XIV d.C. e até o presente extraordinariamente popular entre os tibetanos. O trecho em questão diz:

---

[60] Takada, Shinryo: Is "Theology of Religions" Possible in (Pure Land/Shin) Buddhism? The "Shock of Nonbeing" and the "Shock of Revelation", in: Gort, Jerald D.; Jansen, Henry, Vroom, Hendrik M. (eds.): *Religions View Religions. Exploration in Persuit of Understanding*, Amsterdam: Rodopi, 2006, p. 21-44, especiallmente p. 33-35.

Ampliar sua devoção para outros mestres, enquanto o protetor de todos os seres, o Buda, está vivo, é como escavar um poço enlameado ao lado de um rio com água que possui oito boas qualidades.[61]

1.5.2. A estratégia da disputa religiosa competitiva

A estratégia exclusivista mais pretensiosa e tecnicamente sofisticada é a disputa competitiva durante a qual representantes de diferentes correntes budistas ou religiões debatem proposições religiosas antagônicas.[62] O objetivo desse método é levar o proponente a articular e defender sua posição diante de um questionador que se esforça para destruir a hipótese do adversário conforme os princípios da lógica. A prática de convencer o outro é um fenômeno da antiga religiosidade indiana elaborada em prol de ganhar e aperfeiçoar um conhecimento. Ela contribui para a libertação não apenas dos partidos imediatamente envolvidos, mas também do público muitas vezes presente em grande número aos debates. O método é conhecido como *vāda*, *vivāda* ou *hetuvidyā*, e foi incorporado pelo Budismo primitivo junto com outros elementos comuns na época da ascensão da *sangha* budista. Embora a arte de disputa tenha emergido fora do ambiente budista, foram budistas que posteriormente a cultivaram.

---

[61] Apud Davenport, John, T.: *Ordinary Wisdom. Sakya Pandita's Treasury of Good Advice*, Boston: Wisdom Publicatioons, 2000, p. 253. *Tradução minha.*
[62] Esse parágrafo segue sobretudo Garrett, Mary M.: Chinese Buddhist Religious Disputation, *Argumentation* 11 (1997), p. 195-209.

Nas grandes universidades monásticas budistas, como Nālandā e Valabhi (que floresceram do século IV d.C. até sua destruição pelos muçulmanos, no início do século XIV), o estudo de *hetuvidyā* para capacitar o candidato na lógica e na dialética ocupava um espaço central e era uma das cinco matérias básicas do currículo acadêmico. A importância atribuída a esse treinamento mostra-se pelo fato de que todas as provas de alunos seguiam o método do debate. Além disso, os professores disputavam publicamente entre si. A subida na hierarquia universitária, bem como o aumento das remunerações (por exemplo, na forma de um elefante como meio de transporte e símbolo de poder), dependiam do sucesso em debates.

Quando o Budismo foi transplantado para a China, os missionários trouxeram não apenas textos e doutrinas budistas para o país, mas também práticas como a recitação de hinos e a leitura de *sūtras*. No decorrer do mesmo processo foram traduzidos e distribuídos manuais budistas indianos sobre a *vivāda,* e budistas chineses começaram a se especializar nas respectivas técnicas. Uma vez que muitas disputas aconteciam diante de um público genérico, essa arte se tornou conhecida na China a partir do século IV d.C. Missionários, em nome do Budismo e convertidos, tiveram de se basear em métodos de debate para explanar e argumentar a favor da sua crença – inicialmente considerada "forasteira" no Reino do Meio. Por essas ocasiões, foram abordados temas como o celibato monástico, a reencarnação e o *carma*.

A vasta literatura sobre o assunto revela também que missionários e monges budistas apropriaram-se das técnicas discursivas de *vivāda* quando foram intelectualmente atacados por taoístas e confucionistas. Paralelamente, devido à tradição de textos divergentes para o chinês e suas interpretações diversificadas, várias escolas budistas rivais disputaram a exegese correta de determinadas doutrinas.

O debate entre o monge chinês Heschang Moheyan e Kamalaśīla, representante indiano da escola *Madhyāmaka*, realizado no mosteiro Samgye no fim do século XIV d.C., exemplifica que a disputa competitiva é um método também reconhecido pelo Budismo tibetano.[63] A importância desse método para a vida religiosa mostra-se pelo fato de que até hoje ele faz parte da rotina dos mosteiros e do treinamento monástico que visa a remover as tendências errôneas e desenvolver características positivas do monge.[64] Portanto, não se trata de um procedimento acadêmico propriamente dito, mas sim de uma prática espiritual, com o objetivo do *insight* na existência encoberta pela aparência dos fenômenos imediatamente visíveis. A função de destruir afirmações falsas, demonstrar a pertinência de afirmações corretas e eliminar contra-argumentos através da disputa competitiva não é sentir um triunfo diante da derrota do adversário e seu sentimento de vergonha, mas ajudar o outro a superar seus conceitos errados. O método ganha uma dimensão inter-religiosa no momento em que é abordada a crença na existência de um

---

[63] Cf. o referente trecho no item 2, sub. 2.3., do cap. 1.
[64] Cf. Perdue, Daniel: Debate in Tibetan Buddhist Education, Dharamsala: Library of Tibetan Works and Arquives 1976.

ser supremo criador que possui uma natureza invariável ou outras doutrinas incompatíveis com o Budismo.

Um exemplo célebre de disputa inter-religiosa é o chamado "debate Pānadura", que reuniu missionários cristãos e modernistas budistas em agosto de 1873 perto de Colombo (no atual Sri Lanka) diante de um público enorme.[65] Devido às complicadas condições impostas pelo governo inglês sobre a colônia e sobre o Budismo, o evento aconteceu em espírito extremamente competitivo ou, mesmo, hostil. O principal representante do Budismo nessa disputa era o monge Migettuwattē Guṇānanda (1824-1891), que, em função de seu domínio dos métodos de debate com membros de religiões concorrentes no contexto asiático, foi escolhido para disputar com o wesleyano David de Silva e o representante da *Church Missionary Society*, F. S. Sirimanne.

O debate seguiu por oito reuniões, abordando questões antropológicas, éticas, críticas de textos hermenêuticos, assim como questões soteriológicas. A argumentação de Migettuwattē Gunānanda foi finalmente decisiva para que o auditório, a cada dia mais cheio, tenha se convencido da superioridade do Budismo e do valor da própria tradição. O efeito psicológico sobre o público, reforçado pela cobertura

---

[65] Cf. Peebles, James M.: *Buddhism and Christianity face to face*: Or, An oral discussion between the Rev. Migettuwatte, a Buddhist priest, and Rev. D. Silva, an English clergyman. Held at Pantura, Boston: Colby and Rich 1878; Bechert, Heinz.: *Buddhismus, Staat und Gesellschaft in den Ländern des Theravada-Buddhismus*, Bd.1: Grundlagen, Ceylon, Frankfurt/M., Berlin: Alfred Metzner/Otto Harrassowitz 1966, p. 45.

jornalística do evento, fez com que o debate de Panadura ganhasse fama como evento decisivo para a recuperação do autoestima do Budismo, religião que havia praticamente perdido seu status diante de um Cristianismo imposto ao país pelo governo colonial inglês.

O exemplo de Pānadura alerta para algumas tensões entre o método da disputa competitiva e determinadas doutrinas budistas. Vale a pena lembrar, pelo menos, os dois seguintes problemas: o primeiro reside no fato de que a própria tradição budista tem transmitido não apenas técnicas discursivas sofisticadas, mas também *sūtras* em que o Buda afirma que a devoção a qualquer debate pode atrapalhar o adepto no seu caminho para a iluminação (uma vez que as disputas poderiam intensificar nos debatedores sensações de paixão e do apego, bem como desejos de ganhar o debate e aumentar sua fama); o segundo problema tem a ver com o ceticismo do Budismo, especificamente do *Mahāyāna*, em relação ao uso da linguagem para expressar e transmitir a verdade.

A ontologia do grande veículo enfatiza a vacuidade de todos os seres, objetos, pensamentos e estágios emocionais. Do ponto de vista do teorema da *gênese condicionada*, tudo está em fluxo.[66] No momento em que o debatedor se comunica a respeito de um determinado fenômeno ou de uma construção filosófica, os conceitos e termos usados por ele "cristalizam" os fatos e as ideias articulados, contribuindo para

---

[66] Cf. as respectivas informações nos itens 1, sub. 1.2., e 2, sub. 2.2., do cap. 1.

o imaginário errôneo de um mundo supostamente estático. Nesse sentido, a linguagem encobre a realidade ao invés de iluminá-la. Esse dilema seria prejudicial até mesmo para os próprios monges engajados em debates, se sua formação não implicasse em um treinamento em técnicas discursivas específicas elaboradas por pensadores budistas como Nagarjuna, que capacitam os debatedores a explorar a linguagem sem nela se perder.[67]

1.5.3. Esforços retóricos com o objetivo de menosprezar o "outro"

Conforme May e Schmidt-Leukel, "cada tradição religiosa tem suas próprias maneiras, às vezes sutis, às vezes mais ofensivas, de afirmar não apenas sua originalidade, mas também sua superioridade sobre todas as outras".[68] Isso vale também para o Budismo, que em determinadas situações inter-religiosas, apesar de proclamar a atitude da não-violência (*ahimsa*) e da afabilidade para com todos os seres vivos, não desistiu de uma retórica ofensiva, aplicando-a com o que o objetivo de menosprezar o "outro" (afastando-se, assim, do princípio de que um inimigo ou adversário não é um oponente por natureza, mas por determinadas circunstâncias, o

---

[67] Cf. Garrett, Mary M., op. cit, p. 205s.
[68] Cf. May, John D'Arcy; Schmidt-Leukel, Perry: Introduction: Buddhism and its "Others". In: Schmidt-Leukel, Perry (ed.): *Buddhist Attitudes to Other Religions*, St. Ottilien: EOS, 2008, p. 9-22, especialmente p. 11.

que implica na possibilidade de o mesmo ser transformado em aliado ou amigo).[69] Essa tendência encontra-se no cânone páli em trechos em que a pretensão da superioridade do Budismo diante das doutrinas alternativas da época é articulado de maneira hostil e em tom humilhante.

Um exemplo é a parábola do elefante, do rei e dos cegos, que ridiculariza os seguidores de movimentos não budistas como indivíduos perdidos na escuridão, uma alusão metafórica à ignorância causada pela incapacidade dos outros de enxergar a realidade completa, diferentemente do "rei" (Buda) que está consciente de tudo. O texto que faz parte do *Tittha-Sūtra*[70] recorda:

> Certa vez houve certo rei que disse: "Reúna todas as pessoas de Savatthi que sejam cegas de nascença." [...] "Agora digam-me, pessoas cegas, como é o elefante." As pessoas cegas para as quais havia sido mostrada a cabeça do elefante responderam, "O elefante, majestade, é igual a um jarro para água". Aquelas para as quais havia sido mostrada a orelha do elefante responderam,

---

[69] Houben, Jan E. M.; Kooij, Karel R.Van: Introduction: Violence, Non-Violence and the Rationalization of Violence in South-Asian Cultural History, in: Houben, Jan E. M.; Kooij, Karel R.Van (eds.): *Violence Denied: Violence, Non-Violence and the Rationalization of Violence in South Asian Cultural History*. Leiden: Brill, 1999, p.1-15, especialmente p. 4-5.

[70] O texto que faz parte do cânone páli encontra-se na seção das chamadas "exclamações" (Udāna) que, por sua vez, representa o terceiro livro da chamada "coleção menor" (*Khuddaka Nikāya*).

"O elefante, majestade, é igual a um cesto para trilhar". Aquelas para as quais havia sido mostrada a presa do elefante responderam, "O elefante, majestade, é igual a uma lâmina de um arado". Aquelas para as quais havia sido mostrada a tromba do elefante responderam, "O elefante, majestade, é igual à haste de um arado". [...] Dizendo, "O elefante é assim, não assado. O elefante não é assado, é assim", eles golpearam uns aos outros com os punhos. O rei se deliciou com o espetáculo. [...] [Disso o Buda:] Do mesmo modo, bhikkhus, os errantes de outras seitas são cegos e sem visão. Eles não compreendem aquilo que é benéfico e aquilo que é prejudicial. Eles não entendem o que é o Dhamma e o que é o não-Dhamma. [71]

A parábola está substancialmente relacionada a outros *sūtras*, entre elas ao *Aggivacchagotta-Sūtra*,[72] que relata o encontro entre Siddhartha Gautama e o asceta itinerante Vacchagotta. Durante esse discurso, Buda explica a seu interlocutor as razões da cegueira e afirma que, para quem está fora da *sangha*, o *dhamma*, devido à sua sutileza, profundidade e ambição, é de difícil compreensão. Essa falta de acesso corresponde a um comportamento lamentável dos membros de outros grupos, como, por exemplo, o de discutir de maneira infantil, em voz alta, aspectos irrelevantes,

---

[71] Citação da versão portuguesa do *sūtra* disponível no portal "acesso ao insight", http://www.acessoaoinsight.net/sutta/UdVI4.php, acesso 12/12/2008.
[72] O texto encontra-se na coleção de discursos de tamanho médio (*Majjhima Nikāya*) do cânone páli.

diferentemente do que fazem os integrantes da *sangha* em sua conduta digna.[73]

Um dos exemplos mais claros de esforços retóricos com o objetivo de menosprezar o "outro" é a hostilidade com que alguns integrantes da primeira comunidade budista alemã, por volta da virada do século XIX para o século XX, posicionaram-se diante do Cristianismo. A religião foi duramente atacada em periódicos, artigos, panfletos e livros de autores budistas. O mais envolvido foi o budista Karl Seidenstücker, que em várias de suas publicações demonstrou desdém para com a fé cristã, suas instituições e representantes. As expressões mais drásticas nesse contexto estão em dois livros que Seidenstücker lançou sob o pseudônimo de Bruno Freydank. A primeira das duas obras é o trabalho *Die Greuel der 'christlichen' Civilisation* ("O horror da civilização 'cristã'") lançado em 1903.[74] O livro contém doze cartas fictícias escritas por uma figura imaginada, um monge tibetano chamado "Tsong-Ka-Pa"; essas cartas resumem suas experiências anteriores como estudante e testemunha da cultura europeia durante um período de doze anos em uma universidade alemã. No prefácio, Freydank escreve: "Tsong-Ka-Pa' é um seguidor ardente de Buda. Apesar de tudo, ele

---

[73] Freiberger, Oliver : Profiling the Sangha – Institutional and Non-Institutional Tendencies in Early Buddhist Teachings, *Marburg Journal of Religion*, Volume 5, n. 1 (July, 2000), p. 1-6.
[74] Cf. *Die Greuel der 'christlichen' Civilisation. Briefe eines buddhistischen Lama aus Tibet*. Herausgegeben von Bruno Freydank. Leipzig, 1903, p. 4.

sente pelo Cristianismo verdadeiro e seu fundador admiração honesta e respeito profundo. Ele não conseguiu acreditar que a cultura ocidental, com seus terríveis lados escuros, foi chamada 'cristã'".[75]

Quatro anos mais tarde, Karl Seidenstücker lançou *Buddha und Christus. Eine buddhistische Apologetik* (Buda e Cristo. Uma apologia budista), segunda obra publicada sob o pseudônimo Bruno Freydank. O livro é escrito no mesmo espírito que o primeiro, o que demonstra o exemplo das críticas aos primeiros concílios cristãos, que, do ponto de vista de "Freydank," foram eventos marcados por rixas, insurreições e derramamento de sangue. De maneira semelhante, ele caracteriza o imperador Constantino um "homem sanguinário da pior espécie".[76] Em outra ocasião, Seidenstücker exclamou: "Em nome de milhões de cingaleses e birmaneses, faço queixa contra o inaudito bruto procedimento de muitos missionários cristãos. [...] Isso é uma vergonha para a Europa. [...]. Tais casos incríveis de fanatismo e brutal violência têm de parar. São máculas em nossa cultura!".[77]

---

[75] Ibid.
[76] Cf. Freydank, Bruno: *Buddha und Christus. Eine buddhistische Apologetik*, Leipzig, 1907, p. 50.
[77] Eine christlich-buddhistische Debatte, *Buddhistische Warte*, 1 (1907/1908), Dezember, p. 282-288, especialmente p. 288

4

Divergências substanciais entre o Budismo e as outras religiões mundiais

1. Considerações preliminares

É chegado o momento de fazer um levantamento dos conteúdos que marcam as principais divergências entre o Budismo e as outras religiões mundiais. Na maioria dos argumentos resumidos a seguir aparecem ideias, conceitos e princípios que, desde o início, têm sido constitutivos do Budismo em geral ou foram posteriormente elaborados sob o ponto de vista de determinadas escolas no sentido de posturas específicas, entre outras, nas áreas de ontologia, soteriologia e ética. Em todo caso, a recuperação de pontos-chave da discussão do Budismo com o Hinduísmo e com as três religiões monoteístas ao longo da História representa uma espécie de releitura de aspectos já apresentados em vários momentos da presente obra. Esta releitura joga, sobretudo, nova luz sobre o segundo capítulo deste livro, demonstrando que o repertório doutrinário do Budismo não apenas fornece um sistema de orientação ideológica e uma fonte de inspiração para seus seguidores, como também exige seu posicionamento em prol da própria religião – se for necessário, discordando explicitamente das convicções de aderentes de outras religiões. Geralmente, as discussões e disputas assim desencadeadas não têm caráter aleatório, mas se desenvolvem ao redor dos axiomas constitutivos do Budismo. É o compromisso com esses axiomas e sua lógica implícita que explica certa uniformidade nos pronunciamentos de budistas em situações inter-religiosas, independentemente da religião alternativa que desempenha o papel do interlocutor no momento dado. Pela mesma razão, muitos dos assuntos abaixo identificados como típicos nos debates entre o Budismo e outras religiões não se restringem a constelações históricas ou socioculturais específicas, mas têm sido repetitivamente articulados sob circunstâncias variáveis, inclusive naquelas resumidas em nosso terceiro capítulo. Algo semelhante vale para as estratégias retóricas elaboradas e aplicadas por budistas no decorrer da sua história. Uma vez que nessas posturas repercute o espírito budista subjacente, o capítulo anterior (inclusive os exemplos e textos citados) serve como complemento dos dados levantados a seguir.

  Basta chamar atenção para o fato de que a organização do presente capítulo reflete a situação das fontes até então produzidas pelo diálogo bi ou multilateral entre o Budismo e as outras religiões mundiais. Além do rico material oriundo da interlocução com o Hinduísmo no momento crucial do surgimento do Budismo, destaca-se o volume e a densidade de informações referentes ao intercâmbio entre Budismo e Cristianismo. Nem o Judaísmo, nem o Islã foram contemplados com a mesma profundidade e abrangência. Além disso, diversos argumentos formulados por budistas com respeito ao Cristianismo foram posteriormente aplicados em discussões com judeus ou muçulmanos. Por esses motivos, o resumo das divergências entre Budismo e Cristianismo antecederá as reflexões sobre os assuntos que têm marcado as conversas entre o Budismo e as duas outras religiões monoteístas.

2. Divergências substanciais entre Budismo e Hinduísmo

2.1. Problematização

O leitor já sabe que o Budismo, originalmente uma religião tipicamente indiana, apropriou-se tácita ou explicitamente de uma série de doutrinas e práticas já presentes no ambiente religioso em que o Siddhartha Gautama formulou seu sistema. Diversos desses aspectos eram característicos do chamado movimento dos *śramana*s,[1] enquanto outros foram adotados do Bramanismo.[2] Um olhar mais detalhado sobre a relação entre o antigo Hinduísmo e o Budismo que lhe é di-

---

[1] Cf. o item 2, sub. 2. 2., do cap. 2.
[2] Cf. particularmente os itens 1, sub. 1.3.1., 1.3.2. e 1.3.3., do cap. 3.

retamente "tributário" demonstra que o grau da convergência entre as duas religiões é frequentemente subestimado. Essa negligência é consequência de uma "idealização" do Budismo propagada por adeptos contemporâneos dessa religião e seguidamente reificada desde o início da pesquisa acadêmica do Budismo. Nesse sentido, a dicotomização imediata entre Hinduísmo e Budismo tem suas raízes nas últimas décadas do século XIX. Foi quando protagonistas do Budismo modernista, em sua busca por uma aproximação de valores e padrões ocidentais e racionais, destacaram o lado racional e as qualidades éticas da sua religião em desfavor de seus componentes litúrgicos, elementos apotropaicos e práticas populares. Essa imagem reduzida tem sido reforçada pelo interesse pelas "grandes tradições" manifestadas em textos eruditos – até hoje, um traço forte no âmbito dos estudos da religião. A tendência de se focar em crenças e doutrinas religiosas tem repercutido em uma leitura seletiva do cânone páli e na apresentação do Budismo como um sistema rico de técnicas introspectivas, mas virtualmente isento de rituais.[3] Essa imagem é exagerada, uma vez que não corresponde aos fatos empíricos, especificamente do ponto de vista do desenvolvimento do Budismo após a morte do seu fundador, fase em que diversos elementos criticados pelo Buda ou mesmo eliminados de seu sistema voltaram a conquistar um lugar "legítimo" em comunidades budistas. Um

---

[3] Payne, Richard K. "Ritual". In: *Encyclopedia of Buddhism*, edited by Robert E. Buswell, Jr., New York: Thompson/Gale, 2004, p. 723-726.

levantamento dos conteúdos que marcam as principais divergências entre o Budismo e o Hinduísmo não deve ignorar esses fatos.

2.2. A rejeição da autoridade da tradição védica e do status superior supostamente "natural" dos seus representantes

Não há dúvida de que o Buda se colocou criticamente em relação à tradição dos Vedas, à fixação de um saber revelado e à justificativa suprema do sistema de castas como expressão da ordem universal inerente do cosmo (*sanatāna dharma*). Também não aceitou a "certeza" dos brâmanes de possuir o monopólio dos "bens religiosos". Diversos trechos do cânone páli relatam encontros entre o Buda e representantes da religião védica frequentemente problematizando a competência religiosa dos brâmanes e sua posição na antiga sociedade hindu. O *Subha Sūtra*,[4] por exemplo, desqualifica os brâmanes como supostos guardas do conhecimento superior com as seguintes palavras, apropriando-se, mais uma vez, da metáfora da cegueira:

---

[4] O texto encontra-se na coleção de discursos de tamanho médio (*Majjhima Nikāya*) do cânone páli.

Suponha que houvesse uma fila de homens cegos, cada um em contato com o seguinte: o primeiro não vê, o do meio não vê e o último não vê. Da mesma forma, estudante, em relação às suas afirmações, os brâmanes parecem uma fila de homens cegos: o primeiro não vê, o do meio não vê e o último não vê.[5]

Outro exemplo paradigmático da postura negativa do Buda diante das reivindicações dos brâmanes é o *Ambattha Sūtra*.[6] O texto trata de personagem Pokkharasat, brâmane famoso e influente na região onde morava, com grande número de discípulos, entre eles o jovem Ambattha. O último tinha a fama de ser "um mestre dos três Vedas",[7] com seus mantras, liturgia, fonologia e etimologia, e as histórias como quinto elemento; hábil em filologia e gramática, perito em filosofia natural e nas marcas de um grande homem, reconhecido e aceito pelo seu mestre. Quando Buda passa pela região, Pokkharasat manda seu discípulo mais promissor para que ele verifique o status e a competência do mestre itinerante. Na conversa com Ambattha, o Buda identifica as falhas do sistema dos brâmanes baseado na transmissão dos *insights* dos "antigos brâma-

---

[5] Citação da versão portuguesa do *sūtra* disponível no portal "Acesso ao insight", http://www.acessoaoinsight.net/sutta/MN99.php. Acesso em 10/02/2008.

[6] O texto encontra-se na chamada "coleção de discursos compridos" (*Digha-Nikāya*), que faz parte do cânone páli.

[7] Trata-se das compilações do Ṛg-Veda, Sama-Veda e Yajur-Veda. O Atharva-Veda ganhou seu status como quarto Veda apenas posteriormente. Cf. Gunasekara, V. A.: *Hinduism in Buddhist Perspective*. Disponível em: http://www.budsas.org/ebud/ebdha255.htm. Acesso em 23/01/2009.

nes videntes" reconhecidos como "criadores dos mantras [...] que antigamente eram recitados, falados e compilados, e que ainda hoje os brâmanes recitam e repetem". Enfatiza, diante de Ambattha, que mediante esse cultivo da tradição ninguém "se torna um sábio ou alguém que tenha habilidade no caminho de um sábio". O *sūtra* termina com a informação de que, instigado, o próprio Pokkharasati procura o Buda, reconhecendo-o como portador de um conhecimento superior. Assim convencido, o brâmane, "tendo visto o *dhamma*, realizado o *dhamma*, compreendido o *dhamma*, examinado a fundo o *dhamma*", solicita a aceitação como membro do *sangha*, acrescentando:

> Magnífico, Mestre Gotama! Magnífico, Mestre Gotama! O Mestre Gotama esclareceu o Dhamma de várias formas [...]. Eu, junto com meu filho, minha esposa, meus ministros e conselheiros, buscamos refúgio no Mestre Gotama, no Dhamma e na Sangha dos bhikkhus. Que o Mestre Gotama nos aceite como discípulos leigos que nele buscaram refúgio para o resto da vida.[8]

Conforme os raciocínios do filósofo budista Dharmakīrti,[9] pensador indiano da primeira metade do século VII d.C., pode-se distinguir pelo menos três aspectos inter-relacionados da

---

[8] Citação da versão portuguesa do *sūtra* disponível no portal "Acesso ao insight" (http://www.acessoaoinsight.net/sutta/DN3.php). Acesso 10/02/2008.
[9] Cf. Hayes, Richard P. "On the Buddha's Authority. A Translation of the Pramānasiddhi Chapter of Dharmakīrti's *Pramānavārttika*". Sem lugar, 2004. Disponível em: http://www.unm.edu/~rhayes/siddhi.pdf. Acesso em 08/02/2009.

crítica do Budismo à tradição védica e seus representantes na época de Buda. O primeiro aspecto é a crítica a respeito da fonte de conhecimento. Os brâmanes argumentavam que os Vedas representam um saber verdadeiro porque se originavam de uma fonte eterna e imutável. O fato de que isso não pode ser um argumento pertinente do ponto de vista do Budismo tem a ver com as implicações epistemológicas da abordagem do Siddhartha Gautama, que jamais deixou de enfatizar que todas as facetas da existência são permeadas pelo princípio da impermanência. Esse conceito não é apenas incompatível com a pretensão dos brâmanes de representar um saber invariável e eternamente válido, mas também impediu que o próprio Buda se apresentasse como articulador de um conhecimento desse tipo, consequência repetidamente confirmada tanto por antigos textos budistas quanto por fontes posteriores que, por exemplo, propagam a ideia dos "últimos dias da lei".[10] O segundo aspecto da crítica budista aos Vedas e aos brâmanes diz respeito à utilidade, aos objetivos e ao "volume" do conhecimento. O argumento, nesse contexto, é de que não importa se o conteúdo de um conhecimento é "empiricamente" adequado ou não, quando esse conhecimento se refere a fenômenos espiritualmente irrelevantes. Portanto, o que faz a diferença é a significância *soteriológica* do conhecimento. Nesse sentido, a maior parte daquilo que os brâmanes qualificam como "saber superior" não teve valor para o Buda. O terceiro aspecto re-

---

[10] Cf. item 1, sub. 1.1., do cap. 3.

fere-se à atitude do receptor de um conhecimento. Quem respeita o difusor de um suposto conhecimento devido apenas à reputação social deste ou pela "sofisticação" do saber que ele apresenta corre o risco de aprofundar a própria ignorância. O Buda não cabe nessa crítica. Pelo contrário: ele merece que se lhe atribua a qualidade de *sarvajña* ("o onisciente") não devido à crença dos seus seguidores, de que ele tivera um *insight* diferenciado em todas as "coisas", mas pela convicção de que o mestre possuía um saber absolutamente pertinente em relação à salvação, paradigmaticamente expresso nas quatro nobres verdades.

2.3. A crítica do Budismo ao sistema de castas

O antigo sentimento de superioridade dos brâmanes tem suas raízes na consciência de um status especial por nascimento, não só por uma posição de destaque dentro da hierarquia das castas, mas também como consequência de uma maior participação na herança étnica dos autodenominados *arianos* ("hospitaleiros", povos que imigraram ao Subcontinente Indiano) em comparação com a população autóctone de tez escura denominada "drávida" ou "dravidiana".

Como observado no parágrafo anterior, o Budismo rejeita o sistema de castas como princípio de organização social e critério de seleção religiosa. Ao contrário do "Hinduísmo clássico", cuja participação se define em geral a partir do nascimento e considerando o conhecimento especial devido a privilégios familiares, o Budismo é concebido como religião universal à qual todos têm livre acesso. Essa foi a ideia de Buda ao afirmar, em sua relação com os brâmanes, que o verdadeiro "arianismo" não se define como um exclusivismo *sociobiológico,* mas à medida que o ensinamento apresentado pelo Siddharta Gautama era cumprido ou o caminho por este definido era seguido. Para Buda, a "sublimidade" não pode ser medida por um critério externo. Ao contrário, segundo o *Dhammapada,*[11] trata-se de uma característica interna adquirida através de exercícios verdadeiramente espirituais, e que precisa ser constantemente confirmada na ação, no sentimento e no pensamento, ou seja, em virtudes como a serenidade e a paciência, o domínio sobre os sentidos e a autossuficiência.

A relação assim "corrigida" entre pessoas que pertencem apenas "formalmente" a diferentes castas é também mencionada no início do denominado "código de regras monásticas" (*vināya*), um dos três temas do cânone páli com uma história sobre o encontro entre Buda e um brâmane. Como Buda havia oferecido um lugar sem se levantar, o brâmane irritou-se, acusando Buda de desrespeitar as regras sociais vigentes. Buda explicou, todavia, que para ele o status social não era importante, uma vez que a iluminação seria um ato individual sem "apoio" social.[12] Aqui fica definido, em prin-

---

[11] O Dhammapada faz parte do cânone páli. O trecho aqui indicado encontra-se na sessão XXVI (*Brahmanavagga*) do Dhammapada.
[12] Cf. Pietz, William. "Person". In: Lopez, Donald S. Jr. (ed.): *Critical Terms for the Study of Buddhism.* Chicago: University of Chicago Press, 2005, p. 188-210, especialmente p. 194.

cípio, o que consta também em outros momentos no cânone páli, por exemplo no *Sāleyyaka Sūtra*.[13] Neste texto, o Buda explica para um grupo de brâmanes que uma reencarnação "baixa" é consequência de um estilo de vida corrompido em três dimensões, isto é, nas condutas corporal, verbal e mental. "Nobreza", por sua vez, define-se por virtudes não automaticamente garantidas por um nascimento predestinado no sentido da hierarquia herdada de tempos antigos.

No mesmo espírito foi compliado o *Madhura Sūtra*,[14] texto em que não o Buda, mas Maha Kaccana (discípulo de Buda e especialista em questões do *dharma*) desempenha o papel do interlocutor budista. Ele conversa com Avantiputta, rei de Madhura, região de origem do Budismo. Pergunta o rei:

> Mestre Kaccana, os brâmanes dizem o seguinte: "A casta dos Brâmanes é a casta superior, outras castas são inferiores; a casta dos Brâmanes tem a tez clara, as outras castas têm a tez escura; os Brâmanes são purificados, os não-Brâmanes não são; os Brâmanes são os verdadeiros filhos de Brahma, nascidos da boca dele, nascidos de Brahma, criados por Brahma, herdeiros de Brahma". O que o Mestre Kaccana diz disso?

Maha Kaccana responde que "isso é apenas um dito no mundo, grande rei" e explica que se alguém – *brâmane,*

---

[13] O texto encontra-se na coleção de discursos de tamanho médio (*Majjhima Nikāya*) do cânone páli.

[14] Este *sūtra* faz também parte do *Majjhima Nikāya*.

kśatrya, vaiśya ou *śudra* – tivesse matado um ser vivo, deveria contar com uma reencarnação infeliz. Isso significa, em sentido inverso, que quem se abstém de matar seres vivos tem boas chances de que a próxima vida seja melhor do que a atual. Desse ponto de vista, "essas quatro castas são todas a mesma coisa".[15]

Essa abordagem afetou o autoritarismo ultrapassado que favorecia os brâmanes, tema retomado pelo já citado *Kalama Sūtra*,[16] obra que representa um manifesto da livre razão, ou seja, um posicionamento contra a hipocrisia e o dogmatismo,[17] uma vez que nesse texto o Buda afirma que os seus ouvintes têm o direito de duvidar dos pregadores que passam em sua cidade, desconfiando do mérito de textos religiosos a não ser que as mensagens resistam a um exame racional segundo as próprias experiências.[18]

---

[15] Citação da versão portuguesa do *sūtra* disponível no portal "Acesso ao insight". Disponível em http://www.acessoaoinsight.net/sutta/MN84.php. Acesso em 10/02/2008.
[16] Cf., também, item 1, sub. 1.2.2., do cap. 3.
[17] Cf. *Kalama Sutta – The Buddha's Charter of Free Inquiry*. Traduzido do Pali por Soma Thera, Kandy: Buddhist Publication Society, 1987.
[18] Cf. Ratanasara, Havanpola: *Interfaith Dialogue – A Buddhist Perspective and Examination of Pope John Paul II's Crossing the Threshold of Hope*. Take given an the Intermonastic Dialogue Gethsemani Monastery, Louisville, Kentucky, July, 1996.

2.4. A crítica budista ao "essencialismo" do Hinduísmo

Tanto o Hinduísmo quanto o Budismo enfatizam o caráter ilusório do mundo fenomenológico. Comparado com a tradição hindu, porém, o Buda, negando uma entidade duradoura ou mesmo eterna – seja em sentido cosmológico, seja em nível individual –, radicalizou o conceito de efemeridade fenomenológica. Consequentemente, há uma tensão sensível entre correntes do Hinduísmo que não hesitam em atribuir qualidades positivas à realidade última e, com isso, à consciência humana plenamente realizada.

Um exemplo paradigmático desse tipo de pensamento "positivo" aparece no famoso diálogo entre o mestre Uddalaka e seu filho e discípulo Svetaketu a respeito da qualidade do nível fundamental da vida. O discurso, que se encontra no *Chandogya Upanishad* (uma das mais antigas articulações do monismo hindu), é incentivado por Svetaketu, que se aproxima de seu mestre buscando esclarecimento de um problema existencial. O pai, por sua vez, ensina seu filho a partir de uma analogia:

> "Por favor, senhor, dizei-me mais a respeito desse Eu." "Assim seja. Coloca este sal na água e volta aqui amanhã pela manhã." Svetaketu fez como lhe foi solicitado. Na manhã seguinte, seu pai pediu-lhe para trazer o sal que havia colocado na água. Porém, ele não pôde fazê-lo porque o sal se havia dissolvido. Udda-

laka então disse: "Prova a água e dize-me que gosto ela tem". "Está salgada, senhor." "Do mesmo modo", continuou Uddalaka, "embora não vejas [o] Brahman nesse corpo, na verdade ele está aqui. Naquilo que é a essência sutil – todas as coisas têm sua existência. Aquilo é a verdade. Aquilo é seu Eu. E aquilo, Svetaketu, aquilo és tu".[19]

A conversa aponta para duas ideias inter-relacionadas. A primeira delas é de que todas as formas fenomenológicas são permeadas por uma sutil essência. Uma vez que a metáfora do sal desperta a associação a uma "substância" sutil, trata-se de uma afirmação positiva da realidade última, embora ela seja "empiricamente" inacessível para o observador, desde que este se aproprie apenas de seu ferramental sensorial padrão. A segunda ideia é de que, no momento em que o indivíduo transcende as limitações do repertório sensorial comum e se aproxima da realidade última (a "substância" universalmente presente, inclusive no "interior" do observador) mediante um sentido refinado, ele se torna sujeito de uma visão mística; nela, a realidade última em sentido "macro" (*brahman*) é experimentada como idêntica ao próprio *self* (*ātman*). É isso que Uddalaka quer dizer quando afirma "aquilo és tu" (sânscrito: *tat tvam asi*). Trata-se de um pensamento

---

[19] *Os Upanishdas. Sopro Vital do Eterno.* São Paulo: Editora Pensamento, 1999, p. 95-96.

retomado por filósofos do sistema monista do *Advaita-Vedānta*, sobretudo por seu mais acentuado protagonista, Śaṅkara (séc. IX d.C.), que não apenas afirma que "*Brahman* é verdade, conhecimento e eternidade, o supremo, puro, autoexistente, uniforme [...] indivisível, sempre presente",[20] mas também associa três qualidades essenciais ao *Brahman*, a saber: *sat* (existência), *chit* (consciência) e *ananda* (bem-aventurança).[21] Além disso, volta a enfatizar que, do ponto de vista transcendental, há uma identidade entre a alma individual e a essência universal. Em outras palavras: "*Brahman* e *Atman*, que são respectivamente designados pelos termos 'Aquilo' e 'Tu', são plenamente provados como sendo idênticos".[22]

Já foi suficientemente elaborado que esses conceitos são incompatíveis com os princípios budistas. Enquanto o Hinduísmo propõe um modelo "substancialista" em termos de *Brahman*, o Budismo, mais explicitamente o *Mahāyāna*, defende a cosmovisão da "não-substancialidade".[23] Em contrapartida à tese do *atta* (sânscrito: *atman:*), o Budismo criou o denominado ensinamento *anatta*.[24]

---

[20] Ibid., p. 90.
[21] *Viveka-Chūdāmani. A Jóia Suprema da Sabedoria*. Brasília: Editora Teosófica, 1992, p. 67.
[22] Ibid., p. 95.
[23] Cf. item 2, sub. 2.2., do cap. 1.
[24] Cf. item 1, sub. 1.2., do cap. 1.

As características do conflito com o Hinduísmo estabelecido em *anatta* podem ser verificadas na fase inicial do Budismo, na polêmica interna entre duas facções contrárias. Para o grupo vencedor, a rejeição da própria pessoa que sobrevive por diversas encarnações representa uma pedra fundamental inalterável do pensamento budista. Em contrapartida a tal teoria, por volta de 300 a.C., surgiu a ideia dos denominados personalistas, da existência de uma instância abrangente que forma a individualidade, ou seja, a "pessoa" além do conglomerado transitório de componentes ontológicos de um indivíduo expresso empiricamente. O grupo, numericamente considerável, representou uma constante adversidade para a comunidade ainda jovem. Por outro lado, a disputa permitiu que seus adeptos tivessem argumentos na discussão com ideias análogas hinduístas.

2.5. A crítica budista ao teísmo hindu

Conforme Hartshorne, o teísmo era um dos "grandes temas" no contexto da polêmica entre o Budismo primitivo e outras religiões da Índia. Enquanto são particularmente as inclinações do Hinduísmo que fazem com que até hoje a Índia "seja um dos países mais teístas do mundo", o Buda advertiu seus seguidores a deixarem Brahma, Iśvara ou qualquer outra divindade e se concentrarem nas condições da própria existência humana com o objetivo de se liberar, o mais imediatamente possível, do sofrimento enraizado no samsāra.[25] Todavia, é preciso tomar cuidado nesse ponto para evitar conclusões precoces a respeito do posicionamento do Budismo diante do teísmo hindu. Vale lembrar que o simbolismo budista incorporou, tanto do Hinduísmo quanto de tradições religiosas populares, figuras espirituais. O Budismo não apenas conta com seres sobre-humanos capazes de interferir no mundo humano, mas investiu energia e tempo para associá-los a um sistema de classificação que abrange "deuses altos" (*devas*), divindades menos envolvidas (*asuras*) e forças sobre-humanas "baixas". Além disso, o panteão budista também é habitado por *sambhogakāya*-budas e *bodhisattvas* celestiais. O número de divindades reconhecidas cresceu com o desenvolvimento do Budismo. Nesse processo, novos seres sobre-humanos foram incorporados, tanto no nível local quanto no nível pan-budista. Outras divindades mudaram de significado ao longo do tempo. No caso de seres sobre-humanos incorporados de tradições não-budistas, houve uma "domesticação" pelo Budismo. Se se tratassem divindades "negativas", elas eram reinterpretadas como forças positivas e colocadas como protetoras do Budismo.

Indicações da presença de divindades no imaginário do Budismo encontram-se, entre diversas outras obras, no

---

[25] Cf. Hartshorne, Charles. "Buddhism and the Theistic Question". In: Puligandla, Ramakrishna; Miller, David Lee (eds.): *Buddhism and the Emerging World Civilization: Essays in Honor of Nolan Pliny Jacobson*. Carbondale: Southern Illinois University Press, 1996, p. 62-72, especialmente, p. 65.

Mahāsamaya Sūtra.[26] Esse texto relata que seres sobre-humanos de diferentes categorias sentiam-se atraídos pelos sermões do Buda e se aproximaram de uma reunião do mestre com seus discípulos. Um exemplo para a funcionalidade "soteriológica" das divindades encontra-se no *Viveka Sūtra*,[27] que trata de um monge em uma floresta perturbado em sua rotina religiosa por pensamentos inúteis. Movida pela compaixão, uma divindade se aproxima do eremita recitando alguns versículos que o auxiliam a concentrar a energia mental nas práticas religiosas. Como obras como a *Kevaddha Sūtra*[28] e a extensa iconografia budista comprovam, o Budismo compreende os deuses védicos como seres com predisposição de carma positivo, que oferecem a sua sabedoria à expansão ou à proteção do ensinamento budista.

Um *deva* frequentemente mencionado pelos textos budistas é Indra, nos Vedas o senhor dos céus e uma espécie de um patrão "nacional", protetor dos arianos nas lutas contra os inimigos. No Budismo, é também conhecido como *Sakka* (páli). No processo de sua incorporação no panteão budista, foram-lhe atribuídos vários papéis. Quando o recém-iluminado Buda hesita a divulgar sua mensagem, é Indra quem

---

[26] O *sūtra* faz parte do *Mahā Vagga* [livro maior do] *Dīgha Nikāya* ("coleção de discursos compridos") do cânone páli.

[27] O sūtra faz parte da chamada "Coleção Agrupada" (*Samyutta Nikāya*) pertencente ao cânone páli.

[28] O texto encontra-se na chamada "coleção de discursos compridos" (Digha-Nikāya), que faz parte do cânone páli.

o convence a se tornar um *Buda público*. Conforme outra interpretação, Indra foi convertido ao Budismo e alcançou o primeiro estágio de realização espiritual. Simultaneamente, assumiu o papel de protetor da nova religião. Além disso, Indra é senhor do domínio celestial denominado *trāyastrimśa*, onde chefia trinta e três outras divindades.[29] Outra figura importante nas narrativas budistas é Māra, chefe dos demônios e encarnação do mal. Mediante uma série de ações, Māra tentou evitar a iluminação do Siddharta Gautama. Como isso não funcionou, tentou ao menos impedir que o Buda compartilhasse seu conhecimento com outros seres.[30]

As forças sobre-humanas "baixas" ou "menores" mais citadas na literatura budista são os *nāgas* e os *yaksas* (páli: *yakkhas*). Os *nāgas* são seres semelhantes a serpentes. De acordo com a tradição popular, vivem junto às raízes das árvores e são associados ao caos e à fertilidade. Sua domesticação pelo Budismo é expressa pelo fato de que um *nāga* protegeu o Buda durante sua última meditação antes da iluminação. Os *yaksas* são geralmente espíritos de lugares afastados, onde seres humanos – inclusive monges e monjas que procuram o silêncio para meditar – são maltratados. Quando citados nos *sūtras*, desempenham papel positivo em nome do *dharma*. No já referido *Ambattha Sūtra*, por exemplo, é mencionado o *yaksa* Vajrapani, que interfere na conversa entre o Buda e o brâmane Ambattha a favor do Buda, ameaçan-

---

[29] Cf. Kinnard, Jacob N. "Indra". In: *Encyclopedia of Buddhism*, op. cit., p. 374-375.
[30] Cf. idem. "Māra". In: *Encyclopedia of Buddhism*, op. cit., p. 512-513.

do Ambattha com as palavras: "Se esse jovem Ambattha, que foi questionado com uma pergunta razoável pela terceira vez pelo Tathagata [Buda], ainda assim não responder, partirei a sua cabeça em sete pedaços neste instante".

Junto com a inclusão de parte do panteão hindu, foram também incorporados determinados conceitos cosmológicos.[31] Tais conceitos foram posteriormente elaborados pela escolástica budista acessível nos textos do *Abidharma* (séculos III-II a.C.), além das coleções de *sūtras* e das regras monásticas (*vinaya*), a última das três compilações constitutivas do cânone páli. Nessas escrituras encontra-se a discriminação "vertical" em trinta e um níveis de existência, subdivididos em três categorias principais. O nível mais baixo é representado pela camada da sensualidade (*kāmaloka* ou *kāmadhātu*). A esfera de forma pura ou da materialidade sutil (*rūpadhātu* ou *rūpaloka*) representa o nível médio, que é vizinho da esfera sem formas (*arūpadhātu* ou *arūpaloka*). Qualquer *ser* pode nascer em um desses níveis com suas subdivisões. O *kāmaloka* abriga destinos infelizes e destinos felizes. São entendidas como "destinos infelizes" formas de vida desagradáveis, inclusive existências em um dos oito infernos como espíritos famintos ou "divindades ciumentas" (*asura*). A categoria de existências diz respeito à vida de uma divindade (*deva*) em um dos seis céus do mundo sensorial. São os primeiros estratos de uma hierarquia de céus (*svarga*) que se estende até o *arūpaloka*. Acima do *kāmaloka* existe o mundo mais sutil, estruturado em dezesseis, dezessete

---

[31] Gethin, Rupert. "Cosmology". In: *Encyclopedia of Buddhism*, op. cit., p. 183-187.

ou dezoito esferas celestiais (esse número varia de acordo com os textos de referência) habitadas por divindades superiores chamadas *brahmās*. São seres conscientes que possuem apenas dois sentidos, audição e visão. No último nível residem as divindades altamente avançadas em termos de sabedoria. Possuem apenas consciência, sem atividade sensorial. Estão em suas últimas reencarnações, ou seja, nunca mais voltarão às camadas inferiores de vida, uma vez que já são iluminados ou alcançarão o *nirvāna* antes de morrer.

Apesar dos pontos em comum entre o Budismo e Hinduísmo acima indicados, há divergências fundamentais entre as duas religiões, desacordos que tem a ver com as relativizações do Budismo a respeito da existência de divindades e outros seres sobre-humanos. São principalmente os seguintes argumentos com os quais o Budismo problematiza o teísmo hindu: em primeiro lugar, vale lembrar que o Hinduísmo posiciona as divindades mais altas, particularmente Brahma, Visnu e Siva em um patamar de imunidade às condições do *samsāra*.[32] O Budismo, por sua vez, destaca que todas as esferas da existência, inclusive os mais elevados céus, representam camadas *dentro* do *samsāra,* esferas em que potencialmente qualquer ser humano pode ser reencarnado, dependente do seu *carma* individual.[33] Isso implica que a totalidade das divindades, sem exceção, é caracterizada por qualidades negativas universais, como a falta de substância e a mortalidade.

---

[32] Cf. Gunasekara, V. A., op. cit.
[33] Gethin, Rupert. "Heavens". In: *Encyclopedia of Buddhism*, op. cit., p. 315.

Apesar dessa desvalorização ontológica, o teísmo continua a desempenhar um papel dentro do Budismo. Nesse sentido, a orientação do fiel comum em mitos teístas pode ser espiritualmente estimulante para o praticante pelo menos no que diz respeito aos valores morais presentes nas narrativas sobre as divindades e suas virtudes.[34] Ao mesmo tempo, o destaque dado pelo Budismo à impermanência de vida em todas as suas manifestações ajuda o adepto a internalizar a mensagem das quatro nobres verdades. A versão mais radical da equivalência entre cosmologia e psicologia[35] é o tratamento de divindades como projeções da própria mente, apostando na capacidade de o praticante finalmente entender a vacuidade dos seus pensamentos – inclusive das suas visualizações de figuras celestiais – para se emancipar desses conteúdos e alcançar a liberdade.

2.6. A crítica budista a práticas hindus

Uma avaliação pertinente da postura do Budismo diante de práticas hindus requer uma abordagem diferenciada em cinco sentidos. Primeiro: há uma forte tendência, no cânone páli, de enfatizar a atitude crítica do Buda diante de práticas características do Bramanismo. Segundo: em alguns momentos, porém, as fontes desenham uma imagem ambígua a respeito da postura do Buda diante de procedimentos religiosos defendidos pelo Hin-

---

[34] Cf. Jayatilleke, K. N. *The Buddhist Attitude to Other Religions*, Kandy: Buddhist Publication Society, 1991, p. 29ss.
[35] Cf. Kinnard, Jacob N.: "Divinities". In: *Encyclopedia of Buddhism*, op. cit., p. 233-235.

duísmo como soteriologicamente válidos. Terceiro: do ponto de vista da evolução histórica do Budismo, é preciso levar em consideração modificações, ocorridas ao longo do tempo, nas atitudes referentes a práticas religiosas hindus explicitamente problematizadas pelo próprio Buda. Quarto: conforme a distinção entre a chamada "grande tradição" e a "pequena tradição",[36] observa-se que a religiosidade leiga budista tem uma inclinação maior de incorporar a seu dia-a-dia práticas interpretadas como críticas por representantes do Budismo monástico ou do Budismo erudito. Quinto: em casos específicos, a convivência de virtuosos religiosos de ambas as religiões sob determinadas circunstâncias sócio-históricas fez com que se tenha desenvolvido um campo de interseção constituído por práticas espirituais comuns.

A prática hindu mais frequente e veementemente criticada por Siddhartha Gautama era a do sacrifício de animais, que na época representava o núcleo do ritual védico. Esse tipo de procedimento religioso é avaliado como decadente, condenado como eticamente deplorável do ponto de vista do princípio budista da não-violência (*ahimsa*) e rejeitado como espiritualmente prejudicial, devido ao "peso cármico" acumulado pelo próprio sacerdote no momento em que mata ou deixa matar o animal.

O *Metta Sūtra*[37] defende a tese de que essas práticas são provenientes de interpretações errôneas do simbolismo de rituais

---

[36] Cf. Redfield, Robert: *The Little Community and Peasant Society and Culture.* Chicago: The University of Chicago Press, 1973.

[37] O texto encontra-se na chamada "coleção gradual de discursos" (*Anguttara Nikāya*), que faz parte do cânone páli.

originalmente não relacionados ao derramamento de sangue. Por essa e outras razões, o verdadeiro sacrifício é realizado por aquele que leva uma vida segundo os princípios budistas. Isso fica claro pela leitura do *Kūtadanta Sūtra*.[38] O texto relata que o brâmane *Kūtadanta* pede que o Buda lhe explique um sacrifício que, supostamente, traria a salvação. Sakyamuni explica a seu inquiridor que o ritual tradicional desperdiça recursos valiosos e anula a vida de animais sem motivo. Comparado com rituais nos quais "não foram mortos touros, nem bois ou novilhos, nem bodes ou carneiros, nem vários outros tipos de seres vivos", seria melhor a situação de sacerdotes "que se abstêm de matar seres vivos" e cujos "corações estarão em paz". Mas existe um sacrifício melhor, "mais simples, menos complicado, mais frutífero", materializado pelas "oferendas usuais das famílias [que] são dadas para contemplativos virtuosos". O Buda não para por aí, mas explica que há um "sacrifício mais frutífero e benéfico", isto é, proporcionar "abrigo para a *Sangha* vinda dos quatro quadrantes". De maneira superior, porém, comporta-se aquele brâmane "que, com o coração puro, busque refúgio no Buda, no *Dhamma* e na *Sangha*". O sacrifício ainda "mais frutífero e benéfico" é realizado por um brâmane "que, com o coração puro, adote os preceitos de virtude – abster-se de matar seres vivos, de tomar aquilo que não é dado, da conduta sexual imprópria, da mentira e do vinho, álcool e outros embriagantes". Finalmente, o Buda explica para Kudantana qual é o sacrifício superior:

---

[38] O texto encontra-se na chamada "coleção de discursos compridos" (*Dīgha-Nikāya*), que faz parte do cânone páli.

Um Tathagata [Buda] surge no mundo, [...] perfeitamente iluminado, consumado no verdadeiro conhecimento e conduta, bem-aventurado, conhecedor dos mundos, um líder insuperável de pessoas preparadas para serem treinadas, mestre de devas e humanos, desperto, sublime. Ele declara – tendo realizado por si próprio com o conhecimento direto – este mundo com os seus *devas, maras* e *brahmas*, esta população com seus contemplativos e brâmanes, seus príncipes e povo. Ele ensina o *dhamma*, com o significado e fraseado corretos, que é admirável no início, admirável no meio, admirável no final; e ele revela uma vida santa que é completamente perfeita e imaculada. Um discípulo segue a vida santa e pratica a virtude. Assim um *bhikkhu* tem a virtude perfeita. Ele alcança os quatro *jhanas* [estágios da consciência iluminada]. Isso, Brâmane, constitui-se num sacrifício mais frutífero e benéfico.[39]

Com argumentos semelhantes, também foram discutidas outras práticas usuais dentre os brâmanes. Por exemplo, o Buda fala no *Vatthūpama Sūtra*[40] com o brâmane Sundarika Bharadvaja, que, conforme os costumes usuais, irá purificar-se nas águas de um rio "sagrado". Aqui, Buda ensina ao brâmane que este deveria abandonar rituais inúteis e assumir uma vida soteriologicamente correta, ou seja, budista.

---

[39] Citação da versão portuguesa exposta no portal "Acesso ao Insight", http://www.acessoaoinsight.net/sutta/DN5.php. Acesso em 02/02/2009.
[40] O texto encontra-se na coleção de discursos de tamanho médio (*Majjhima Nikāya*) do cânone páli.

Um exemplo das ambivalências de atitude diante de práticas hindus presentes no cânone páli é a tensão substancial entre afirmações feitas, respectivamente, pelo *Adiya Sūtra* e pelo *Ittha Sūtra*[41] a respeito de tradicionais rituais praticados pelos brâmanes. O *Adiya Sūtra* relaciona cinco maneiras de uma pessoa rica se beneficiar da sua riqueza. Uma delas é gastar dinheiro em oferendas às divindades. Mas no *Ittha Sūtra* o Buda diz para um chefe de família que nem desejos mundanos relacionados à vida longa, beleza, felicidade, status ou aspiração por um renascimento agradável são obtidos através de preces e orações. Em vez disso, é preciso seguir uma prática adequada conforme os princípios budistas.

Quanto às mudanças de atitude referentes a rituais, práticas e sacrifícios, vale lembrar o seguinte: desde cedo, determinadas formas de recitação fizeram parte da prática budista. Nesse sentido, a comunidade primitiva deu continuidade a práticas até hoje cruciais para o Hinduísmo. A partir do século II d.C., estavam presentes elementos de uma liturgia posteriormente conhecida como *annutarapūjā*. Em sua forma elaborada, essa cerimônia é composta por onze elementos, a saber: louvor (*vandanā*), adoração (*pūjanā*), confissão de erros (*deśana*), alegria sobre os méritos de outros (*modanā*), pedido aos Budas de ensinar (*adhyesanā*), pedido aos Budas de permanecer neste mundo (*yācanā*), transferência de mérito (*parinā mana*), intensificação do desejo de alcançar a ilu-

---

[41] Ambos os *sūtras* encontram-se na "coleção gradual de discursos" (*Anguttara Nikāya*).

minação completa (*bodhicittotpāda*), tomar refúgio (*saranagamana*), fazer votos (*pranidāna*) e o sacrifício simbólico do próprio *"self"* ilusório (*ātmatyāga*).[42] Todos esses aspectos têm, em uma forma ou outra, equivalentes no âmbito do Hinduísmo. Isso vale também para outras práticas tradicionais indianas que reconquistaram, no decorrer do tempo, espaço mais visível no âmbito do Budismo, processo que também inclui elementos que nunca foram eliminados, mas desvalorizados pela concentração nos métodos constitutivos para o *nobre caminho óctuplo*.[43]

Além disso, ao longo do tempo foram padronizados dez conjuntos de "ações de comemoração" (*ānusmrtis*), usados em prol de meditação e da liturgia do Budismo contemporâneo. Essas práticas referem-se aos seguintes aspectos: Buda, *dharma, sangha,* moralidade, generosidade, divindades, respiração, morte, partes do corpo e paz. Praticantes budistas concentram-se nesses objetos e recitam textos ou fórmulas que contêm listas de qualidades do objeto focado. A mais importante ação de comemoração reside na prática chamada "recordando o Buda" (*buddhānusmrti*). Inicialmente, as recitações associadas a esse método implicavam em uma lista de dez qualidades de Buda – por exemplo, seu status como ser perfeitamente iluminado, como conhecedor do mundo e como mestre dos seres humanos e divindades. Autoridades como Buddhaghosa (século V d.C.) atribuíram a essa prática a capacidade de purificar a mente e a

---

[42] Cf. Payne, Richard K. "Ritual", op. cit.
[43] Cf. item 1, sub. 1.2., do cap. 1.

preparar para meditação avançada. Mas, com o tempo, outros benefícios foram atribuídos a essa prática, entre eles objetivos apotropaicos, sua função de superar o medo do praticante e vencer um perigo. Mais importante, porém, tornou-se a ideia de a celebração do Buda gerar mérito religioso e, portanto, acumular *carma* positivo.[44]

Esse clima era propício não apenas para a diversificação de formas de venerar o Buda, mas também para o acréscimo de outros rituais direcionados a personagens significativos para as diferentes correntes budistas. No ampliado espectro de formas comemorativas relacionadas ao Buda, destacam-se os rituais desenvolvidos ao redor das relíquias de Siddhartha Gautama, conjunto de práticas que não pode reivindicar apoio inequívoco por parte do cânone páli. Alguns textos enfatizam que o Buda não deve ser venerado, mas sim o *dharma* deve ser o foco da prática. No *Vakkali Sutra*,[45] por exemplo, o idoso monge Vakkali expressa seu desejo de ver o Buda e prestar homenagem a ele, mas o Buda responde que seu corpo desprezível "não presta", diferentemente do *dharma*, cuja adoração valeria a pena. No *Mahāparinirvāṇa Sūtra*[46] encontram-se duas tendências contrárias a respeito. Por um

---

[44] Cf. Harrison, Paul: "Buddhānusmrti (recollection of the Buddha)". In: *Encyclopedia of Buddhism*, op. cit., p. 93.

[45] O texto que faz parte do cânone páli encontra-se na chamada "coleção de *sūtras*" (*Sutta Nipata*), que, por sua vez, representa o quinto livro da chamada "coleção menor" (*Khuddaka Nikāya*).

[46] O texto está na chamada "coleção de discursos longos" (*Dīgha-Nikāya*), que faz parte do cânone páli.

lado, o Buda chama atenção para a importância do *dharma*, que seria, no futuro, o único norteador. Nesse sentido, o texto enfatiza a aprendizagem e a disciplina, em vez da veneração do Buda. Mas o mesmo *sūtra* traz a pergunta do discípulo Ananda ao Buda relativa ao destino dos restos mortais de Siddhartha Gautama. De acordo com o texto, o Buda deu a ordem de que suas cinzas deveriam ser colocadas dentro de um santuário (*stūpa*) construído em um ponto de cruzamento de quatro grandes estradas, para que os seguidores de todas as direções pudessem prestar homenagem e trazer oferendas. A veneração de relíquias de Buda faz parte do repertório religioso budista desde o século III a.C. Conforme a tradição budista, foi o Imperador Aśoka (272-231 a.C.) que dividiu as relíquias de Buda em 84 mil partes, distribuindo-as por santuários em todos os cantos de seu território.

A forma mais frequente de homenagear ritualmente o Buda é a chamada *Buddha–pūjā*. Essa cerimônia pode ser realizada em casa ou em um santuário. O rito envolve geralmente uma espécie de oferenda para uma imagem de Buda (ou, se for acessível, uma relíquia) em forma de ingredientes como uma flor ou uma vela, comida ou mesmo dinheiro. A *pūjā* pode ser realizada a qualquer tempo, mas há momentos mais auspiciosos, sobretudo nos feriados budistas, como o da festa de *Vesakh*, quando são comemorados momentos-chave da biografia do Buda, inclusive seu nascimento e iluminação.

Na tradição *Mahāyāna*, além da veneração do Buda histórico, rituais direcionam-se a *sambhoghakāya*-budas, *bodhisattvas* ou mesmo a determinadas divindades incorporadas ao panteão budista. Na tradição da Terra Pura, Amida é um dos objetos principais de veneração. Também não é incomum que monges – na sua função de grandes professores de *dharma* – sejam comemorados em rituais. Na Tailândia, até mesmo relíquias de famosos monges falecidos desempenham um papel desse gênero.[47]

Esses e diversos outros elementos ritualísticos incorporados no decorrer do tempo pelo Budismo encontram-se também no Hinduísmo. No nível da religiosidade popular, as convergências são mais sensíveis ainda. No Sri Lanka, por exemplo, budistas veneram divindades hindus, entre outras Kataragama, deus que é reinterpretado como um *bodhisattva.*[48]

Finalmente, vale recordar uma área do intercâmbio intenso entre o Budismo e Hinduísmo da qual deriva um "substrato religioso" comum. Trata-se do complexo de práticas e crenças conhecido como Tantrismo. Tanto em círculos budistas quanto em ambientes hindus associados a essa corrente trans-religiosa existe um interesse por determinadas técnicas psicofisiológicas, simbolismo sexual, uso de representações geométricas (mandalas) e recitação de sílabas mágicas (*mantras*).[49]

---

[47] Cf. Kinnard, Jacob N. "Worship". In: *Encyclopedia of Buddhism*, op. cit., p. 905-907.

[48] Cf. Kinnard, Jacob N. "Divinities", op. cit., p. 234.

[49] Cf. Bronkhorst, Johannes. "Hinduism And Buddhism". In: *Encyclopedia of Buddhism*, op. cit., p. 328-332, especialmente p. 331.

3. Divergências substanciais entre o Budismo e o Cristianismo

3.1. Antecipação

Enquanto os contatos entre o Budismo e o Cristianismo se intensificaram, praticamente não houve tema que, em algum momento, não constasse da agenda de inter-relação entre as duas religiões. Como o seguinte resumo demonstrará, o espectro substancial abrange desde as questões filosóficas e teológicas até os aspectos da prática espiritual e problemas éticos. Chamamos a atenção para o fato de que essa síntese não tem como objetivo levantar posturas típicas de determinados pensadores budistas. A tarefa é sistematizar o panorama de temas que têm dominado os debates entre o Budismo e o Cristianismo.

3.2. O olhar crítico do Budismo a reivindicações cristãs da verdade

Um assunto recorrente no debate entre Budismo e Cristianismo reside na questão da legitimidade da reivindicação cristã de possuir a verdade maior. Nesse contexto pode-se distinguir, grosso modo, três linhas de argumentação.

A primeira linha acusa o Cristianismo de inflexibilidade e afirma que tal atitude nasce do tratamento dos próprios dogmas como algo invariável e universalmente válido. A insistência dos cristãos no seu ponto de vista alimenta-se pela absolutização da Bíblia, negligenciando o fato de que tal livro é uma obra humana, muitas vezes alterada e seletivamente interpretada.[50] Ao mesmo tempo, reclama-se de que os cristãos têm inclinação pela oposição a argumentos alternativos. Essa atitude é provocada pela concentração dos cristãos em Deus como origem externa da existência, foco que impede a atenção para os processos mentais que fazem com que um sujeito se apegue às próprias opiniões. A situação seria diferente se os cristãos fossem mais sensíveis para os mecanismos responsáveis pela identificação de um proponente com sua posição.[51]

Uma segunda linha de argumentação retoma a questão da verificação racional dos conhecimentos de salvação com o objetivo de comprovar a superioridade do Budismo em relação a religiões que se orientam somente em "opiniões". Enquanto os cristãos são acusados de considerar sua Bíblia como a palavra infalível de Deus – e que exige a obediência cega –, o Budismo é caracterizado como ensinamento de "vir" e "ver" (*ehipassiko-dhamma*), que ganha relevância prática para o indivíduo na medida em que este aceita a proposta, verificando se ela é verdadeira conforme as suas próprias experiências. Assim, diferentemente do Cristianismo, não existe para o Budismo uma verdade pré-concebida que poderia ser colocada em jogo contra outras religiões.[52]

---

[50] Cf. De Silva, A. L. *Beyond Belief: a Buddhist Critique of Christianity*. Camperdown: Three Gem Publications, 1994.
[51] Cf. Makransky, John. "Buddhist perspectives on truth in other religions: past and present", *Theological Studies*, vol. 64 (2), 2003, p. 334-361.
[52] Cf. Sangharakshita: *Mensch-Gott-Buddha*, Essen: Evolution, 1998, p. 24.

A terceira linha de argumentação lembra a parábola da jangada que pode ser abandonada assim que a outra margem é alcançada, analogia que pretende sensibilizar para a relatividade básica de todas as religiões históricas.[53] Essa ideia é defendida, por exemplo, por Bhikkhu Buddhadasa, cujas teorias se baseiam na distinção de diversos níveis de significado de um discurso religioso. No nível extremo dominam as diferenças, as quais se reduzem cada vez mais, avançando para níveis mais sutis. Por fim, também é dispensada a distinção entre "a minha" e "a sua" religião. Bhikkhu Buddhadasa compara esse princípio à imagem de diferentes rios, provenientes de diferentes fontes, que carregam diferentes minerais e toxinas. Depois de todos os minerais e toxinas terem sido filtrados, em todos os casos temos a mesma substância, ou seja, água limpa. Se ainda examinarmos a água limpa cuidadosamente, até mesmo o conceito de "água" é questionável, pois o elemento não é único, mas sim uma combinação de Hidrogênio e Oxigênio. Assim, para uma pessoa que colocou em prática a verdade máxima, o fenômeno da "religião" não existe mais. Esse princípio provavelmente está ausente dos encontros entre budistas e cristãos que se baseiam nas exigências de seus respectivos mestres.[54]

---

[53] Cf. item 1, sub. 1.1., do cap. 3.
[54] Cf. Bhikku Buddhadasa. *"No Religion" in Me and Mine: Selected Essays of Bhikkhu Buddhadasa*, ed. Donald Swearer. Albany: SUNY, 1989, p. 146-147.

3.3. O olhar do Budismo para Jesus Cristo

Um segundo bloco temático relevante para a relação entre o Budismo e o Cristianismo surge na discussão sobre o status e o significado de Jesus Cristo. Os argumentos apresentados sobre essa questão tendem a oscilar entre as simpatias pelo Jesus histórico e a rejeição do dogma de Cristo. Na medida em que Jesus é tratado como fundador de uma religião que atua historicamente, é, em regra, considerado um "Mestre" sério, que em sua atividade concreta e ética apresenta semelhanças importantes com Buda. Do ponto de vista sistemático, as posturas articuladas por diferentes autores podem ser associadas a um contínuo delimitado por dois extremos. Um extremo é a expressão da apreciação por Jesus em sua qualidade como mestre espiritual. O polo oposto é representado pelo desrespeito por Jesus formulado em tom irônico.

Uma afirmação paradigmática para o primeiro polo do contínuo de opiniões sobre Jesus encontra-se na seguinte citação, da convertida budista inglesa Ajahn Candasiri:

> Vejo Jesus mais como um homem do que como filho de Deus. Um homem de presença, energia e devoção impressionantes, que possuía habilidades psíquicas e também tinha o dom de expressar mensagens espirituais em imagens que correspondiam à experiência profana de seu público. Sua atividade foi breve, mas muito eficiente. Tenho a impressão de que ele não estava muito interessado em converter as pessoas. Era mais

uma oferta àqueles que estavam dispostos a segui-lo. Jesus se deixa levar pelo próprio coração, não por um sistema de regras questionável. As qualidades interiores são decisivas.[55]

David W. Chappell afirma algo semelhante, quando escreve:

> Nasci como cristão. Desde a minha conversão considero-me budista no diálogo inter-religioso. Por isso, hoje, para mim, é mais fácil compreender Jesus como *Bodhisattva* do que como filho de Deus, que assumiu os pecados do mundo.[56]

As duas referências seguintes representam uma postura mais distanciada, mas ainda de tendência positiva diante de Jesus. Ambas foram formuladas na mesma época, ou seja, no início do século XX, por simpatizantes budistas ocidentais. Em 1905, Paulo Carus (1852-1919) apresentou, em uma das suas publicações, uma lista de convergências entre o Buda e Jesus. Além de pontos comuns nas histórias de nascimento e biografia dos dois personagens, assim como paralelos em suas doutrinas, Carus chama atenção para outras semelhanças, entre elas os fatos de que tanto Buda quanto Jesus foram mestres itineran-

---

[55] Cf. Candasiri, Ajahn. "Christ and Buddha: Jesus Through Buddhist Eyes", disponível em: http://www.bbc.co.uk/religion/religions/buddhism/beliefs/jesusandbuddhism_1.shm. Acesso em 15/01/2009. Tradução minha.

[56] Cf. Chappell, David W. Religious Identity and Openness in a Pluralistic World, *Buddhist-Christian Studies* 25 (2005), p. 9-14, especialmente p. 10. Tradução minha.

tes – nenhum dos dois tinha família e ambos passaram a vida na pobreza.[57] Até mesmo Karl Seidenstücker (1876-1936), um dos primeiros budistas alemães e crítico feroz do Cristianismo, mostrou simpatia por Jesus. Elogiando os avanços da Teologia liberal de sua época e sua emancipação da imagem do Jesus como um deus-homem, avaliou o fundador do Cristianismo como "exemplo brilhante" de mestre capaz de estimular seus seguidores a crescerem na direção da mesma qualidade espiritual. "Isso é verdadeiramente budista", expõe Seidenstücker.[58]

Uma opinião ambígua sobre Jesus foi formulada pelo mestre de *dharma* taiwanês Chu-yün. Para esse autor, o Buda está em situação mais vantajosa que Jesus. Isso é justificado com um olhar sobre a condição de nascimento dos dois fundadores de religião: um nasceu como príncipe, outro como filho de carpinteiro. Além disso, a quantidade limitada de discípulos diretos de Jesus (doze) prova que Buda, com seus muitos seguidores, era muito mais carismático.[59]

A postura extrema no sentido negativo pode ser exemplificada por uma narrativa popular composta no Sri Lanka, na época do colonialismo português, com o objetivo de ironizar Jesus, fundador da religião do opressor. A história, intitulada "A Heresia do Carpinteiro", trata de um filho de carpintei-

---

[57] Carus, Paul: *Buddhism And Its Christian Critics*. Chicago: Open Court, 1905, especialmente p. 172ss.
[58] Seidenstücker, Karl B. Buddhismus, Christentum und Abendland. *Die Buddhistische Welt*: 3 (1909), p. 29-33, especialmente p. 32.
[59] Cf. Lai, Whalen: Brück, Michael V.: *Christianity and Buddhism. A Multi-cultural History of Their Dialogue*. Maryknoll: Orbis, 2001, especialmente p. 92ss.

ro residente em Portugal que afirmava ser o Filho de Deus. Afirma que, originalmente, esse personagem vivia no mundo celestial, mas, atendendo a um pedido do pai, assumiu forma humana e desceu do céu para salvar o Portugal. Logo, sua mensagem atraiu discípulos. Devido ao sucesso, estabeleceu-se em Portugal, mimado pelo povo que trazia tudo o que o suposto messias pedia, inclusive álcool. Finalmente, o filho do carpinteiro foi para a Índia, onde se converteu ao Budismo. Mas a virada espiritual não podia enganar o povo, que identificou o "convertido" com o demônio Māra, encarnação do mal, e tomou providências para se proteger da influência ruim que irradiava de seu corpo. O repúdio não acabou com a morte do herege. Para evitar que seu cadáver contaminasse o ambiente, ele foi sepultado em um túmulo profundo.[60]

3.4. Posturas budistas diante do conceito cristão de Deus

Uma vez que "o Budismo rejeita [...] a ideia de que há um Deus, um 'homem em cima' ou um 'chefe' que afinal de contas está controlando as coisas",[61] a fé cristã em um Deus pessoal marca um ponto crucial para os debates entre representantes das duas religiões.

---

[60] Cf. Young, F. R.; G. S. B. Senanayaka. *The Carpenter-Heretic: A Collection of Buddhist Stories about Christianity from 18th-Century Sri Lanka.* Colombo, Karunaratne & Sons, 1998.
[61] Corless, Roger J.: *The Vision of Buddhism: The Space under the Tree.* St. Paul: Paragon House, 1989, p. 115.

Do ponto de vista do conceito da *gênese condicionada*,[62] o problema imediato relacionado à teologia cristã reside na questão sobre porque um modelo que pretende explicar a existência do cosmo físico ou das forças nele existentes precisa recorrer a uma concepção teísta. Também escapa à lógica budista a necessidade de postular uma "causa primeira" da qual dependem todos os demais aspectos da existência.[63] Com essas preocupações preliminares, porém, o assunto certamente não está resolvido para os budistas. Isso se mostra especialmente nos trabalhos filosófico-teológicos da escola de Kyoto ou em suas respostas simuladas, cujo alto nível intelectual transcende em diversos momentos uma compreensão leiga. Em um resumo didático, tal debate pode ser explicado da seguinte forma:

De acordo com a interpretação convencional cristã, Deus é senhor e criador de um Universo produzido a partir do nada (*ex nihilo*). Sob o ponto de vista ontológico, temos aqui uma visão dualista do mundo, ou seja, um conceito que diferencia totalmente o Deus transcendental como "completamente outro" e a criação. O fato de a Bíblia atribuir a Deus o poder de interferir nesse mundo não muda a ideia de separação da existência em duas esferas, uma vez que as intervenções divinas que culminam na encarnação de Deus em Jesus Cristo são de caráter escatológico e não ontológico – elas, portanto, não questionam o dualismo cosmológico.

---

[62] Cf. item 1, sub. 1. 2., cap. 1.
[63] Cf. De Silva, A. L., op. cit.

Esse tipo de concepção é visto como suspeito pelo antigo Budismo, pois, segundo o cânone páli, o Buda estava especialmente interessado na concepção psicológico-antropológica e nas respectivas consequências soteriológicas. Quando questionado sobre problemas metafísicos mais profundos, ele ficava em silêncio ou os considerava irrelevantes. Como o desenvolvimento posterior do *Mahāyāna* demonstra, nem mesmo o Budismo pôde ignorar por muito tempo as questões ontológicas. Isso fica claro na doutrina de *śunyatā* e no conceito dos três corpos (*trikāya*).[64]

Representantes da escola de Kyoto, dentre eles notadamente Masao Abe (1915-2006), dedicaram-se por muitos anos à comparação das duas últimas teorias com dogmas cristãos "paralelos". Se, por um lado, isso foi encarado como algo bem-sucedido do ponto de vista budista, por outro Abe e seus colegas foram acusados de tentar reformular a ideia de um Deus monoteísta a partir de categorias *mahāyānistas*, em detrimento da autenticidade dos ensinamentos cristãos centrais. Que essa acusação é justificada fica claro, primeiramente, na relação estabelecida pela escola de Kyoto entre o dogma dos três corpos e a ideia do Deus Cristão.

Como o leitor já sabe, a doutrina dos três corpos é uma teoria budológica, segundo a qual a última realidade não-substancial e impessoal (*dharmakāya*) se manifesta em dois planos "concretos". Esses dois planos correspondem aos Budas sutis, com seus corpos de glória (*samboghakāya*), e ao Buda histórico,

---

[64] Cf. item 2, sub. 2.2., do cap. 1.

cuja forma corporal "grosseira" é denominada de *nirmanakāya*. A contribuição fundamental de Masao Abe para o diálogo inter-religioso entre budistas e cristãos reside na tentativa de associar a budologia *mayāhānista* a doutrinas teológicas cristãs.[65] Nesse sentido, o plano de *nirmanakāya* é associado a Cristo, enquanto o Deus monoteísta cristão é colocado em analogia ao plano *samboghakāya*, como o seguinte esquema demonstra.

Esquema: a doutrina de *trikāya* e sua aplicação ao diálogo budo-cristão (Masao Abe).[66]

Princípio	Manifestação	
nirmanakāya	Gautama	Jesus
samboghakāya	Amida	Javé
dharmakāya	Realidade sem forma e sem limites da vacuidade (abertura total)	

O modelo acima não apenas chama atenção pela colocação de Buda e Jesus em uma mesma categoria, como também facilita a identificação de inconsistências inerentes à discussão sobre o monoteísmo cristão do ponto de vista de Abe. A primeira dificuldade tem a ver com o fato de o Deus da tradição judaico-cristã ser identificado como enti-

---

[65] Cf. Abe, Masao. "A Dynamic Unity in Religious Pluralism: A Proposal from the Buddhist Point of View". In: Idem.: *Buddhism and Interfaith Diaolgue*, edited by Steven Heine. Honolulu: University of Hawai'I Press, 1995, p. 17-39.
[66] Cf. Ibid., p. 35.

dade correspondente ao *samboghakāya*-Buda Amida. Esse tratamento pode ser não-problemático para um budista *mahāyānista*, mas corre o risco de ser classificado, do ponto de vista cristão, como uma espécie de blasfêmia. O segundo problema é indicado pela frase "Realidade sem forma e sem limites da vacuidade (abertura total)". A localização dessa expressão no esquema dá a impressão de que se trata de um conceito teológico capaz de criar uma ponte entre Budismo e Cristianismo. Na verdade, ela faz sentido apenas dentro da lógica budista. Mais do que isso, aponta para uma "lacuna" por parte do Cristianismo, uma vez que a comparação com a budologia *mahāyānista* "revela" que a Teologia cristã não é pensada até as últimas consequências.

De acordo com uma leitura mais construtiva da obra de Abe, pode-se dizer que o filósofo da escola de Kyoto tentou melhorar a imagem teologicamente deficitária do Cristianismo. Para esse fim, praticamente realizou concessões teológicas a ambos os lados, sugerindo que tanto a concepção *mahāyānista*, impessoal-monista da vacuidade (*śunyatā*) quanto a ideia cristã refletem as respectivas construções básicas da outra religião.

O primeiro passo para a aproximação entre as duas religiões proposta por Abe consiste de concessões em relação à ontologia "convencional" do *Mahāyāna*, no sentido de que é atribuída uma dinâmica inerente à vacuidade (*śunyatā*).

Apesar de *śunyatā* ser um substantivo, Abe pretende considerá-lo mais como verbo no sentido de "esvaziar" ou "des-substancialisar". Assim, *śunyatā* é uma causa primária que se esvazia constantemente na direção do relativo, afirmando que, apenas no decorrer desse movimento dialético, a vacuidade absoluta torna-se realmente vazia. Em sentido figurado, pode-se dizer que toda a existência oscila entre dois "estados" do vazio gerado pelo próprio vazio. Com isso, a concepção monista-ontológica da unidade de *samsāra* e *nirvana* torna-se um "princípio da criação", com ajuda do qual Abe se aproxima teologicamente ao Cristianismo.

Abe vê na concepção cristológica de *kenosis* um paralelo à sua construção filosófica. Esse substantivo tem a mesma raiz do verbo *ekenosen,* "ele se rebaixou", usado por Paulo em sua carta aos Filipenses (2,5-8). A citação decisiva para Abe é a seguinte:

> Tende entre vós os mesmos sentimentos que estão em Jesus Cristo: Ele, de condição divina, não defendeu ciosamente o posto que o igualava a Deus. Mas *rebaixou-se a si mesmo*, tomando a condição de escravo e tornando-se semelhante aos homens. Comportando-se como um homem, humilhou-se ainda mais obedecendo até a morte, a morte na Cruz.

Com base nessa citação, Abe redefiniu o Deus cristão em conceitos ontológicos do Budismo *Mahāyāna*. Para ele, Deus só é o verdadeiro Deus por que Ele, em seu processo de autoesvaziamento, abre mão de uma existência concluída, identificando-se em seu amor com todos, inclusive com os pecados humanos. É óbvio que a abordagem integrativa de Abe despertou diversas críticas por parte do Cristianismo. A primeira delas diz respeito à importância desse texto tão significativo para Abe, que pode ser respondida com uma série de citações bíblias alternativas referentes à natureza de Deus. A concepção de *kenosis* também não é representativa, uma vez que assume um papel apenas periférico na discussão teológica, sendo, portanto, considerada marginal pela maioria dos especialistas cristãos. Além disso, é usado como contra-argumento o fato de que o trecho da Bíblia citado por Masao Abe não se refere a Deus, o Criador, mas a Jesus, o Salvador e, portanto, o vínculo com a teologia cosmológica do *śunyatā* dinâmico não pode ser realizado sem rupturas.

3.5. Questões budistas referentes ao problema cristão da teodiceia

Diretamente vinculado à discussão realizada pelos budistas sobre a ideia do Deus Criador está o chamado problema da teodiceia, ou seja, a necessidade da justificativa racional de um Deus benévolo face ao sofrimento do mundo. Essas perguntas já ocupavam os teóricos budistas como Vasubandhu (século IV ou V d.C.), Dharmakīrti (cerca de 600-670), Śāntaraksita (século VIII) e Kamalaśīla (nascido em 710), para os quais a imagem de um Deus absoluto e autossuficiente parecia confrontar a ideia de que esse ser perfeito sentira, algum dia, o desejo de agir como Criador.[67]

---

[67] Cf. Makransky, John, op. cit.

Mais difícil de entender, para os budistas, é o fato de um Deus supostamente todo-poderoso ou sábio ter criado um mundo obviamente imperfeito, enviando propositalmente pragas, catástrofes da natureza e doenças aos povos desobedientes. Por isso, os cristãos contradizem a si próprios afirmando que a criação é organizada de forma perfeita. Se essa ordem realmente existe, seu funcionamento é violento. Se Deus criou a chuva para matar a sede dos humanos, não podemos esquecer que a chuva também pode causar enchentes. Mesmo que o mundo tenha sido gerado a partir de uma criação, a observação objetiva parece confirmar que o senhor do universo não pode ser um Deus que ama sem limites. O argumento de alguns cristãos de que o Diabo seria a causa do mal e não Deus também não é satisfatório, pois não deixa claro porque Deus permitiu que uma instância que deseja e realiza o mal agisse ao seu lado.

Argumento semelhante aponta para a contradição entre a doutrina de um Deus todo-poderoso e o ensinamento do Dia do Juízo. Se acreditarmos que o Homem é responsável pelas próprias ações, então existe um potencial de liberdade independente ao lado de Deus. Nessa condição, Deus é somente mais poderoso que o Homem, mas não todo-poderoso. Se, todavia, o Deus todo-poderoso tiver predestinado o Homem para a depravação, esse Homem não é mesmo senhor de seus atos e, portanto, não é inteiramente responsável pelos mesmos.[68]

---

[68] Cf. De Silva, A. L., op. cit.

3.6. A postura do Budismo diante da soteriologia cristã

O Budismo da "Terra Pura" apresenta maior proximidade soteriológica ao Cristianismo. Ao contrário da autotentativa (*jiriki*), ele enfatiza a "outra força" (*tariki*) salvadora do Buda Amida, concedida aos adeptos na forma de uma transformação interna, que se abre na adoração devocional para a atividade misericordiosa de Amida. Por outro lado, existem contrastes claros na área da soteriologia, especialmente entre o Budismo *Teravāda* e o Cristianismo. Um ponto-chave é a questão de como a salvação religiosa deverá ser realizada e até que ponto o indivíduo que busca a salvação desempenha um papel ativo. Resumido em uma fórmula simples, pode-se afirmar que o caminho nobre óctuplo ao *nirvāna* identificado por Buda atribui ao indivíduo envolvido em seu desconhecimento a responsabilidade plena pela própria salvação. O Cristianismo, por sua vez, prega a graça de Deus e duvida de que o ser humano – sujeito ao pecado original – tenha alguma competência soteriológica.

Importantes argumentos budistas à soteriologia cristã referem-se também ao etnocentrismo e ao egocentrismo promovidos pelo Cristianismo. Essas preocupações nascem da impressão de que Deus, de mandeira aparentemente seletiva, prometeu a salvação a apenas um determinado grupo ou civilização. Ao mesmo tempo, questiona-se a qualidade ética do desejo individual de, um dia, ascender ao céu e estar próximo de Deus, especialmente se essa atitude é comparada com o ideal do *Bodhisattva*, que abdicou de sua própria libertação para o bem de todos os seres.[69]

Divergências mais detalhadas dizem respeito a conceitos particulares relacionados à soteriologia, por exemplo, raciocínios sobre o sofrimento. Conforme um grupo de trabalho criado por ocasião de um intercâmbio entre monges e monjas budistas e cristãos (13-18 de abril de 2003), há divergências entre as duas religiões no seguinte sentido: budistas entendem o sofrimento como algo que define a existência negativamente e, por isso, deve ser superado o mais imediatamente possível. Conforme os depoimentos dos cristãos presentes no encontro, o sofrimento, mesmo que seja desagradável e não atraente, é uma bênção para crentes, uma vez que Deus está presente nessa sensação e interfere na vida do sofredor. Portanto, um segundo olhar revelou mais convergências. Tanto o Budismo quanto o Cristianismo consideram menos importante a mera existência do sofrimento. O que conta, espiritualmente, é a forma como o ser humano reage ao sofrimento. Nesse sentido, cristãos não recomendam o sofrimento por si e budistas não ensinam superá-lo antes que suas causas sejam entendidas.[70]

---

[69] Cf. Lai, Whalen; BRÜCK, Michael V., op. cit., p. 121.
[70] Cf. Ryan, Thomas. Gethsemani II: Catholic and Buddhist Monastics Focus on Suffering, *Buddhist-Christian Studies* 24 (2004), p. 249-251.

3.7. O olhar do Budismo à ética cristã e ao engajamento cristão no mundo

Enquanto no passado a disputa entre Budismo e Cristianismo na área da ética concentrava-se mais nas discrepâncias existentes entre ambas as religiões, há atualmente uma procura mais intensa de correspondências fundamentais. A percepção negativa foi preferencialmente estabelecida por referências a trechos do Antigo Testamento que deveriam comprovar a suposta crueldade do Cristianismo e a sua contribuição para a desarmonia no mundo. Um exemplo é o argumento contra os sacrifícios de animais – que Buda rejeita e que Deus teria exigido dos homens. Acusa-se que, em espírito semelhante, o Cristianismo também sancionou a violência, citando-se, para tanto, trechos da Bíblia nos quais Deus se apresentou como "Senhor da Guerra" (Êxodo15,3, Isaías 42,13), "Aniquilador dos Povos", "Devastador de Fortes e Ruas" e "Destruidor das Cidades" (Sofonias 3,6). Essa retórica não só é completamente contrária à atitude pacifista de Buda, mas também choca até mesmo os cristãos que encontram tais citações na Escritura Sagrada.[71]

Esse e outros argumentos semelhantes foram especialmente usados por autores alemães que se converteram ao Budismo nos anos próximos à passagem dos séculos XIX-XX. Aqui, podemos mencionar o paradigmático livro "Buda

---

[71] Cf. De Silva, A. L., op. cit.

e Cristo", publicado em 1903 por Karl Seidenstücker (protagonista do Budismo na cidade de Leipzig) sob o pseudônimo Bruno Freydank. O primeiro capítulo da obra já é autoexplicativo. Segundo o autor, a história do Cristianismo parece uma crônica de escândalos representada por atrocidades como as praticadas pelo homicida Moisés, o malandro Jacó, o assassino Josué, o adúltero Davi e as incestuosas filhas de Ló. Todos esses pecados são ainda mais deploráveis quando comparados aos altos princípios éticos do Budismo. Temos uma situação semelhante, inclusive, na comparação entre o fanatismo do imperador Carlos Magno e a caridade do imperador Ashoka.[72]

Polêmicas geradoras de inimizades como essas parecem anacrônicas segundo o ponto de vista atual, inclusive pelo fato de as condições alteradas do progresso da era moderna serem percebidas de forma semelhante pelas diferentes religiões, aumentando entre seus representantes a consciência de que os desafios apresentados só poderão ser resolvidos de forma solidária. Parte das tarefas coletivas foi também a rejeição, pela organização inter-religiosa, de tendências atuais como o materialismo, niilismo e existencialismo.[73] Com o argumento de que a sua religião se concentra na redução do sofrimento humano enfatizando, além disso, ainda o signi-

---

[72] Cf. Freydank, Bruno: *Buddha und Christus: Eine buddhistische Apologetik*. Leipzig: Buddhistischer Missionsverlag, 1903.
[73] Cf. Bowers, Russel H, Jr.: *Someone or Nothing? Nishitani's Religion and Nothingness as a Foundation for Christian-Buddhist Dialogue*. New York: Peter Lang, 1995.

ficado de uma irmandade global de relações harmoniosas entre o ser humano e a natureza, os budistas contemporâneos também apresentam compatibilidades com as questões centrais da teoria da libertação cristã ou semelhanças com a espiritualidade natural de Francisco de Assis.[74]

4. A posição do Budismo diante de conteúdos específicos do Judaísmo e do Islã

4.1. Contextualização

Uma série de aspectos constitutivos dos debates entre o Budismo, por um lado, e o Hinduísmo e Cristianismo, por outro, atingem também a relação entre o Budismo e as outras religiões mundiais. Uma vez que as últimas pertencem à família das "religiões monoteístas", sobretudo o posicionamento de budistas diante do Cristianismo ganha relevância. Isso vale, por exemplo, para dúvidas budistas referentes à pertinência e às implicações da ideia de um Deus criador.

Para evitar uma repetição de informações, o seguinte resumo de conteúdos abordados em debates tanto entre budistas e judeus quanto entre budistas e muçulmanos se concentrará apenas em aspectos omitidos nos contextos discursivos já apresentados acima. Esse procedimento é uma das razões pelas quais o presente tópico ocupa consideravelmente me-

---

[74] Renard, John. *101 Questions and Answers on Buddhism*. New York, 1999, p. 113ss.

nos espaço do que as duas sessões anteriores. O volume reduzido explica-se também pelo fato de que, na história do Budismo, o intercâmbio substancial com o Judaísmo e com o Islã não tem desfrutado a mesma atenção que a troca de argumentos com o Hinduísmo e o Cristianismo. A falta de interesse em ou de oportunidade de intensificar conversas ou disputas com judeus ou muçulmanos repercute também no caráter pontual de tais conversas. Em vez de representar uma troca sistemática e abrangente, a grande maioria das contribuições para esses debates contenta-se com a reflexão acerca de aspectos isolados. Talvez isso explique por que – diferentemente do teor sobretudo crítico em relação ao Hinduísmo e ao Cristianismo – a postura de budistas diante do Judaísmo e do Islã é mais marcada por uma disponibilidade de deduzir pontos comuns entre as religiões.

4.2. Reflexões budistas sobre o monoteísmo judaico

Na medida em que os budistas considerarem particularidades teológicas, ontológicas ou cosmológicas do Judaísmo, os respectivos pensamentos seguem basicamente as linhas aprofundadas na discussão análoga do Cristianismo com a escola de Kyoto. Isso diz respeito, primeiramente, aos paralelos entre o Judaísmo e o princípio de *śunyatā* e o ensinamento budista da *gênese condicionada*. As considerações teologicamente mais provocantes nesse contexto pretendem provar que a versão hebraica da Bíblia, ainda não "dualisticamente" reinterpretada conforme influências neoplatônicas, contêm especulações compatíveis com as visões monistas do Budismo *Mahāyāna*.

A respectiva discussão é conduzida especialmente com base no relatório da criação em Gênesis 1,1-2:4a, culminando na hipótese de que o texto original não oferece nenhuma indicação sobre o ato criador a partir do nada. Ao contrário, o "Espírito de Deus [que] pairava sobre as águas" teria usado material já existente. Assim, pode-se assumir a existência de uma matéria pré-objetiva, ou seja, sem forma, que já existe junto com Deus. Se essa interpretação for pertinente, é necessário também corrigir a ideia de um Deus transcendental, uma vez que, de fato, se trata de um Deus *no* mundo – no entanto, em um mundo ainda sem forma. Deus não só cria da matéria caótica um mundo ordenado e dotado de forma. Ele também deixa a sombra da não-ação, projetando-se, pode-se dizer, dentro do mundo. Isso corresponde ao significado do conceito hebraico *chesed*, que denomina a plenitude e benevolência divina, e que pode ser entendido como "efluência" ou "emanação" divina. Assim, *chesed* é a fonte do supérfluo e da generosidade, o poder da livre doação, que não qualifica. Nesse sentido, a criação é o processo da autodoação divina para dentro do outro, conceito que corresponde ao princípio do *śunyatā* dinâmico, analogamente ao ato do autoesvaziamento em termos filosóficos da escola de Kyoto.[75]

---

[75] Lavin, Todd. "Zero and One: Toward a Buddhist-Jewish Interfaith Dialogue", *Bucknell Review*, June, 2003, p. 141-157.

A busca por possíveis paralelos judaicos às concepções monístico-impessoais do Budismo *Mahāyāna* se estendeu também a pensamentos que identificam as interferências entre a prática zen e as tendências místicas dentro do Judaísmo. Autores que afirmam que ambas as correntes são intimamente ligadas enfatizam que os exercícios do *zen* objetivam desvincular-se de todas as cargas que impedem a experiência da própria natureza. Trata-se de superar tudo o que é ilusório e não-essencial, inclusive a inerência a um "*self*" falso responsável pela discriminação entre o suposto "eu" e o "resto do mundo".

A partir disso é criada uma correlação com o princípio do *devequt,* usado nas correntes judaicas cabalísticas, para estabelecer um vínculo permanente ou a união com Deus. Em sentido metafórico místico, o termo aponta para o estado no qual o indivíduo se encontra quando for permeado pela consciência da presença de Deus. Para se alcançar o *devequt*, assim prossegue a argumentação, o judeu – analogamente às tentativas do praticante zen – deverá desvincular-se de seu corpo e de sua alma em um processo de autoabandono. Apesar das convergências entre o Budismo *zen* e a abordagem cabalista, permanecem, todavia, algumas inconsistências fundamentais. A diferença principal está no fato de que o adepto do *zen* procura, a partir de uma atitude de não-apego, a permanência na vacuidade, enquanto a concepção do *devequt* tem como objetivo a fixação exclusiva em Deus e a fundamentação permanente nele.[76]

---

[76] Cf. Ibid.

4.3. Supostas convergências pontuais entre o Budismo e elementos doutrinários do Judaísmo

Além do complexo temático acima resumido, comentaristas budistas apontaram para outros aspectos supostamente convergentes entre as duas religiões. Isso vale, por exemplo, para a hipótese de que determinadas formas da oração do Judaísmo objetivam o desenvolvimento de amor-bondade (*metta*), atitude de compaixão não-apegada. Conforme esses autores, o princípio budista de compaixão é, além disso, compatível com a concepção judaica da justiça social, *Tikkun Olam*, termo que significa "reestabelecer o mundo".[77] Afirma-se que a frase bíblica *hineyni* ("eis-me aqui"), que Deus diz para Abraão (Gênesis 22,1), é associada a um estado de vigília mental centrado e também cultivado pela meditação budista *Vipassanā*. Além disso, especula-se que o Budismo e Maimônides (1135-1204), sábio judeu de Córdoba, coincidem em seu discurso para um "caminho de meio" entre dois extremos do comportamento humano. Kamenetz identifica também afinidades em relação à prática budista da generosidade e do cultivo de amor e compaixão, algo que é eticamente exigido pelo Judaísmo.[78]

---

[77] Cf. Brodey, Deborah A.: *From Judaism to Buddhism: Jewish Women's Search for Identity*, MA-Thesis, University of Toronto: Department of Adult Education, Community Development, and Counselling Psychology, Ontario Institute for Studies in Education, 1997, p. 34.

[78] Cf. Kamenetz, Rodger. *The Jew in the Lotus. A Poet's Rediscovery of Jewish Identity in Buddhist India*. New York: Harper Collins, 1994, p.140

Além disso, nas respectivas literaturas são mencionados três aspectos que deveriam marcar especialmente a proximidade entre o Budismo tibetano e o Judaísmo. Em primeiro lugar, ambas as religiões salientam o valor da erudição do estudo rigoroso e do debate como meio didático da aprendizagem.[79] Em segundo lugar, ambas as tradições conhecem, além da leitura convencional de seus textos sagrados, uma forma de leitura esotérica em diferentes níveis do significado.[80] Finalmente, afirma-se que existem correspondências entre o vocabulário imaginativo do panteão tibetano-budista e do simbolismo cabalístico dos seres celestes.[81]

4.4. O olhar do Budismo à diáspora judaica e à integração comunitária dos judeus

Um dos principais motivos para o já mencionado encontro do Dalai Lama com delegados norte-americanos de diversas correntes judias[82] foi o interesse do líder religioso tibetano nas estratégias que permitiram ao povo judeu garantir a sua integridade cultural e religiosa durante séculos, mesmo sem possuir um território próprio. Após as

---

[79] Cf. Brodey, Deborah, op. cit., p. 33.
[80] Cf. Katz: Nathan: Meeting of Ancient Peoples: Western Jews and The Dalai Lama of Tibet. In: *Jerusalem Letters of Lasting Interest*, 1 March 1991. Disponível em: http://www.jcpa.org /jl/hit20.htm. Acesso em 31/01/2009.
[81] Cf. Seager, Richard Hughes. *Buddhism in America*. New York: Columbia University Press, 1999, p. 225-231.
[82] Cf. item 3, do sub. 3.3., do cap. 2.

consultas, os parceiros judeus mostraram-se contentes com a honestidade com a qual o Dalai Lama havia traçado paralelos entre a diáspora judia e o destino, em diversos países, dos tibetanos que fugiram dos chineses, questionando sobre possíveis ensinamentos da história. Afirmam que o Dalai Lama disse: "Acredito que somos, ambos, povos escolhidos! Não temos exatamente a mesma ideia sobre isso, mas nós, tibetanos, acreditamos ser escolhidos por Avalokiteshvara". Os judeus também acreditam "que foram selecionados por Deus, o criador. Um segundo motivo é: quando nos tornamos fugitivos, sabíamos que a nossa batalha não seria muito fácil. Provavelmente demorará muito tempo, algumas gerações. Muitas vezes nos orientamos nos judeus, em como eles preservaram a sua identidade contra todas as dificuldades e todo o sofrimento. E quando as condições externas estavam maduras, dispuseram-se a reconstruir a sua nação. Há, portanto, muito que podemos aprender com os nossos irmãos ou irmãs judeus".[83]

Enquanto essas afirmações de solidariedade certamente incentivam a relação entre o Budismo e o Judaísmo, as interpretações terceiras de seu destino encontram seus limites onde os eventos como o Holocausto são "explicados" em conceitos budistas como o desconhecimento fundamental no ser humano (*avidyā*) ou até mesmo o ensinamento da retaliação de ações no *carma*.[84]

---

[83] Cf. Katz: Nathan: Meeting of Ancient Peoples, op. cit. Tradução minha.
[84] Cf. Brodey, Deborah A., op. cit., p. 147.

4.5. Reflexões budistas sobre o monoteísmo islâmico

No que diz respeito a seu imaginário da realidade última, o Islã destaca um Deus criador monoteísta radicalmente transcendental e juiz do mundo teologicamente indiscutível. Essa concepção está obviamente em contradição com uma série de princípios budistas. Os pontos críticos centrais inerentes já foram mencionados na recapitulação dos argumentos budistas contra as outras duas religiões monoteístas e não precisam ser repetidos aqui. Tentativas sérias de aproximação no sentido de uma comparação sistemática com a concepção *śunyatā* não foram realizadas pelos budistas até o momento, apesar de a ideia islâmica da "teologia de processo" da criação contínua poder fornecer pontos de contato interessantes para tal. A abordagem mais ousada nessa direção é a da realização de uma ponte entre o princípio *mahāyānista* do vazio universal e da prática da recitação constante da fórmula *La Ilaha 'Ila Al-la* ("Não há nada além de Alá"). Nesse contexto, merece especial atenção a sílaba *la*, que representa uma união e que é interpretada como indício da natureza de Alá, que nega tudo o que é relativo. Interpretada dessa maneira, a ideia islâmica de Deus aproxima-se bastante da concepção de um princípio original monoteísta defendida pelo Budismo *Mahāyāna*.[85]

---

[85] Cf. *The Dharma of Islam*: A Conversation with Snjezana Akpinar and Alex Berzin. *Inquiring Mind*. Berkeley, California, vol. 20, n. 1, outono 2003.

Determinados participantes desse diálogo ainda rudimentar destacam as diferenças importantes entre a autocompreensão budista e a interpretação dominante "ortodoxa" do Islã, sem deixar de expressar, ao mesmo tempo, simpatia pelo Sufismo, isto é, a mística muçulmana e seu suposto parentesco com o Budismo. Aqui residem os postulados de que: a última realidade escapa de uma descrição conceitual; a percepção do mundo é uma função de nossa percepção sensorial; e todos os fenômenos do Universo, em última instância transitórios, estão interligados em uma rede de relacionamentos de interdependência mútua.[86]

Encontramos ideias semelhantes na tradução do Livro dos Mortos Tibetano (*Bardo Thödol*) por Sogyal Rinpoche (nascido em 1947), cujos comentários alimentam-se das diversas fontes da literatura mundial da sabedoria, entre outros a poesia *sufi* do poeta persa Jalaluddin Rumi (1207-1273), que fala da dissolução total da existência relativa face ao amor onipresente que se espalha para todas as direções.[87] Sogyal Rinpoche vê vínculos comprovados também entre o Budismo tibetano e outros *sufis* importantes, como o especialista persa na lei islâmica, Sadruddin Qunawi (1097-1168), o filósofo árabe Ibn 'Arabi (1165-1240) ou o pensador persa Fakhruddin 'Araqi (1207-1273). Para Sogyal Rinpoche, esses e outros místicos islâmicos enfatizaram, de forma semelhante ao que

---

[86] Cf. Cleary, T. *Buddhism and Islam*. Transaction of the International Conference of Orientalists in Japan, n. 27, 1982, p. 31-38.
[87] Cf. Rinpoche, Sogyal: *The Tibetan Book of Living and Dying*. London: Random House, 1992, p. 364.

fizeram representantes do Budismo tibetano, a importância de se tornar consciente da transparência metafísica das formas fenomenológicas e de desenvolver a capacidade de perceber o "único" no meio da diversidade. O mesmo se aplica à metáfora da "clareza cristalina da mente", que se encontra tanto nos respectivos poetas *sufi* quanto no vocabulário do chamado "caminho de diamante" propagado pelo Budismo tibetano. Sogyal Rinpoche considera ainda interessante a linguagem esotérica islâmica, que usa as imagens do amor para representar a relação entre o místico que procura a unidade com a realidade última. Esse vocabulário, afirma Sogyal Rinpoche, é inspirado na busca da crescente dissolução do sujeito e do objeto no caminho para a experiência da não-dualidade, tema corrente de discursos de representantes do Budismo tibetano.

Entre as diversas possíveis semelhanças entre o Budismo e o Sufismo mencionadas por Scott, encontram-se afinidades entre as doutrinas budistas de anatta e de śunyatā, por um lado, e a ideia sufi de aniquilação do self (fanā).[88]

4.6. Reflexões budistas sobre práticas espirituais do Islã

O olhar predileto para o Sufismo na busca de possíveis pontos em comum entre o Budismo e o Islã tem as suas correspondências na discussão parcial de convergências ou di-

---

[88] Cf. Scott, David. Buddhism and Islam: Past to Present Encounters and Interfaith Lessons, *Numen*, vol. 42 (1995), p. 141-155, especialmente, p. 147.

vergências na área da prática religiosa. Por isso, não é surpresa que os budistas apreciem métodos sufis de introspecção e contemplação em assuntos como a impotência e a irrelevância do self ou a invencibilidade da morte. Alguns budistas consideram positivo o fato de os membros de determinadas ordens místicas do Islã não só praticarem recitações e invocações, mas também uma espécie de meditação silenciosa. Nesse contexto, budistas gostam de lembrar que em determinados grupos mahāyānistas não só é praticado esse tipo de contemplação, mas também recitações e cantos em voz alta. Enfatizam que, às vezes, são até mesmo apresentadas as chamadas danças-vajra, semelhantes às danças dos dervixes.[89]

Berzin se refere a outro paralelo, entre os poemas silábicos de três linhas anotados espontaneamente da arte japonesa (*haikai* ou *haiku*) e a poesia de rimas proveniente da Ásia Central, que em turco é denominada *koshma* ("aquilo que vem à sua mente"). Entre os poetas famosos dessa forma de arte também havia muitos *sufis*. Além disso, é impressionante que muitos poemas comecem com uma contemplação sobre um túmulo em um cemitério. Com isso, há semelhanças com os exercícios dos monges budistas que meditam sistematicamente diante de um esqueleto, por exemplo, acerca do problema da fugacidade. Berzin ainda confirma uma semelhança pontual entre o Budismo e o Islã, presente no significado da palavra árabe *jihad*. Polissêmico, o termo é muitas ve-

---

[89] Cf. *The Dharma of Islam*, op. cit.

zes reduzido, na percepção ocidental, ao significado "guerra santa", mas significa literalmente "esforço adequado", o que combina bem com os ensinamentos budistas. Até mesmo o significado bélico de *jihad* encontra-se na terminologia budista, uma vez que Buda era proveniente da casta dos guerreiros (*ksatriyas*) e descreveu o caminho espiritual como luta contra o não-saber e emoções interferentes como a cobiça, a inércia, a raiva e o ódio.[90]

---

[90] Cf. Berzin, Alexander: "Buddhist-Muslim Relations: Past, Present and Future". In: Schmidt-Leukel, Perry (ed.): *Buddhist Attitudes to Other Religions*, St. Ottilien: EOS 2008, p. 212-236, especialmente p. 228-229.

Considerações finais

É um preconceito fortemente enraizado no senso comum que "bem lá no fundo", no âmago, todas as religiões partem dos mesmos princípios, têm objetivos semelhantes e se unem no desejo de harmonia e de paz no mundo. Como os capítulos anteriores deste livro comprovam, afirmações semelhantes – compreensíveis a partir de um desejo coletivo de harmonia universal – abstraem de maneira ingênua as verdadeiras diferenças entre as doutrinas, instituições e práticas espirituais. Essas divergências são explicitadas quando representantes de diferentes tradições são confrontados com as aspirações e reivindicações dos seguidores de sistemas alternativos. Nesse sentido, tensões e conflitos entre crenças e suas respectivas comunidades, bem como a busca por pontos comuns, são elementos constitutivos da História das Religiões. Não se questiona o caráter harmonioso do Budismo – inerente a suas doutrinas e práticas –, mas seria incompatível com os fatos resumidos na presente obra manter a idealização de uma religião monoliticamente "ultrapacifista".

O material elaborado no decorrer do livro fornece um escopo capaz de corrigir essa exagerada representação. Uma razão para tal correção está no simples fato de que o Budismo é uma religião, portanto um sistema caracterizado pela autopercepção, de seus seguidores, de representar princípios doutrinários, éticos e práticos *privilegiados, extraordinários* ou mesmo *singulares* em comparação com qualquer outra cosmovisão e suas respectivas implicações. A validade dessa reivindicação, porém, não é função natural do repertório religioso no sentido estrito, mas consequência de construções auxiliares em prol da imunização do próprio sistema do risco da relativização devido à presença de ideologias alternativas no horizonte da religião em questão. Embora as construções auxiliares possam ser caracterizadas como elementos doutrinários *secundários*, elas não são invenções arbitrárias, mas logicamente relacionadas a axiomas ontológicos, antropológicos, soteriológicos e epistemológicos, isto é, a convicções e orientações imediatamente decisivas para a fé e a espiritualidade dos praticantes. Quanto ao Budismo, a importância dos elementos doutrinários *primários* como base imprescindível do repertório acumulado em prol de posicionamento diante de outras religiões foi contemplada nos itens sobre as constituintes doutrinárias (capítulo 1), cuja leitura deve ter facilitado o entendimento da pertença sistemática das figuras retóricas diante de desafios inter-religiosos resumidos no quarto capítulo. Para citar apenas um exemplo: o parágrafo sobre a "Doutrina de Duas Verdades" (cap. 1, 3) aponta diretamente para a postura inter-religiosa inspirada pelo espírito de *upāya* (cap. 3, 1.4.3). Tal atitude não é observável nos mesmos moldes nas tradições monoteístas, o que sensibiliza pelo fato de as particularidades doutrinárias dos partidos envolvidos serem fatores decisivos para a dinâmica e o caráter de qualquer situação inter-religiosa. Nesse sentido, seria uma redução inadequada da verdadeira complexidade do campo das inter-relações religiosas a omissão do fato de que a postura inspirada pelo espírito de *upāya* representa apenas uma das figuras retóricas desenvolvidas pelo Budismo no decorrer da sua história. Outras atitudes, particularmente as tendentes ao exclusivismo (cap. 3, 1.5), não se distinguem de atitudes associadas a religiões geralmente avaliadas como menos tolerantes.

A preferência de representantes do Budismo por uma ou outra postura, porém, não apenas depende das especificidades doutrinárias da corrente, linha ou grupo budista em questão, mas também das características substanciais, retóricas e "logísticas" de um respectivo interlocutor. Nesse sentido, é óbvio que uma comunidade judaica – tradicionalmente não-proselitista, mas interessada em manter sua integridade em uma cultura alheia (cap. 2, 3) – desperta reações distintas, por exemplo, na comparação com uma religião "dicotômica" como o Islã, especialmente nos casos em que esta se fazia presente em territórios budistas mediante expedições militares, cujas manifestações mais drásticas culminaram na destruição de universidades dos mosteiros de Nalanda e Vikramasil (cap. 2, 5).

Casos específicos como os acima citados sensibilizam pelo fato geral de que nenhum encontro ou desencontro entre religiões ocorre no vácuo, mas é contextualizado em situações históricas concretas moldadas por condições sociais, forças políticas e interesses econômicos, além de outros fatores que se sobrepõem a aspirações espirituais propriamente ditas e interferem na relação entre as religiões e na sua competição por legitimidade, status e influência. Conforme longamente demonstrado no terceiro capítulo, a História do Budismo é uma fonte inesgotável de exemplos do impacto de poder e status sobre a qualidade e a dinâmica de seus encontros e desencontros com outras religiões. Basta lembrar as divergências profundas nas relações entre o Budismo e o Cristianismo a partir do início do século XVII no Japão (cap. 2, 4.4) e, por volta da passagem dos séculos XIX-XX, no Ceilão/Sri Lanka (cap. 2, 4.5).

Esperamos que as reflexões e informações levantadas no decorrer desta obra não apenas repercutam no âmbito acadêmico, como também em círculos extra-acadêmicos, particularmente entre budistas e integrantes das outras religiões contempladas nessa publicação. Portanto, este livro cumprirá sua função na medida em que contribua para a evolução do campo científico que examina as religiões, enriquecer o diálogo inter-religioso e fornecer subsídios para uma auto-apreciação mais rica por budistas, hindus, cristãos, judeus e muçulmanos.

Bibliografia

ABE, Masao. A Dynamic Unity in Religious Pluralism: A Proposal from the Buddhist Point of View, in: Idem. *Buddhism and Interfaith Diaolgue*, edited by Steven Heine, Honolulu: University of Hawai'I Press 1995, p. 17-39.

ANTES, Peter. Systematische Religionswissensachaft – eine Neuorientierung, *Zeitschrift für Missionswissenschaft und Religionswissenschaft*: n. 2, 1986, p. 214-221.

ARIARAJAH, S. Wesley. Religion in China: Some Impressions, *Inter-religio* 10 / Fall 1986, p. 50-65.

BAILEY, Greg; Mabett, Ian. *The Sociology of Early Buddhism*, Cambridge: Cambridge University Press, 2004, p. 108-137.

BAUMANN, Martin. Hindus und Juden in globaler 'Zerstreuung', in: Klimkeit, Hans-Joachim (org.): *Vergleichen und Verstehen in der Religionswissenschaft*, Wiesbaden: Harrassowitz, 1997, p. 185-200.

_____. Prebish, Charles S. Introduction. Paying Homage to the Buddha in the West. In: BAUMANN, Martin; PREBISH,

Charles S. (eds.). *Westward Dharma. Buddhism Beyond Asia*, Berkeley: University of California Press, 2002, p. 1-13.

BECHERT, Heinz. *Buddhismus, Staat und Gesellschaft in den Ländern des Theravāda-Buddhimus*. Frankfurt a. M./ Berlin: Alfred Metzner, 1966.

_____. Die Ethik der Buddhisten, in: ANTES, Peter et alii. *Ethik in nichtchristlichen Kulturen*, Stuttgart: Kohlhammer, 1984, p. 114-135.

_____. The Problem of the Determination of the Date of the Historical Buddha, *Wiener Zeitschrift fur die Kunde Sudasiens*, vol. 33, 1989, p. 93-120.

BERGER, P. L. Secularization and Pluralism. *International Yearbook for Sociology of Religion*, 2, 1966, p. 73-84.

BERZIN, Alexander. Buddhist-Muslim Relations: Past, Present and Future. In: SCHMIDT-LEUKEL, Perry (ed.). *Buddhist Attitudes to Other Religions*, St. Ottilien: EOS, 2008, p. 212-236.

BIELEFELDT, Carl. Practice, in: LOPEZ, Donald S. Jr (ed.). *Critical Terms for the Study of Buddhism*, Chicago / London: University of Chicago Press, 2005, p. 229-244.

BHIKKU BUDDHADASA. *"No Religion" in Me and Mine: Selected Essays of Bhikkhu Buddhadasa*, ed. Donald Swearer. Albany: SUNY, 1989, p. 146-147.

BLADY, K. *Jewish Communities in Exotic Places*, Northvale & Jerusalem, Jason Aronson, 2000.

BORIHARNWANAKET, Sujin. *Taking Refuge in Buddhism*, London: Zolag, 2000.

BOWERS, Russel H. Jr. *Someone or Nothing? Nishitani's Religion and Nothingness as a Foundation for Christian-Buddhist Dialogue*, New York: Peter Lang, 1995.

BRAGT, Jan van. East-West Spiritual Exchange, *Nanzan Bulletin* n. 8, 1984, p. 10-23.

BRODEY, Deborah A. *From Judaism to Buddhism: Jewish Women's Search for Identity*, MA-Thesis, University of Toronto: Department of Adult Education, Community Development, and Counseling Psychology, Ontario Institute for Studies in Education, 1997.

BRONKHORST, Johannes: Hinduism And Buddhism, In: *Encyclopedia of Buddhism*, edited by Robert E. Buswell Jr., New York: Thompson/Gale, 2004, p. 328-332.

CANDASIRI, Ajahn. *Christ and Buddha: Jesus Through Buddhist Eyes*, online: http://www.bbc.co.uk/religion/religions/buddhism/beliefs/jesusandbuddhism_1.shtml.

CARUS, Paul. *Buddhism And Its Christian Critics*: Chicago: Open Court 1905.

Ceylon. In: *Catholic Encyclopedia*, online http://www.newadvent.org/cathen/03547c.htm, acesso 22/01/2009.

CHANG, Yung-Ho: *The Development Of Chinese Islam During The T'ang and Song Dynasties (618-1276 A.D.)*, MA-Thesis, Montreal Institute of Islamic Studies, McGili University, 1999.

CHAPPELL, David W. Religious Identity and Openness in a Pluralistic World, *Buddhist-Christian Studies* 25, 2005, p. 9-14.

CHAU, Thich Minh. Five Principles for a New Global Moral Order, in: PAIGE, Glenn D.; GILLIATT, Sarah [eds.]:

*Buddhism and Nonviolent Global Problem-Solving. Ulan Bator Explora*tions, University of Hawaii, Center for Global Nonviolence, 1999, p. 91-102.

CLEARY, T. *Buddhism and Islam.* Transaction of the International Conference of Orientalists in Japan, n. 27, 1982, p. 31-38.

COHEN, Paul A. Christian missions and their impact to 1900. In: *The Cambridge History of China*, edited by Frederick W. Mote And Denis Twitchett, vol. 10, Late Ch'ing, 1800-1911, Part 1, Cambridge: Cambridge University Press, 1995, p. 543-590.

COLEMAN, James William: *The New Buddhism. The Western Transformation of an Ancient Tradition*, Oxford: Oxford University Press, 2001.

CONZE, Edward. *A Short History of Buddhism.* Oxford: Oneworld, 1993.

CODRINGTON, Humphrey W. *A Short History of Ceylon*, London: MacMillan, 1939.

CORLESS, Roger J. *The Vision of Buddhism: The Space under the Tree.* St. Paul: Paragon House, 1989.

CROSBY, Kate. Persecutions, in: *Encyclopedia of Buddhism*, edited by Robert E. Buswell Jr. New York: Thompson/Gale, 2004, p. 640-647, especialmente p. 641-642.

DALAI LAMA. *Human Rights and Universal Responsibility.* Released by the Tibetan Delegation to the United Nations World Conference on Human Rights, Vienna, Austria, online http://www.tibet.com/DL/vienna.html.

DAVENPORT, John T. *Ordinary Wisdom. Sakya Pandita's Treasury of Good Advice*, Boston: Wisdom Publicatioons, 2000.

DE SILVA, A. L. *Beyond Belief: a Buddhist Critique of Christianity*, Camperdown: Three Gem Publications, 1994.

DERRETT, J. Duncqan M. Mischnāh, `Avôt 5:13 in early Buddhism, in: *Bulletin of SOAS*, 67, 1, 2004, p. 79-87.

DESHPANDE, Madhav M. Language and Legitimacy: Buddhist and Hindu Techniques, in: SUBRAMANIAM, V. (ed.). *Buddhist-Hindu Interactions from Śakyamuni to Śankarācarya*, Delhi: Ajanta Books, 1993, p. 22-46.

DEVOTTA, Neill. *Singhalese Buddhist National Ideology*: Implications for Politics and Conflict Resolution in Sri Lanka, Washington: East-West Center Washington, 2007.

Die Greuel der 'christlichen' Civilisation. Briefe eines buddhistischen Lama aus Tibet. Herausgegeben von Bruno Freydank. Leipzig, 1903.

DUMOULIN, H. Buddhismus, in: *Ökumene Lexikon. Kirche, Religionen, Bewegungen*, Frankfurt/M.: Lembeck, 1987[2], S. 195-202.

DUNBAR, Daniel Scott. The Place of Interreligious Dialogue in the Academic Study of Religion. *Journal of Ecumenical Studies*: 35, 1998, n. 3-4, p. 387-404.

Eine christlich-buddhistische Debatte, *Buddhistische Warte*, 1, 1907/1908, Dezember, p. 282-288, especialmente p. 288.

ELISONAS, Jurgis. Christianity and the Daimyo. In: *The Cambridge History of Japan*, volume 4: Early Modern Japan, edited by John Whitney Hall, Cambridge: Cambridge University Press, 2006, p. 301-372.

ELVERSKOG, Johan. Islam and Buddhism, in: *Encyclopedia of Buddhism*, edited by Robert E. Buswell, Jr. New York: Thompson/Gale, 2004, p. 381.

ENGLAND, John C. Reclaiming our Christian History. *Inter-Religio* 19, Summer 1991, p. 21-38.

Facetas da relação entre Budismo e Judaísmo, Entrevista de Frank Usarski com Nathan Katz, *REVER – Revista de Estudos da Religião*, 2007, junho, p. 128-132, especialmente p. 129-130.

FARQUHAR, J. N. *Modern Religious Movements in India*, New York; London: Garland Publishing, 1980.

FEUERWERKER, Albert. The foreign presence in China. In: *The Cambridge History of China*, edited by Denis Twitchett & John K. Fairbank, volume 12, Republican China 1912-1949, Part 1, Cambridge: Cambridge University Press, 2005, p. 128-207.

FIELDS, Rick. Divided Dharma: White Buddhists, Ethnic Buddhists, and Racism, in: PREBISH, Charles S; TANAKA, Kenneth K. (eds.) *The Faces of Buddhism in America*. Berkeley: University of California Press, 1998, p. 196-206.

FINNEY, Henry C. American Zen's 'Japan Connection': A Critical Case Study of Zen Buddhism's Diffusion to the West. *Sociological Analysis* 52, n. 4, 1991, p. 379-396.

FLASCHE, Rainer. *Religionswissenschaft-Treiben. Versuch einer Grundlegung der Religionswissenschaft*, Darmstadt: Lit, 2008.

FLEMING, Kenneth. The Crossing of Two Ways: An Overview of the Asia Christian Encounter with Buddhism, *Studies in World Christianity*: 7: 2, 2001, p. 178-198.

FRANKE, Edith; PYE, Michael. The study of religions and its contribution to problem-solving in a plural world, *Marburg Journal of Religion*, volume 9, n. 2, December 2004. Online: http://web.uni-marburg.de/religionswissenschaft/journal/mjr/art_franke_2004.htm#english.

_____. Religionen nebeneinander – Religionswissenschaftliche Perspecktive auf Modelle religiöser Pluralität. In: idem. (orgs.). *Religionen nebeneinander – Modelle religiöser Vielfalt in Ost- und Südostasien*, Münster: Lit, 2006.

FREIBERGER, Oliver. Profiling the Sangha – Institutional and Non-Institutional Tendencies in Early Buddhist Teachings, *Marburg Journal of Religion,* volume 5, n. 1, July 2000, p. 1-6.

_____. The Meeting of Traditions: Inter-Buddhist and Inter-Religious Relations in the West, *Journal of Global Buddhism* 2, 2001, p. 59-71.

GORT, Jerald D. Religions view Religions. General Introduction. In: GORT, Jerald D.; JANSEN, Henry; VROOM, Hendrik M. (eds.). *Religions View Religions. Exploration in Persuit of Understanding*, Amsterdam: Rodopi, 2006, p. 1-8.

FREYDANK, Bruno: *Buddha und Christus. Eine buddhistische Apologetik*, Leipzig, 1907.

GARRETT, Mary M. Chinese Buddhist Religious Disputation, *Argumentation* 11, 1997, p. 195-209.

GETHIN, Rupert. Cosmology. In: *Encyclopedia of Buddhism*, edited by Robert E. Buswell Jr., New York: Thompson/Gale, 2004, p. 183-187.

_____. Heavens. In: *Encyclopedia of Buddhism*, edited by Robert E. Buswell Jr., New York: Thompson/Gale, 2004, p. 315.

GODART, Gerard Clinton. 'Philosophy' or 'Religion'? The Confrontation with Foreign Categories in Late Nineteenth Century Japan, *Journal of the History of Ideas*, vol. 69, n. 1, January, 2008, p. 71-91.

GOMBRICH, Richard F. *Theravāda Buddhism A Social History from Ancient Benares to Modern Colombo*, London & New York: Routledge, 2006.

GÓMEZ, Luis O. Buddhism in India, *Encyclopedia of Religion*, vol. II, Detroit: Thompson/Gale, 2005, p. 1101-1131.

GROSS, Rita M. The International Buddhist-Christian Theological Encounter: Twenty Years of Dialogue, *Buddhist-Christian Studies* 25, 2005, p. 3-7.

GRÜNSCHLOSS, Andreas. Buddhistische Jesusbilder. Zeitgenössische Beispiele einer buddhistischen Hermeneutik des Christentums. In: U. Berner, et. alii (orgs.). *Das Christentum aus der Sicht der Anderen*. Frankfurt/M.: Lembeck, 2005, p. 133-166.

GUNASEKARA, V. A. *Hinduism in Buddhist Perspective*. Online: http://www.budsas.org/ebud/ebdha255.htm.

HALBFASS, Wilhelm. Der Buddha und seine Lehre im Urteil des Hinduismus. In: SCHMIDT-LEUKEL, Perry (ed.). *Wer ist Buddha? Eine Gestalt und ihre Bedeutung für die Menschheit*, München: Diederichs 1998, p. 176-194.

HARRISON, Paul. Buddhānusmṛti (recollection of the Buddha): In: *Encyclopedia of Buddhism*, edited by Robert E. Buswell Jr., New York: Thompson/Gale, 2004, p. 93.

HARTSHORNE, Charles: Buddhism and the Theistic Question. In: PULIGANDLA, Ramakrishna; MILLER, David Lee (eds.): *Buddhism and the Emerging World Civilization: Essays in Honor of Nolan Pliny Jacobson*, Carbondale: Southern Illinois University Press, 1996, p. 62-72.

HAUSSIG, Hans-Michael. *Der Religionsbegriff in den Religionen. Studien zum Selbst- und Religionsverständnis in Hinduismus, Buddhismus, Judentum und Islam*, Berlin & Bodenheim: Philo, 1999.

HAYES, Richard P. *A Buddhist's Reflections on Religious Conversion*. Elijah School Lectures For the Fourth Summer Program, August, 2000.

_____. On the Buddha's Authority. A Translation of the Pramāṇasiddhi Chapter of Dharmakīrti's *Pramāṇavārttika*, sem lugar, 2004. Online: http://www.unm.edu/~rhayes/siddhi.pdf.

HAZRA, Kanai Lal. *The Rise and Decline of Buddhism in India*, Delhi: Munishiram Manoharlal, 1995.

HEINE, Peter. Mission V. – Islam. *Religion in Geschichte und Gegenwart*[4], Band 5, Tübingen: Mohr, 2004, colunas 1296-1298.

HEISIG, James W. Sunyata and Kenosis. In: *Spirituality Today*, vol. 39, Autumn 1987, p. 211-224.

HOMENKO, Rita e SILVA, Georges da. *Budismo: Psicologia do Autoconhecimento*, São Paulo: Pensamento, 1995.

HORYNA, Bretislav. Söldner der Argumentation. Tatsachen, Evidenz und Objektivität in der Religionswissenschaft. In: YOUSEF, Hamid Reza etl. alii (orgs.). *Wege zur Religionswissenschaft. Eine interkulturelle Orientierung*, Nordhausen, Traugott Bautz, p. 145-167.

HOUBEN, Jan E. M.; KOOIJ, Karel R. Van: Introduction: Violence, Non-Violence and the Rationalization of Violence in South-Asian Cultural History. In: Idem (eds.): *Violence Denied: Violence, Non-Violence and the Rationalization of Violence in South Asian Cultural History*. Leiden: Brill, 1999, p. 1-15.

HUANG, Ray. The Lung-ch'ing and Wan-li reigns, 1567-1620, *The Cambridge History of China*, edited by Frederick W. Mote & Denis Twitchett, vol. 7, The Ming Dynasty, 1368-1644, Part I, Cambridge: Cambridge University Press, 2007, p. 511-584.

HUTTER, Manfred: Religionsgeschichte. In: *Religion in Geschichte und Gegenwart*[4], Band 7, Tübingen: Mohr, 2004, colunas 318-321.

IVY, Marilyn. Modernity. In: LOPEZ, Donald S. Jr. (ed.). *Critical Terms for the Study of Buddhism*, Chicago / London: University of Chicago Press, 2005.

JAYATILLEKE, K. N. *The Buddhist Attitude to Other Religions*, Kandy: Buddhist Publication Society, 1991.

JAYAWICKRAMA, N. A.; WEERARATNE, W. G. *The World Fellowship of Buddhists and Its President G. P. Malalasekera*. Colombo: The World Fellowship of Buddhist, 1982.

JOHNSON, Paul. *A History of the Jews*, New York: Harper & Row 1987.

JONES, Ken. *The New Social Face of Buddhism. A Call to Action*, Boston: Wisdom Publications, 2003.

Kalama Sutta – The Buddha's Charter of Free Inquiry, Translated from the Pali by Soma Thera, Kandy: Buddhist Publication Society, 1987.

KAMENETZ, Rodger. *The Jew in the Lotus. A Poet's Rediscovery of Jewish Identity in Buddhist India.* New York: Harper Collins, 1994.

KANTOWSKY, Detlef. *Buddhists in India Today: Descriptions, Pictures and Documents*, Delhi: Manohar, 2003.

KASULIS, Thomas P. Philosophy as Metapraxis. In: REYNOLDS, Frank; TRACY, David (eds.): *Discourse and Practice*, Albany: State University of New York Press, 1992, p. 169-196.

KATZ, Nathan. Buddhist-Jewish Relations. In: SCHMIDT-LEUKEL, Perry (ed.). *Buddhist Attitudes to Other Religions*, St. Ottilien, 2008, p. 269-293.

_____. Contacts Between Jewish and Indo-Tibetan Civilizations Through the Ages: Some Explorations, *The Tibet Journal*, vol. 16, n. 4, 1991, p. 90-109; Ibid.: From Legend to History: India and Israel in the Ancient World, *Shofar*, vol. 17, n. 3, 1999, p. 8-22.

_____. Judaism in Asia, *Encyclopedia of Religion*, vol. 7, Detroit: Thompson/Gale, 2005, p. 5004-5011.

_____. Meeting of Ancient Peoples: Western Jews and The Dalai Lama of Tibet. In: *Jerusalem Letters of Lasting Interest*, 01/03/1991. Online: http://www.jcpa.org/jl/hit20.htm.

KEENAN, John P. A Mahayana Theology of the Real Presence of Christ in the Eucharist, *Buddhist-Christian Studies* 24, 2004, p. 89-100.

KEOWN, Damien. *The Nature of Buddhist Ethics*, Houndmills & New York: Palgrave, 2001.

KERN, Iso. Buddhist Perception of Jesus and Christianity in the Early Buddhist-Christian Controversies in China during the 17th Century. In: SCHMIDT-LEUKEL, Perry; GÖTZ, Thomas Josef; KÖBERLIN, Gerhard (eds). *Buddhist Perceptions of Jesus*. St. Ottilien: EOS, 2001, p. 32-41.

KIBLINGER, Kristin Beise. *Buddhist Inclusivism: Attitudes Towards Religious Others*, ldershot: Ashgate, 2005.

_____. Using Three-Vehicle Theory to Improve Buddhist Inclusivism *Buddhist-Christian Studies*, vol. 24, 2004, p. 159-169.

KINNARD, Jacob N. Divinities, *Encyclopedia of Buddhism*, edited by Robert E. Buswell Jr., New York: Thompson/Gale, 2004, p. 234.

_____. Indra. In: *Encyclopedia of Buddhism*, edited by Robert E. Buswell Jr. New York: Thompson/Gale, 2004, p. 374-375.

_____. Māra. In: *Encyclopedia of Buddhism*, edited by Robert E. Buswell Jr. New York: Thompson/Gale, 2004, p. 512-513.

_____. Worship. In: *Encyclopedia of Buddhism*, edited by Robert E. Buswell Jr. New York: Thompson/Gale, 2004, p. 905-907.

KLAUS, Konrad. Sri Lanka, *Religion in Geschichte und Gegenwart...*, Band 7, Tübingen: Mohr, 2004, colunas 1629-1632.

KLOSTERMAIER, Klaus K. Hindu-Buddhist Interaction in Twentieth Century India. In: SUBRAMANIAM, V. (ed.). *Buddhist-Hindu Interactions from Śakyamuni to Śankarācarya*, Delhi: Ajanta Books, 1993, p. 171-187.

_____. Hindu Views of Buddhism. In: Amore, R. C. (ed.): *Developments in Buddhist Thought: Canadian Contribuition to Buddhist Studies*. Waterloo: Wilfried Laurie University Press, 1979, p. 60-82.

Koschorke, Klaus. Indien: Christentumsgeschichte, Religion in *Geschichte und Gegenwart*,[4] vol. 4, Tübingen: Mohr Siebeck, 2001, colunas 95-98.

Klöcker, Michael; Tworuschka, Udo (orgs.). *Praktische Religionswissenschaft*, Köln, Weimar: Böhlau, 2008.

Lai, Whalen; Brück, Michael v. *Christianity and Buddhism. A Multi-cultural History of Their Dialogue*, Maryknoll: Orbis, 2001.

Lancashire, D. Buddhist Reaction To Christianity In Late Ming China, *Journal of the Oriental Society of Australia*, vol. 6, n. 1&2, 1968-1969, p. 82-102.

Lavin, Todd. Zero and One: Toward a Buddhist-Jewish Interfaith Dialogue, *Bucknell Review*, June 2003, p. 141-157.

Linton, Derek S. Asia and the West in the New World Economy – The Limited Thalassocracies: The Portuguese and the Dutch in Asia, 1498-1700. In: Embree, Ainslie T.; Gluck, Carol (eds.). *Columbia Project on Asia in the Core Curriculum. Asia in Western and World History*. Armonk, New York; London: M. E. Sharpe, 1997, p. 63-78.

Lopez, Donald S. Jr. Buddha. In: Idem (ed.). *Critical Terms for the Study of Buddhism*, Chicago, and London University of Chicago Press, 2005, p. 13-36.

_____. Buddhism in Practice. In: Idem (ed.). *Asian Religions in Practice*. An Introduction. Princeton, Princeton University Press, 1999, p. 56-87.

LUHMANN, Niklas. *Soziale Systeme*, Frankfurt/M.: Suhrkamp, 1984.

MADEIRA, João. Os Jesuítas, a Acomodação e a Tolerância, *Revista Brasileira de História das Religiões*, ano I, n. 3, jan. 2009, p. 205-211.

MAHA THERA, K. Sri Dhammananda: The Noble Eightfold Path – The Middle Way. Online: http://mail.saigon.com/~anson/ebud/whatbudbeliev/78.htm.

MAKRANSKY, John. Buddhist Perspectives on Truth in Other Religions: Past and Present, *Theological Studies Journal*, vol. 64, n. 2, 2003, p. 334-361.

MAKRANSKY, John; JACKSON, Roger (eds.). *Buddhist Theology: Critical Reflections of Contemporary Buddhist Scholars*, London: Curzon Press, 1999, p. 61-77.

MALALGODA, Kitsiri. *Buddhism in Sinhalese Society 1750-1900*: A Study of Religious Revival and Change. Berkeley, Calif.: University of California Press, 1976.

MATSUDO, Yukio. Protestant Character of Modern Buddhist Movements, *Buddhist-Christian Studies*, vol. 20, 2000, p. 59-69.

MASUZAWA, Tomoko. *The Invention of World Religions. Or, How European Universalism Was Preserved in the Language of Pluralism*, Chicago: University of Chicago Press, 2005.

MATTANANDO BHIKKHU: The Role of Buddhism in Interreligious Dialogue, *Buddhist Himalaya: A Journal of Nagar-*

juna Institute of Exact Methods, vol. II, n. 1 & 2, 1989. Online: http://ccbs.ntu.edu.tw/FULLTEXT/ JR-BH/bh117496.htm.

MAY, John D'Arcy; SCHMIDT-LEUKEL, Perry. Introduction: Buddhism and its 'Others'. In: Schmidt-Leukel, Perry (ed.): *Buddhist Attitudes to Other Religions*, St. Ottilien: EOS, 2008, p. 9-22.

MELIKIAN-CHIRVANI, Assadullah Souren. The Buddhist Ritual in The Literature of Early Islamic Iran. In: ALLCHIN, Bridget (ed.): *South Asian Archeology 1981*. Cambridge: Cambridge University Press, p. 272-279.

MENDELSSOHN, S. *Jews of Asia*, London, Kegan Paul, Trench, Trubner & Co. New York, E. P. Dutton & Co, 1920, p. 99-100.

MEGUMI, Hirota. *Muslims and Buddhists Dialogue*, Unitarian Universalist Fellowship, 10/11/2002. Online: http://www.uufrankfurt.de/MuslimsBuddhists021110.htm.

MILETTO, Gianfranco. Der jüdische Blick auf andere Religionen. In: TWORUSCHKA, Udo (org.). *Die Weltreligionen und wie sie sich gegenseitig sehen*, Darmstadt: Primus, 2008, p. 65-87.

MUCK, Terry C. Instrumentality, Complexity, and Reason: A Christian Approach to Religions. *Buddhist-Christian Studies* 22, 2002, p. 115-121.

MUSASHI, Tachikawa: The Mādhyamika Tradition. In: YOSHINORI, Takeuchi (ed.). *Buddhist Spirituality. Indian, Southern Asian, Tibetan, Early Chinese*. New York: Crossroad, 1995, p. 188-202.

MUZAFFAR, Chandra. *Muslims and Buddhists in Asia*, Interfaith Dialogue Issues – article collection, *The Ameri-*

can Muslim, Dec. 10, 2002, http://www.theamericanmuslim.org/2003jan_comments.php?id=Ř237_0_17_0_C.

NEILL, Stephen C.; MULLINS, Mark R. Christianity in Asia, *Encyclopedia of Religion*, vol. III, Detroit: Thompson/Gale, 2005, p. 1725-1731.

NG, Peter Tze Ming. Christentumsgeschichte: China. In: *Religion in Geschichte und Gegenwart*[4], Band 2, Tübingen: Mohr, 1999, colunas 157-162.

NOBLE, Colin. Christians and the State in Early Twentieth Century Japan: from confrontation to collaboration and back again, *Japanese Studies*, volume 25, n. 1, May 2005, p. 65-79.

NOTZ, Klaus-Josef. *Der Buddhismus in Deutschland in seinen Selbstdarstellungen.* Eine religionswissenschaftliche Untersuchung zur religiösen Akkulturationsproble-matik, Frankfurt/M.: Peter Lang, 1984.

NUMRICH, Paul David. *Old Wisdom in the New World: Americanization in Two Immigrant Theravada Buddhist Temples.* Knoxville: University of Tenessee Press, 1996.

_____. Two Buddhisms Further Considered, *Contemporary Buddhism,* vol. 4, n. 1, 2003, p. 55-78.

OBADIA, Lionel: Bouddhisme et judaïsme. Entre traces et récits, légende et histoire, *Socio-Anthropologie,* 2004, n. 12, online: http://socio-anthropologie.revues.org/ document.html?id=151

_____. Buddha in the Promised Land. Outlines of the Buddhist Settlement in Israel. In: PREBISH, Charles S.; BAUMANN, Martin (eds.). *Westward Dharma. Buddhism in Beyond Asia.* Berkely: University of California Press, 2002, p. 177-188.

OBEYESEKERE, Gananath. Religious Symbolism and Political Change in Ceylon, *Modern Ceylon Studies*, 1, 1, 1970, p. 43-63.

OHASHI, Y. New Perspectives on the Early Tokugawa Persecution. In: BREEN, J.; WILLIAMS, M. (eds.). *Japan and Christianity: Impacts and Responses*. Macmillan Press: London, 1996, p. 46-62.

ORNATOWSKI, Gregory K. Transformations of "emptiness" on the idea of sunyata and the thought of Abe and the Kyoto school of philosophy (Abe Masao), *Journal of Ecumenical Studies*, vol. 34, n. 1, Winter 1997, p. 92-115.

Os Upanishdas. Sopro Vital do Eterno, São Paulo: Editora Pensamento, 1999.

OVERMYER, Daniel L.; ADLER, Joseph A. Chinese Religion: An Overview, *Encyclopedia of Religion*, vol. III, Detroit: Thompson/Gale, 2005, p. 1580-1613.

PAYNE, Richard K. Ritual. In: *Encyclopedia of Buddhism*, edited by Robert E. Buswell Jr. New York: Thompson/Gale, 2004, p. 723-726.

PEREIRA, A. B. de Bragança: *Etnografia da Índia Portuguesa*, New Delhi: Asian Educational Services, 1991.

PEEBLES, James M. *Buddhism and Christianity face to face*: Or, An oral discussion between the Rev. Migettuwatte, a Buddhist priest, and Rev. D. Silva, an English clergyman. Held at Pantura, Boston: Colby and Rich, 1878.

PIETZ, William. Person. In: LOPEZ, Donald S. Jr. (ed.). *Critical Terms for the Study of Buddhism*, Chicago: University of Chicago Press, 2005, p. 188-210.

PÖHLMANN, Horst G. *Begegnungen mit dem Buddhismus. Dialoge, Erfahrungen und Grundsatzüberlegungen. Ein Beitrag zum interreligiösen Gespräch*, Frankfurt am Main: Lembeck, 1997.

PERDUE, Daniel. Debate in Tibetan Buddhist Education, Dharamsala: Library of Tibetan Works and Arquives, 1976.

PREBISH, Charles S., Two Buddhisms Reconsidered, *Buddhist Studies Review* 10, 2, 1993, p. 187-206.

PYE, Michael. Methodological integration in the study of religions. In: AHLBACK, Tore (ed.). *Approaching Religion*. Based on the Papers Read at the Symposiums on Methodology in the Study of Religions Held at Åbo, Finland, on the 4th-7th August 1997: Stockholm: Almqvist & Wiksell, 1999, p. 188-205.

_____. *Skilful Means: A Concept in Mahayana Buddhism*, London/New York, 2003.

_____. The study of religions and the dialogue of religions, *Marburg Journal of Religion*, volume 6, n. 2, June 2001, online: http://web.uni-marburg.de/religionswissenschaft/journal/mjr/pdf/2001/pye2-2001.pdf

RAJAN, V. G. Julie, Education, economics and protest drive changes and reform to India's ancient societal divisions, *Hinduism Today*, 30/06/2003.

RATANASARA, Havanpola. *Interfaith Dialogue – A Buddhist Perspective and Examination of Pope John Paul II's Crossing the Threshold of Hope*. Take given an the Intermonastic Dialogue Gethsemani Monastery, Louisville, Kentucky, July 1996.

REDFIELD, Robert. *The Little Community and Peasant Society and Culture.* Chicago: The University of Chicago Press, 1973.

RENARD, John. *101 Questions and Answers on Buddhism*, New York, 1999.

REYNOLDS, Frank E.; HALLISEY, Charles. Buddhism: An Overview, *Encyclopedia of Religion*, vol. II, Detroit: Thompson/Gale, 2005, p. 1087-1101.

RINPOCHE, Sogyal. *The Tibetan Book of Living and Dying.* London: Random House 1992.

RUPP, Alfred. *Religion, Phänomen und Geschichte. Prolegomena zur Methodologie der Religionsgeschichte*, Saarbrücken: Homo et Religio, 1978.

RYAN, Thomas. Gethsemani II: Catholic and Buddhist Monastics Focus on Suffering, *Buddhist-Christian Studies* 24, 2004, p. 249-251.

RYOMIN, Akizuki. Christian-Buddhist Dialogue, *Inter-Religio* 14 / Fall 1988, p. 38-54.

SANGHARAKSHITA: *Mensch-Gott-Buddha*, Essen: Evolution, 1998.

QUEEN, Christopher S. Introduction: A New Buddhism. In: QUEEN, Christopher S. (ed.). *Engaged Buddhism in the West*, Boston: Wisdom, 2000.

ROMBERG, Claudia. Women in Engaged Buddhism, *Contemporary Buddhism,* vol. 3, n. 2, 2002, p. 161-170.

SALKIN, Jeffrey K. New Age Judaism. In: NEUSNER, Jacob; AVERY-PECK, Alan J. (eds). *The Blackwell Companion to Judaism*, Meldon, 2003, p. 354-369.

SANTIKARO: Ajahn Buddhadasa and Inter-Religious Understanding. Online: http://www.suanmokkh.org/archive/pdf/TW_2.pdf.

SCHMIEDEL, Michael A. Interreligiöser Dialog als Aufgabe angewandter Religionswissenschaft, in: Klöcker, Michael; Tworuschka, Udo (orgs.): *Praktische Religionswissenschaft*, Köln, Weimar: Böhlau, 2008, p. 13-24.

SCHMIDT-LEUKEL, Perry. Buddhist-Hindu Relations. In: Idem (ed.). *Buddhist Attitudes to Other Religions*, St. Ottilien: EOS, 2008, p. 143-171.

SCHNEIDER, Ulrich. *Einführung in den Buddhismus*, Darmstadt: Wissenschaftliche Buchgesellschaft, 1992.

SCHROEDER, John. Nagarjuna and the doctrine of "skillful means", *Philosophy East and West*, vol. 50, n. 4, October 2000, p. 559-583.

SCHUMANN, Hans Wolfgang. *Buddhismus. Stifter, Schulen und Systeme*, Olten: Eugen Diedrichs, 1976.

_____. *Buddhistische Bilderwelt. Ein Ikonographisches Handbuch des Mahayana- und Tantrayana-Buddhismus*, München: Diederichs, 1993.

_____. *Mahāyāna-Buddhismus. Die zweite Drehung des Dharma-Rades*, München: Diederichs, 1990.

SCHUMANN, Olaf. Buddhismus II. Missionswissenshaftlich. In: *Religion in Geschichte und Gegenwart*[4], Band 1, Tübingen: Mohr, 1998.

SCHÜTZ, Alfred. *Der sinnhafte Aufbau der sozialen Welt. Eine Einleitung in die verstehende Soziologie*, Frankfurt/M.: Suhrkamp, 1974.

Scott, David. Buddhism and Islam: Past to Present Encounters and Interfaith Lessons, *Numen*, vol. 42, 1995, p. 141-155.

_____. Christian Responses to Buddhism in Pre-medieval Times, *Numen*, 32: 1, 1985, p. 88-100.

Seager, Richard Hughes. *Buddhism in America*, New York, Columbia University Press, 1999.

Seidenstücker, Karl B. Buddhismus, Christentum und Abendland. *Die Buddhistische Welt*: 3, 1909, p. 29-33.

Seneviratne, Kalinga. India: Conflict in the Cradle of Buddhism, *Inter Press Service English News Wire*, 10/07/1996.

Silva, K. M. de. Religion and Nationalism in Nineteenth Century Sri Lanka: Christian Missionaries and Their Critics – A Review Article, *Ethnic Studies Report*, vol. XVI, n. 1, January 1998, p. 103-139.

Sinthern, Peter. *Buddhismus und buddhistische Strömungen in der Gegenwart*. Eine apologetische Studie, Münster: Alphonsus-Buchhandlung, 1905.

Sikand, Yoginer. *Muslim-Buddhist Clashes in Ladakh: The Politics Behind the Religious' Conflict*, countercurrents. org, 13/02/2006: http://www.countercurrents.org/comm-sikand130206.htm

Smart, Ninian. *The Science of Religion and the Sociology of Knowledge*, Princeton, Princeton University Press, 1977.

Smith, Martin. *Ethnic Groups in Burma*: Development, Democracy and Human Rights, London, Anti-Slavery International, 1994.

SNODGRASS, Judith. *Presenting Japanese Buddhism to the West. Orientalism, Ocidentalism and the Columbian Exposition*, Chapel Hill: University of North Carolina Press, 2003.

SORENSEN, Per K. Lamaismus. In: *Religion in Geschichte und Gegenwart*[4], Band 5, Tübingen: Mohr Siebeck, 2002, colunas 43-45.

SPIRO, Melford E. *Buddhism and Society. A Great Tradition and its Burmese Vicissitudes*, Berkely: University of California Press, 1982.

STARK, Rodney. Why Religious Movements Succeed or Fail: A Revised General Model, *Journal of Contemporary Religion*, vol. 11, 1996, n. 2, 133-146.

STRATHERN, Alan. *Kingship and Conversion in Sixteenth-Century Sri Lanka.* Portuguese Imperialism in a Buddhist Land. Cambridge: University of Cambridge Press, 2007.

STRAUS, Virginia: Beyond the Usual Alternatives? Buddhist and Christian Approaches to Other religions, *Buddhist-Christian Studies* 22, 2002, p. 123-126.

SUNDERMAIER, Theo. *Den Fremden verstehen. Eine praktische Hermeutik.* Göttingen: Vandenhoek & Ruprecht, 1996.

SWANSON, Paul L. *Beside Still Waters: Jews, Christians and the Way of the Buddha (review),* Buddhist-Christian Studies – Volume 24, 2004, p. 263-264.

TAKADA, Shinryo. Is "Theology of Religions" Possible in (Pure Land/Shin) Buddhism? The "Shock of Nonbeing" and the "Shock of Revelation". In: GORT, Jerald D.; JANSEN, Henry; VROOM, Hendrik M. (eds.). *Religions View Religions.*

Exploration in Persuit of Understanding, Amsterdam: Rodopi, 2006, p. 21-44.

Textos budistas e zen-budista. Seleção, tradução, introdução e notas do Prof. Dr. Ricardo M. Gonçalves, São Paulo: Cultrix, 1999.

The Dharma of Islam: A Conversation with Snjezana Akpinar and Alex Berzin. *Inquiring Mind*. Berkeley, California, vol. 20, n. 1, Fall 2003.

THELLE, Notto R. *Buddhism and Christianity in Japan. From Conflict to Dialogue*, 1854-1899, Honolulu, University Of Hawaii Press, 1987.

The Sūtra of the Foundation of the Buddhist Order (Catuṣpariṣatsūtra), translated by Ria Kloppenborg, Leiden: Brill, 1973.

Tibet. In: *Jerusalem Letters of Lasting Interest*, 1 March 1991, online: http://www.jcpa.org /jl/hit20.htm.

TURNBULL, Stephen. *The Kakure Kirishitan of Japan: A Study of their Development, Beliefs and Rituals to the Present Day*. Surrey: Curzon, 1998.

TWORUSCHKA, Udo. Kann man Religion bewerten? In: TWORUSCHKA, Udo; ZILLESSEN, Dietrich (Hg.): *Thema Weltreligionen*, Frankfurt/M.; München: Diesterweg; Kösel, 1977, p. 43-53.

_____. Praktische Religionswissenschaft. Theoretische und methodische Grundüberlegungen. In: KLÖCKER, Michael; TWORUSCHKA, Udo (orgs.). *Praktische Religionswissenschaft*, Köln, Weimar: Böhlau 2008, p. 13-24.

WINTERNITZ, Moritz. *Der Mahāyāna-Buddhismus nach Sanskrit- und Prākrittexten*, Tübingen, 1930.

Viveka-Chūdāmani. A jóia suprema da sabedoria, Brasília: Editora Teosófica, 1992.

WAARDENBURG, Jacques. The Medieval Period: 650-1500. In: Idem (ed.). *Muslim Perceptions of Other Religions. A Historical Survey*. New York; Oxford: Oxford University Press, 1999, p. 18-69.

WINK, André. *Al-Hind. The Making of the Indo-Islamic World*, vol. II.: The Slave Kings and the Islamic Conquest 11th-13th Centuries, Leiden: Brill, 2002.

YOUNG, F. R.; G. S. B. Senanayaka. *The Carpenter-Heretic: A Collection of Buddhist Stories about Christianity from 18th-Century Sri Lanka*. Colombo, Karunaratne & Sons, 1998.